入門 企業金融論

基礎から学ぶ資金調達の仕組み

Nakajima Masashi
中島真志

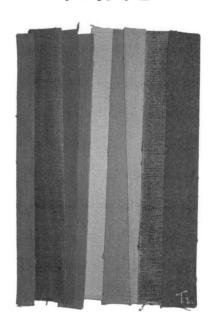

東洋経済新報社

はじめに

　本書は、企業による資金調達を中心とした「企業金融」の入門書です。
　一般に、企業はヒト・モノ・カネの三要素で成り立っているといわれますが、本書では、このうち、カネの面からの企業の財務活動について学びます。
　本書は、読者対象として、以下のような皆さんに読んでいただくことを想定しています。
　第1に、大学の経済学部、経営学部、商学部などの専門課程（3・4年生）の学生です。「金融論」で金融の仕組みについて学んだ学生が、次の段階として、企業の立場から企業の資金調達について学習するのに適したテキストとなっています。
　第2に、事業会社の財務部門や経理部門に勤務している社会人です。これらの部署では、本書の内容に関連する業務を日常的に行っているものと想定されますが、必ずしも全員が金融論や企業金融論を学んできたわけではないと思われますので、基礎をひととおり押さえておくことが必要となる場合もあるでしょう。
　第3に、金融機関の若手職員です。普段は、銀行の立場から取引企業の資金繰りなどをみていることと思いますが、一度、企業の立場に立って、社債や株式も含めて資金調達全般を理解しておくことは、企業に適切なアドバイスを行ううえできっと役に立つはずです。勉強会や研修のテキストとして使っていただければ幸いです。
　本書は、以下のような特徴を持っています。
　第1に、企業からの視点で、企業金融をとらえている点です。一般に金融論の書籍では、金融機関や金融市場が中心の視点で書かれていますが、本書では、あくまでも「主役は企業」という立場で記述しています。
　第2に、巷間にあふれる「コーポレート・ファイナンス」系の書籍とは、構成・内容ともに、一線を画していることです。コーポレート・ファイナンスは、

直接金融が中心の理論的なアプローチですが、米国から輸入された学問体系であるため、わが国の実情にはややそぐわない面もあります。本書では、よりわが国の実態に近いかたちで記述するよう心掛けており、コーポレート・ファイナンス（ファイナンス理論）を学ぶ前に読んでほしい1冊とするよう努めました。

第3に、複雑な数式や計算をほとんど使っていない点です。出てくる数式は、せいぜい各種の比率を計算するための割り算くらいですので、安心して読み進めていただけます。この点は、とくに文科系の学生・出身者にとっては、大きなメリットとなることでしょう。

本書の各章は、筆者が大学において経済学部の3・4年生を対象に約10年間にわたって行ってきた「企業金融論」の講義録がベースとなっています。書店にはコーポレート・ファイナンス系の書籍はたくさん並んでいるのですが、金融界の一角で金融を見ていた経験から、筆者の考える企業金融論に適した本がなかなか見つからなかったため、教材を手作りせざるをえませんでした。今回、機会を得て、これをもとに書籍化したものです。

本書の構成と内容は、以下のとおりです。

まず、序章「企業金融とは何か」では、企業金融論と金融論やコーポレート・ファイナンスとの視点の違いや、株式会社の機能・特徴についてみています。

第1章「企業の資金需要」では、運転資金、設備資金など、企業がどのような資金を必要とするかについて述べています。

第2章「資金調達の形態」では、企業が行う資金調達を、内部資金による調達や外部資金による調達などに分けて、その概要を解説しています。

第3章「財務諸表の見方」では、財務諸表の2本柱である貸借対照表と損益計算書の見方について、企業金融をみるうえで必要となる範囲で説明しています。

第4章「キャッシュフロー」では、キャッシュフローの考え方と第3の財務諸表と言われるキャッシュフロー計算書の見方について解説しています。

第5章「借入金（1）：借入れの種類と返済方法」では、金融機関から借入れを受ける借入手法や、利息の計算方法、借入れの返済方法などについてみてい

ます。

　第6章「借入金（2）：借入金利とメインバンク制」では、借入金の金利や企業の資金調達に大きな役割を果たしているメインバンク制について述べています。

　第7章「借入金（3）：担保」では、企業が銀行から融資を受ける際に必要とされる担保について、担保の種類や担保掛目などの観点から説明を加えています。

　第8章「借入金（4）：保証」では、人的な担保である保証の種類や機能についてみたうえで、公的な保証の仕組みである信用保証制度について解説しています。

　第9章「社債（1）：社債の種類」では、企業が資金調達のために発行する社債について、その種類や通貨による分類などについてみています。

　第10章「社債（2）：公募債と私募債」では、公募債と私募債のそれぞれの発行方法や特徴について説明しています。

　第11章「社債（3）：格付け」では、社債発行のために必要となる格付けと格付機関についてみています。

　第12章「株式（1）：株式による資金調達」では、株式の種類、株主の権利、募集の方法や、ストックオプション、自社株買いなどについて述べています。

　第13章「株式（2）：企業の合併・買収」では、わが国でも最近増えてきている企業間のM&Aについて、形態、手法、買収防衛策などの観点から説明しています。

　第14章「アセット・ファイナンス」では、第3のファイナンスと言われる資産を活用した資金調達について、資産の流動化・証券化を中心に解説しています。

　第15章「ベンチャー・ファイナンス」では、創業間もないベンチャー企業に対する資金供給を行うベンチャー・キャピタルやエンジェルの役割などについて述べています。

　このように本書は、借入金、社債、株式などの資金調達を中心に、企業の財務活動についての基礎知識をひととおりまとめています。こうした内容を理解

したうえで、さらに発展段階のファイナンス理論に進んでいただければ、一段と理解が進むものと考えます。

　本書が、学生や社会人の方々の企業金融に関する理解を深めるうえでの参考となり、将来のよりよい資金調達や資金繰りの順便化などにつなげていただければ幸いです。

　最後になりますが、東洋経済新報社出版局の中山英貴氏には、本書の企画から構成面のアドバイス、編集作業までたいへんお世話になりました。また、長年の友人である飯田哲夫画伯には、作品を装丁に使うことを快諾していただきました。ここに記してお礼を申し上げます。

　2015年2月

中島　真志

本書の使い方

- **本書のねらい**：本書は、「企業金融」を学ぶための入門書です。とくに、企業がどのような資金を必要とし、どのような手段によって資金を調達するのか、という資金調達の面を中心に記述しています。数式や数理モデルを極力使わないで、わかりやすく解説するよう心がけています。大学生（3・4年生）のほか、財務の現場で働くビジネスパーソンや、企業と接する銀行員の方にも役に立つ内容となっています。

- **本書の構成**：本書は、序章のあと、全部で15章で構成されています。第1章〜第2章では、資金需要と資金調達の形態について概要を提示しています。第3章〜第4章では、財務諸表の見方を解説しています。第5章〜第8章では、金融機関からの借入金について取り扱っています。第9章〜第11章では、社債に関する事項について取り扱います。第12章〜第13章では、株式に関する事項について解説しています。第14章ではアセット・ファイナンス、第15章では、ベンチャー企業の資金調達について取り上げています。

- **BOX**：各章に1つ以上のBOX記事があり、本文の内容に関連するトピックスを取り上げています。

- **本章のキーワード**：各章における最も重要度の高い用語については、本文中に**太字**で表示しています。また、これに次ぐ重要な用語については、「　」に入れて表示してあります。太字キーワードについては、各章の最後に「本章のキーワード」として一覧表を掲載しています。

- **本章のまとめ**：各章末に「本章のまとめ」として、穴埋め問題をつけています。（　①　）（　②　）……には、「本章のキーワード」に挙げられている語句が入ります。復習用に活用してください。穴埋め問題の解答は、下記アドレスからダウンロードできます。

    http://store.toyokeizai.net/books/9784492654682

目次◎入門　企業金融論

はじめに　iii

序章　企業金融とは何か　1

1. **本書のねらい**　2
   (1) 金融論と企業金融論／(2) 企業金融論とコーポレート・ファイナンス
2. **株式会社とは**　7
   (1) 会社の種類／(2) 株式会社の機能／(3) 株式会社の特徴
3. **企業金融と経営者の視点**　11

第1章　企業の資金需要　15

1. **企業活動と資金需要**　16
   (1) 企業活動と資金の流れ／(2) 資金需要の種類
2. **運転資金**　17
   (1) 運転資金とは／(2) 運転資金の種類／(3) 運転資金の性格／(4) 運転資金を左右する要因／(5) 運転資金の公式
3. **設備資金**　25
   (1) 設備投資の種類／(2) 設備資金の特徴
4. **その他の資金需要**　26
   (1) 賞与資金／(2) 決算資金／(3) 赤字補填資金

第2章　資金調達の形態　29

1. **資金調達の分類**　30
2. **内部資金による調達**　30
   (1) 内部留保／(2) 減価償却費／(3) 内部資金の性格
3. **外部資金による調達**　35
   (1) 借入金／(2) 社債の発行／(3) 株式の発行／(4) 企業間信用
4. **外部資金調達の分類方法**　40
   (1) 負債による調達と資本による調達／(2) 間接金融と直接金融／(3) 2つの分類の組合せ

第3章　財務諸表の見方　　45

1　財務諸表とは　46
(1) 貸借対照表（B/S）／(2) 損益計算書（P/L）／(3) B/SとP/Lの関係

2　バランスシート（B/S）の見方　47
(1) バランスシートの構成／(2) 資産サイドの項目／(3) 負債・資本サイドの項目

3　損益計算書（P/L）の見方　58
(1) 損益計算書の構成／(2) 営業利益／(3) 経常利益／(4) 税引前当期利益／(5) 税引後当期利益／(6) 各利益の関係

第4章　キャッシュフロー　　69

1　キャッシュフローの考え方　70
(1) キャッシュフローとは／(2) キャッシュフロー経営／(3) 3つのキャッシュフロー

2　営業キャッシュフロー　73
(1) 営業キャッシュフローの概要／(2) 会計上の利益とは／(3) 減価償却とは／(4) 運転資本とは／(5) 営業キャッシュフローの水準

3　投資キャッシュフロー　82
(1) 投資キャッシュフローとは／(2) 投資キャッシュフローの意味

4　フリー・キャッシュフロー　83
(1) フリー・キャッシュフローとは／(2) フリー・キャッシュフローの意味

5　財務キャッシュフロー　85
(1) 財務キャッシュフローとは／(2) 財務キャッシュフローの位置づけ／(3) 財務キャッシュフローの役割／(4) ネット・キャッシュフロー

6　企業経営とキャッシュフロー　87
(1) フリー・キャッシュフローの最大化／(2) キャッシュフロー計算書の具体例／(3) キャッシュフローのパターン

第5章　借入金（1）──借入れの種類と返済方法　　93

1　借入れの種類　94
(1) 証書借入／(2) 手形借入／(3) 手形割引／(4) 手形の取立てと手形交換所／(5) 当座借越／(6) コミットメント・ライン／(7) シンジケート・ローン

2　利息の計算方法　109
(1) 利息の計算式／(2) 日数の数え方／(3) 利息の支払時期／(4) 借入れの上限金利

3 　借入れの返済方法　112
(1) 元金一括返済／(2) 元金均等返済／(3) 元利均等返済

第6章　借入金(2)——借入金利とメインバンク制　119

1　借入金利　120
(1) 長期借入金利と短期借入金利／(2) 固定金利借入と変動金利借入／(3) プライムレート／(4) スプレッド借入

2　表面金利と実効金利　124
(1) 拘束預金／(2) 歩積み・両建て預金／(3) 実効金利

3　借入金利と企業経営　126
(1) 借入金利の水準に影響する要因／(2) 借入金利の経営への影響

4　メインバンク制　128
(1) メインバンクとは／(2) メイン以外の先／(3) 経営危機時の対応／(4) メインバンクによるガバナンス

5　リレーションシップバンキングとトランザクションバンキング　135
(1) リレーションシップバンキングとは／(2) トランザクションバンキングとは

第7章　借入金(3)——担保　139

1　担保の概要　140
(1) 担保とは／(2) 物的担保と人的担保／(3) 担保の性格

2　担保の法的区分　143
(1) 質権／(2) 抵当権

3　担保評価と掛け目　145
(1) 時価評価額と担保価格の違い／(2) 担保価格の決め方

4　担保の種類　147
(1) 不動産担保／(2) 有価証券担保／(3) 預金担保／(4) 動産・売掛金担保／(5) 知的財産権担保

第8章　借入金(4)——保証　161

1　保証の概要　162
(1) 保証とは／(2) 保証債務の性質

2　保証の類型　164
(1) 保証の種類／(2) 単純保証と連帯保証／(3) 保証人の種類

3　信用保証制度　171
(1) 信用保証協会とは／(2) 信用保証制度の手順／(3) 融資実行後の仕組み／(4) 信用保証制度を利用できる企業／(5) 信用保証制度の種類／(6) 責任共有制度／(7) 信用保証制度のメリット／(8) 信用保証制度の利用動向

第9章　社債（1）——社債の種類　179

1　社債の概要　180
(1) 社債とは／(2) 社債の特徴
2　社債の種類　181
(1) 普通社債（SB）／(2) コマーシャル・ペーパー（CP）／(3) 転換社債（CB）／(4) ワラント債
3　通貨による分類　188
(1) 円建て債・外貨建て債／(2) 二重通貨建て債
4　発行対象による区分　191
(1) 機関投資家向け社債／(2) 個人向け社債
5　非居住者の発行する債券　192
(1) サムライ債／(2) ダイミョー債／(3) ショーグン債

第10章　社債（2）——公募債と私募債　197

1　公募債と私募債　198
(1) 公募債とは／(2) 私募債とは
2　中堅・中小企業にとっての私募債　199
(1) 中堅・中小企業の社債発行／(2) 発行の制約／(3) 銀行引受私募債と少人数私募債の違い
3　銀行引受私募債　202
(1) 適格機関投資家とは／(2) 保証／(3) 発行企業のメリット／(4) 引受銀行のメリット
4　少人数私募債　204
(1) 少人数私募債とは／(2) 少人数私募債の要件／(3) 少人数私募債のメリット／(4) 少人数私募債発行の注意点
5　公募債　206
(1) 公募債の発行企業／(2) 公募債の発行方法／(3) 社債の管理者／(4) 公募債における投資家保護の仕組み

第11章 社債（3）——格付け　213

1. 格付けとは　214
2. 格付機関　215
   (1) 国際的な格付機関／(2) 日本の格付機関
3. 格付け記号　216
   (1) 格付け記号の読み方／(2) 格付け記号の定義／(3) プラス記号とマイナス記号
4. 格付機関のビジネスモデル　218
   (1) 営利事業としての格付け／(2) 格付機関の収入源／(3) 格付け手数料の水準
5. 格付け格差とリスク　220
   (1) 格付け別のデフォルト率／(2) 投資適格格付けと投機的格付け
6. 格付けの種類　222
   (1) 債券格付けと発行体格付け／(2) 依頼格付けと勝手格付け／(3) ソブリン格付け／(4) 格付け対象の拡大
7. 格付けの変更　226
   (1) アウトルックの公表／(2) 格付けの見直し

第12章 株式（1）——株式による資金調達　231

1. 株式とは　232
   (1) 3つの呼び方／(2) 株式の特徴
2. 株主の権利　233
   (1) 利益配当請求権／(2) 残余財産分配請求権／(3) 経営参加権／(4) 自益権と共益権
3. 株式の種類　236
   (1) 普通株式／(2) 優先株式／(3) 劣後株式／(4) 無議決権株式／(5) 複数議決権株式
4. 株式による資金調達　239
   (1) 募集の方法／(2) 発行価格／(3) 増資の影響
5. 株式公開　242
   (1) 株式公開とは／(2) 株式公開時に行われること／(3) 株式公開のメリット／(4) 株式公開に伴う負担／(5) 株式の上場先／(6) 上場基準／(7) 上場廃止
6. 株式関連のキーワード　246
   (1) ストックオプション／(2) 自社株買い／(3) 企業の収益性の指標

第13章　株式（2）——企業の合併・買収　257

- **1　M&Aの概要**　258
  (1) M&Aとは／(2) M&Aの目的／(3) 友好的なM&Aと敵対的なM&A／(4) デュー・ディリジェンス
- **2　M&Aの形態**　260
  (1) 合併の形態／(2) 買収の形態
- **3　M&Aの手法**　263
  (1) TOB／(2) LBO／(3) MBO
- **4　敵対的買収**　267
  (1) 同業他社による買収／(2) 企業買収ファンド／(3) グリーンメーラー
- **5　買収防衛策**　270
  (1) 平常時の予防策／(2) 非常時の防衛策
- **6　M&Aの功罪**　277
  (1) M&A増加の背景／(2) 敵対的買収は悪か

第14章　アセット・ファイナンス　281

- **1　アセット・ファイナンスとは**　282
- **2　経営資源の効率化**　282
  (1) 売掛債権の圧縮／(2) 在庫の処分・圧縮／(3) 保有資産の売却
- **3　資産の流動化・証券化**　290
  (1) 資産の流動化・証券化とは／(2) 資産の流動化・証券化の仕組み／(3) 流動化と証券化の違い／(4) 資産の流動化・証券化の特徴／(5) 証券化により発行される証券／(6) 証券化のメリット

第15章　ベンチャー・ファイナンス　301

- **1　ベンチャーキャピタル**　302
  (1) ベンチャーキャピタルとは／(2) ベンチャーキャピタルの資本系列／(3) ベンチャーキャピタルの投資判断基準／(4) ハンズオン型VCとハンズオフ型VC／(5) VCを利用する際の留意事項／(6) 米国のVCの特徴
- **2　投資事業組合**　309
  (1) 投資事業組合とは／(2) 投資事業組合の運営者／(3) 投資事業組合の法的な性格／(4) 投資事業組合の問題点
- **3　エンジェル**　312

(1) エンジェルとは／(2) エンジェルの属性／(3) 米国におけるエンジェル／(4) 日本におけるエンジェル

索引

BOX 序-1	企業金融論とコーポレート・ファイナンスの違い	5
BOX 序-2	世界初の株式会社「東インド会社」	9
BOX 序-3	1円起業	12
BOX 1-1	トヨタのジャスト・イン・タイム方式	22
BOX 2-1	マイクロソフト社の配当抑制	32
BOX 2-2	減価償却における定額法と定率法	33
BOX 3-1	バランスシートの借方と貸方の呼び方	48
BOX 3-2	自己資本比率	57
BOX 4-1	創業期の企業とフリー・キャッシュフロー	84
BOX 5-1	商業手形と融通手形	97
BOX 6-1	規制金利と拘束預金	126
BOX 6-2	メインバンク不在と並行メイン	134
BOX 7-1	担保至上主義	142
BOX 7-2	抵当権の優先順位	148
BOX 7-3	動産担保融資の困難性	156
BOX 8-1	連帯保証による悲劇	168
BOX 9-1	債券の愛称	193
BOX 10-1	社債のデフォルトの事例	211
BOX 11-1	格付けの歴史	227
BOX 11-2	サブプライムローン問題と格付け	228
BOX 12-1	トラッキング・ストック	238
BOX 12-2	1円ストックオプション	248
BOX 13-1	ソフトバンクによるLBO	265
BOX 13-2	第三者割当増資によるホワイトナイトの事例	275
BOX 14-1	デル社のダイレクト・モデル	286
BOX 14-2	リースの仕組み	288
BOX 14-3	証券化とサブプライムローン問題	297
BOX 15-1	ライブドア事件と投資事業組合	311

序章

企業金融とは何か

　「企業金融」とは、企業が経済活動を行うために必要となる資金を調達するための金融について論じる分野です。すなわち、本書では、企業の立場からみた、資金の調達を中心とした財務活動について学びます。

　一般に、企業は「ヒト・モノ・カネ」で成り立っているといわれ、これを「企業の三要素」と呼びます。「ヒト」とは、企業を支える役員や従業員のことですし、「モノ」とは、企業活動を行ううえで必要な原材料、部品、生産設備、店舗などのことです。また、「カネ」とは、企業活動を行うために必要となる資金のことを指します。「モノ」を買うにしても、「ヒト」を雇うにしても、そのためには、資金となる「カネ」が必要となります。企業金融では、これら企業の三要素のうち、「カネ」の面からの企業の行動について学びます。

　本章では、まず前半で、企業金融論を学ぶにあたって、この科目の位置づけについて説明します。後半では、企業金融論の主役である「企業」、なかでも経済で中心的な役割を果たしている「株式会社」について考えます。

1 本書のねらい

(1) 金融論と企業金融論

　多くの大学では、経済学部や経営学部、商学部などに「企業金融論」（または「企業財務論」などそれに相当する科目）が設置されています。同じような分野の科目として「金融論」があり、多くの場合、まず金融論を学んだうえで、その発展科目として、企業金融論を学修することになっています。

①金融論の視点

　金融論では、一般に「金融（そのもの）の仕組み」について学びます。具体的には、以下のような項目について理解を深めます。

> ・銀行などの金融機関は、どういう機能を果たしているのか。
> ・金融市場では、どういう取引が行われているのか。
> ・貨幣や金利やマネーストックとは何か。
> ・中央銀行は、どのように金融政策を行っているのか。

　つまり、金融論の視点は、「金融機関」「金融市場」や「中央銀行」からのものであり、あくまでも金融機関や金融市場などが主役です。そこでは、「金融がどのような仕組みで行われているのか」を理解することに主眼が置かれます。

②企業金融論の視点

　これに対して、企業金融論では、「企業からみた金融」について学びます。企業をめぐる資金の流れ（キャッシュフロー）の全般を対象としますが、このうちとくに企業にとっては死活問題となる「資金の調達」が重要な位置づけを占めます。企業の活動には、原材料の仕入れや従業員への給与の支払いなどに、必ず資金が必要となります。また、工場の建設や設備の導入には、さらに多額の資金を必要とします。こうした資金を、資金使途の性格（短期・長期、リス

図表序-1　金融論と企業金融論の視点の違い

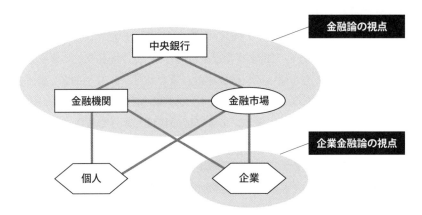

クなど）に応じて、どこからどのような手段で調達するかが重要な課題となります。

　ここでの視点は、あくまで「企業」からのものとなります。金融論においては、企業は、金融機関や金融市場などの金融の仕組みを「利用する主体」（最終ユーザー）としてとらえられていましたが、企業金融論においては、企業が主役であり、企業の視点から金融や資金の流れについて考えることになります。このため、以下では、自分が企業の経営者や財務部長になったつもりで読み進めて頂ければ、理解が進みやすいでしょう。

　こうした金融論と企業金融論の視点の違いについてみたのが、図表序-1です。金融論では、金融機関、金融市場や中央銀行を中心にとらえていたのに対し、企業金融論では、あくまでも企業の視点から金融をみることとなります。これをみれば、金融論と企業金融論の視点の違いが一目瞭然となるでしょう。

(2) 企業金融論とコーポレート・ファイナンス

　企業金融論に類似する用語としてしばしば用いられる言葉として**コーポレート・ファイナンス**があります。企業金融論とコーポレート・ファイナンスという用語は、しばしば混同して用いられますが、両者は、区別して使い分けたほうがよいものと考えます。

序章　企業金融とは何か　　3

①コーポレート・ファイナンスの視点

　コーポレート・ファイナンスは、企業が「企業価値の最大化」を行うための財務手段を考えることです。つまり企業が将来にわたって生み出す収益（キャッシュフロー）を最大化することを目的として、「将来キャッシュフローの現在価値」の考え方を使って、投資活動、資金調達、株主への配当などをどのように行うべきかを考える学問体系です。米国のMBA（経営大学院）のコースでは、コーポレート・ファイナンスは必須の科目となっており、企業の経営を担うために必要不可欠な知識として教えられています。

　コーポレート・ファイナンスの特徴の第1は、「直接金融」が中心の考え方となっていることです。これは、この学問が米国を中心に発達したことが背景にあります。米国では、株式や社債の発行による「直接金融」が企業の資金調達において中心的な位置づけを占めています。このため、どうしてもこうした実態に近いかたちの学問体系となっています。

　第2に、理論的なアプローチが中心となっていることです。とくにその中核となっている概念は、金銭の時間的価値を考える「現在価値計算」と呼ばれる手法です。これは、将来のキャッシュフローを現在時点の価値に変換するための計算の手法です。将来の価値を現在に割り引くためには、やや複雑な数式や計算が必要となるため、文科系の学生にとってはいささか取り付きにくい面があります。これは、コーポレート・ファイナンスが、MBAプログラムという大学院レベルで教えられていることにも関係しています。

　第3に、対象とする企業活動が、資金の調達・運用に止まらず、投資決定の理論や、ポートフォリオ理論、資本構成の理論、配当政策理論など、企業の行う経営活動全般にわたって幅広く及んでいることです。これらは、いずれも上記の現在価値計算を応用して導かれているものです。ただし逆にいうと、コーポレート・ファイナンスの中では、資金調達はその体系のごく一部を占めるにすぎません。

②企業金融論の視点

　コーポレート・ファイナンスは、現在価値計算を中心に整った理論体系を有しています。CAPM（資本資産評価モデル）、WACC（加重平均資本コスト）

などの概念が確立しているほか、米国では標準的なテキストが何冊も出版されており、いわば「教えやすい知識体系」となっています。ただし、学生やビジネスパーソンが、企業が行っている資金調達の方法や資金の流れについて十分に理解できていない段階で、いきなり現在価値計算の方法とその応用について取り組んでも、なかなかイメージがつかめず、興味を持って学ぶのには難しい面があるかもしれません。

こうした観点から、本書では、以下、企業をめぐる資金の流れや資金調達の全般を「企業金融」と位置づけ、企業はどういう資金が必要か、資金繰りに影響する要因は何か、また資金調達にはどういう方法があるのか、といったことについて、実務的な面も含めて解説していくこととします。なお、会計的な側面については、企業の資金調達や資金繰りに影響を及ぼす範囲内で必要な部分を概説しますが、簿記や会計などの科目で教えるような詳細には立ち入らないこととします。

本書によって、まず企業をめぐる資金の流れや資金調達の概要を把握したうえで、次にコーポレート・ファイナンスを学べば、さらに理解が深まることが期待できます。

BOX 序-1　企業金融論とコーポレート・ファイナンスの違い

　従来のコーポレート・ファイナンスは、「米国からの輸入学問」としての側面があり、わが国の企業金融の実態には合わない面も少なくありません。

　1つは、「銀行借入」に関する議論がほとんど取り扱われていない点です。わが国では、中小企業を中心に、依然として銀行からの借入金を主体に資金調達を行っている企業が多いのが実情です。こうした状況のもとで、銀行からの借入金の議論を抜きにしては、企業金融について学んだことにはなりませんし、実務上も支障を来すことになりかねません。わが国では、会社を設立したとしても、米国流にいきなり「株式と社債を発行して資金調達をします」ということにはなりにくいのです。

　2つ目に、「企業間信用」が対象とされていない点です。わが国の企業は、

図表序-2　企業金融論と従来のコーポレート・ファイナンスの比較

	従来の コーポレート・ファイナンス	本書の特徴 (企業金融論)
アプローチ方法	理論的なアプローチが中心	実務的なアプローチが中心
数式の利用	数式を多く使う	数式はあまり使わない
対象範囲	資金調達のほか、投資活動、株主への配当、ポートフォリオ、資本構成など企業活動を幅広く対象	資金調達や資金の流れを中心に扱う
銀行借入	×	○
企業間信用	×	○
資金繰り	×	○
会計的な視点	×	○
学習段階	大学院 (MBAコース)	大学の学部 (経済学部、経営学部、商学部など)

(注)　○は対象とする（含む）ことを、×は対象としない（含まない）ことを表す。

手形を振り出しあったり、買掛金や売掛金を通じて、取引先との間で資金を融通しあっています。これもまた、企業の必要資金を考えるうえでは欠かすことのできない重要な側面であり、とくに中堅・中小企業においては、資金繰りを大きく左右する要因となっています。

3つ目には、資金繰りや運転資本に関する議論が含まれていない点です。中小企業の経営者にとっては、手許の資金が当面の支払いに足りるのかという「資金繰り」が常に最大の心配事であるとされています。また最近では、企業活動に伴うキャッシュ・イン（資金の流入）とキャッシュ・アウト（資金の流出）を把握することを重視する「キャッシュフロー経営」に注目が集まっています。しかし、米国流のコーポレート・ファイナンスでは、そうした企業の継続的な資金の出入りに関する「動態的な分析」については触れられておらず、一定の必要資金を前提に、それを株式や社債で調達するという、いわば「静態的な分析」に焦点が当てられています。

4つ目に、「会計的な視点」に触れていない点です。たとえば減価償却は、現実の世界では、内部資金の1つとして企業の資金繰りに大きな影響を及ぼしていますが、そうした点については、コーポレート・ファイナンスではあまり

言及されないことが多いようです。

　こうしたことから、以下、本書では、企業にとって重要な課題である資金調達の面を中心に、銀行借入、企業間信用、資金繰り、会計的な視点なども含めて、あまり数式は使わないかたちで解説していくこととします。

2 株式会社とは

　ここではまず、企業の資金調達について学ぶ前提として、「企業」についてみていきます。企業は、法律的には「会社」と呼ばれており、「会社法」が企業のあり方を規定する法律です。

(1) 会社の種類

　「会社法」では、いくつかの種類の会社が定められています。①株式会社のほかに、②合名会社、③合資会社、④合同会社などがあります。従来は、このほかに**有限会社**がありましたが、「改正会社法」の施行（2006年）に伴って、根拠法であった「有限会社法」が廃止され、それ以降は設立できなくなりました。会社法の施行以前に存在していた有限会社は、「特例有限会社」（会社法上は株式会社）として存続しています。

　会社法で定める会社のうち、合名会社、合資会社、合同会社は、中小企業に適した形態であり、合わせて**持分会社**と呼ばれています。持分会社への出資者は、「社員」と呼ばれます。このうち、**合名会社**は、無限責任社員のみで構成される組織です。また**合資会社**は、無限責任社員と有限責任社員の両方で構成される組織です。**合同会社**は、有限責任社員のみで構成されており、株式会社と比べて、比較的自由な経営を行うことが可能です。**無限責任社員**は、会社の債務（借金）に対して無限の責任を負いますが、**有限責任社員**は、出資額の範囲でしか責任を負いません。

　一方、経済活動において中心的な役割を果たしているのが**株式会社**であり、私たちが「会社」や「企業」というときに一般に想定するのは株式会社です。

序章　企業金融とは何か　　7

図表序-3　会社法における会社の種類

会社の種類		出資者	出資者の責任
持分会社	合名会社	社員	無限責任社員のみ
	合資会社	社員	無限責任社員と有限責任社員
	合同会社	社員	有限責任社員のみ
株式会社		株主	有限責任

　一定以上の規模の企業は、いずれも株式会社の形態をとっています。出資者である**株主**は、有限責任のみを負います。株式会社では、**株式**を発行することによって資金を集め、利益が出た場合には、その一部を**配当**として株主に分配を行います。

　株式会社には、株式を証券取引所に上場している**上場会社**と上場していない**非上場会社**があります。上場会社には、多数の株主が存在しており、証券取引所において株式が自由に売買されます。一方、非上場会社は、比較的少数の株主で構成され、株式は広く流通しません。

(2) 株式会社の機能

　たとえば、新しく会社を設立して事業を行おうとしており、新規事業に必要な資金が3000万円であったとします。自分では3000万円も出すことはできないし、何の実績もない状態で、銀行から3000万円借りることも困難です。こうした場合に、30人の賛同者から100万円ずつ集めて、必要な資金を調達しようとするのが株式会社の考え方です。

　じつは、株式会社という仕組みは、「人類最大の発明」といわれています。世界の歴史上初めての株式会社は、17世紀に設立された**東インド会社**です（BOX 序-2参照）。東インド会社から始まった株式会社の仕組みは、その後、世界に広がり、今や世界各地に株式会社がみられ、各国の経済において中心的な役割を果たしています。

　株式会社という仕組みの重要性は、一般にはそれほど意識されていませんが、じつは、株式会社という仕組みがなければ、世界の経済はこんなに発展しな

かったであろうと考えられています。株式会社は、どこが、それほど画期的な仕組みだったのでしょうか。それを考えるために、株式会社の特徴についてみていくこととしましょう。

> **BOX 序-2　世界初の株式会社「東インド会社」**
>
> 　世界で初めて株式会社を設立したのはオランダであり、1602年に「オランダ東インド会社」が設立されています。その際、初めて「株式」というものが発行されました。この会社は、ヨーロッパと東インド（現在のインドネシア）との間の貿易や植民地経営を行うための会社でした。東インドから特産品（香料、コショウ、絹織物など）をヨーロッパに運んでくると、莫大な利益が出ることが見込まれましたが、まずそのためには、物産を運んでくる船の建造に膨大な費用が必要でした。また、航海の途中で、船が沈没したり、海賊に襲われたりする可能性もあり、そうした場合には、大きな損害が発生することが予想されました。つまり、うまく行った場合には巨額の儲けが期待できますが、一方で大きな損失が発生する可能性もあるという「ハイリスク・ハイリターン型」のビジネス・モデルだったのです。
>
> 　こうしたなかで、東インド会社では、株式を発行して多くの人から少額ずつの資金を集め、収益もリスクも皆で分担するという仕組みを発明したのです。この仕組みは、リスクを分散し、利益を出資者に分配する優れた方法として、各国に広まっていきました。ちなみに、イギリスでも、10年ほど遅れて「イギリス東インド会社」を設立しています。

(3) 株式会社の特徴

　株式会社の特徴としては、①株主の有限責任と②資本と経営の分離、という2点があります。

①株主の有限責任

出資者である「株主」は、出資額の限度でしか責任を負いません。これを**株主の有限責任**といいます。30人の出資者から100万円ずつを集めたという上記の例でいうと、もし、この新規事業がうまくいかずに会社が倒産したとしても、各株主は、自分が出資した100万円をあきらめればよいのであって、追加の支払いを求められることは決してありません。つまり、「自分の出資額がゼロになること」が株主としては最大の損失であり、それ以上の責任は負いません。新規事業がもし立ち上げに失敗して、この新設会社が1億円の負債を抱えたとしても、「株主なのだから、負債の1億円を払え」と言われることはないのです。株主は、自分が出資した額以上の追加の支払いを求められることはありません。このように株式会社は、損失を限定することによって「資金を出しやすくする仕組み」になっているのです。

ちなみに、上述した合名会社や合資会社では、**無限責任社員**が置かれています。この無限責任社員は、通常、その会社の経営者が務めます。この無限責任社員は、自分の事業が借金を抱えることとなった場合には、その負債に対して無限の責任を負います。つまり、会社が1億円の借金を抱えてしまった場合には、無限責任社員であるその企業の経営者は、その1億円の返済に責任を持たなくてはなりません。

株式会社という制度ができる以前は、「無限責任が原則」でしたので、個人企業や個人商店などが小規模に展開しているのみでした。無限責任である以上、あまり大規模に、リスクのある事業を展開することはできなかったのです。株式会社による「有限責任」という制度によって、多くの人から資金を集め、大規模な事業を経営することが可能となり、これによって世界経済が現在のように発展することになったのです。これが、「株式会社は人類最大の発明である」といわれる所以です。

②資本と経営の分離

株式会社の特徴の2つ目が、**資本と経営の分離**です。中小企業の場合には、出資者が同時に経営者でもあるケース（出資者＝経営者）が多いのですが、株式会社の場合には、多くの人（場合によっては、数万人あるいは数十万人）が

出資者となっているため、全員が経営に関与するわけにはいきません。このため、経営にあたる人を選んで、会社の経営を任せることになります。このように株式会社の規模が大きくなってくると、会社の所有者と会社経営にあたる経営者は、別々にならざるをえません。これを「資本と経営の分離」または「所有と経営の分離」といいます。

　資本と経営の分離によって、資金のある人は出資して株主となる一方、企業を経営する能力のある人は経営者になる、という形での分業が可能となりました。こうしたメリットがある一方で、資本と経営の分離のもとにおいては、**プリンシパル・エージェント問題**（または「エージェンシー問題」）と呼ばれる問題が発生する可能性があります。つまり、依頼人（プリンシパル）である株主は、代理人（エージェント）である経営者に、利益を最大化するような経営を依頼しますが、経営者は、必ずしも株主の意向に沿った経営を行わない可能性があります。たとえば、必要以上に立派な本社ビルや社長室をつくろうとしたり、経営者として認められるために、収益性は低いが、社会的に注目度の高い事業を優先して行うなどの行動をとる可能性があります。

　こうした行動は、株主の意向に沿ったものではありません。代理人が依頼人の意向に反した行為を行うという問題は、プリンシパルがエージェントの行動について十分な情報を持たない（これを「**情報の非対称性が大きい**」といいます）場合に大きくなりやすい傾向があります。こうしたことを防止するために経営者を監視する仕組みのことを**コーポレート・ガバナンス**（企業統治）といいます。

3　企業金融と経営者の視点

　以下、本書では、企業サイドからの金融（必要な資金、調達方法など）について取り扱います。企業金融に取り組むうえでは、自分が「企業の経営者」や「財務部長」になったつもりで考えることが重要です。

　最近では、「起業」がブームとなっており、若くして経営者になるケースもみられます（BOX 序-3参照）。また、親が事業を経営している場合には、将来、

それを継いで経営者になるという可能性も十分にあるでしょう。一般に「中小企業の経営者の頭の中の8割は、資金繰りのことを考えている」とも言われます。それだけ、企業の経営を行っていくうえでは、経営資金の問題は重要です。また、中小企業では「経営者は、資金繰りを人任せにすることはできない」とされます。これは、どんなに営業部門や製造部門がうまくいっていても、資金繰りが行き詰って支払いが滞れば、ただちに、経営の危機につながってしまうためです。

企業金融の世界には、「勘定合って銭足らず」という言葉があります。これは、会計上の利益は上がっているのに、手許の資金が足りないという状況を表しています。こうした状況が続くと、利益が黒字であっても経営が行き詰ってしまう**黒字倒産**もありうるということを示唆しています。

企業金融の問題は、企業を経営する立場になると、即座に直面する問題であり、是非、早いうちに基礎を固めておくことをお勧めします。

BOX 序-3　1円起業

　従来、株式会社を設立するためには、最低1000万円の資本金が必要でした（有限会社の場合は300万円）。新しく企業を作って事業を行おうと思っても、個人で1000万円を調達することは容易ではなく、このことが起業を行ううえでの障害となっていました。

　2006年の会社法の改正により、この規制が撤廃され、資本金が1円でも起業できるようになりました。この仕組みのことを**1円起業**といいます。ただし、企業を設立するにあたっては、申請手続きや税金などに数万～数十万円が必要であり、必ずしも本当に1円で会社が設立できるわけではありません。むしろ、1000万円という資本金の下限がなくなったということの象徴として「1円起業」という言い方がなされているのです。

　しかし、従来に比べて起業のハードルが低くなっていることは事実であり、今の時代の若年層には、従来よりも大きな門戸とチャンスが開かれているのです。

本章のまとめ

- ✣世界初の株式会社は、17世紀にオランダが設立した（ ① ）です。
- ✣会社法で定める会社の形態のうち、中小企業に適した形は（ ② ）と呼ばれており、このうち（ ③ ）は有限責任社員のみで構成されており、経営の自由度が高いのが特徴です。
- ✣株主は、株式を購入するのに出資した金額以上の責任は負わないとする株式会社の大原則のことを（ ④ ）といいます。
- ✣現在の株式会社では、会社の所有者である株主と会社経営にあたる経営者とが別になっていますが、このことを（ ⑤ ）と呼びます。こうした状況下では、経営者が必ずしも株主の意向に沿った経営を行わないという（ ⑥ ）が発生する可能性があります。この問題は、株主が経営者の行動についての十分な情報を持たないという（ ⑦ ）が大きい場合に深刻なものとなりやすい傾向があります。こうしたことを防止するために、経営者を監視・統制する仕組みのことを（ ⑧ ）といいます。

本章のキーワード

コーポレート・ファイナンス、有限会社、持分会社、合名会社、合資会社、合同会社、無限責任社員、有限責任社員、株式会社、株主、株式、配当、上場会社、非上場会社、東インド会社、株主の有限責任、資本と経営の分離、プリンシパル・エージェント問題、情報の非対称性、コーポレート・ガバナンス、黒字倒産、1円起業

第1章

企業の資金需要

　本章では、企業が経営を行っていくうえで、どのような資金を必要とするかについてみていきます。企業では、まず、仕入れや販売など、日々の営業活動を運営していくための「運転資金」を必要とします。運転資金には、経常運転資金、増加運転資金、在庫資金などの分類があります。必要となる運転資金は、販売先からの「受取条件」や仕入れ先への「支払条件」によって大きく左右されます。また、工場を建てたり、機械設備を導入したりするための「設備資金」も必要となります。このほか季節資金として、従業員へのボーナス支払いのための「賞与資金」や配当金や役員賞与の支払いのための「決算資金」なども必要です。また、事業が赤字に陥った場合には、「赤字補填資金」が必要となります。

　以下では、こうした企業の資金需要についてみていくこととします。

1 企業活動と資金需要

(1) 企業活動と資金の流れ

　企業が活動を行うと、必ず「モノの流れ」と「カネの流れ」の両方が発生します。たとえば、原材料を仕入れれば、仕入れ代金を支払うことが必要です。また、生産のための設備を導入すれば、その設備代金の支払いが発生します。一方、製品を顧客に販売すれば、販売代金の受取りが発生します（図表1-1）。

　前述のように、こうした企業をめぐる「カネの流れ」を扱う分野が「企業金融」です。企業を取り巻く資金の流れにはいくつかの側面がありますが、その中でも最も重要なのが、企業活動に必要となる資金を「調達すること」です。とくに、必要な資金を、①いかに低コストで、②いかに安定的に調達するか、が鍵となります。

　資金調達の話に入る前に、ここでは、まず、企業がどのような資金を必要とするかについてみることとします。企業が必要とする資金のことを企業の**資金需要**といい、**需資**と略して呼ばれます。景気がよくなる局面では、企業は、在庫を積み増したり、生産能力を引き上げようとするため、資金需要が増加します。逆に、景気が後退する局面では、資金需要は縮小することになります。

(2) 資金需要の種類

　企業の必要とする資金（資金需要）は、①運転資金、②設備資金、③その他

図表1-1　モノの流れとカネの流れ

モノの流れ	カネの流れ
原材料の仕入れ　→	仕入れ代金の支払い
設備の導入　→	設備代金の支払い
製品の販売　→	販売代金の受取り

図表1-2 資金需要の種類

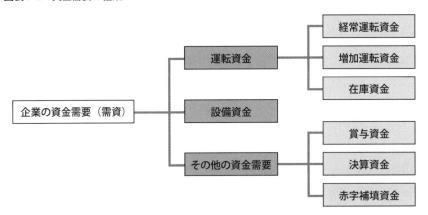

の資金需要、の3つに大きく分けられます（図表1-2）。以下では、これらの3つの種類の資金需要について述べていきます。

2 運転資金

(1) 運転資金とは

　運転資金とは、企業の「通常の営業活動に伴って発生する資金需要」のことであり、「運転資本」ともいいます。たとえば、企業では、①売上げを受け取る前に、原材料の仕入れや、従業員に対する給与の支払いなどを行う必要がありますし、②販売活動を行うためには、一定の「在庫」を持つ必要があります。また、③製品やサービスを販売してから、実際に売上げを現金として受け取るまでには時間がかかるケースも多くみられます。したがって、資金の「受取り」よりも資金の「支払い」が先行することになるため、実際に売上げを受け取るまでの間の**つなぎ資金**が必要であり、これが必要な運転資金となります。

　運転資金は、企業の売上げの規模が大きくなればなるほど、それに比例して増加します。これは、売上げの規模に比例して、仕入れにかかる費用や在庫のための資金、従業員への給与の支払い、販売先から受け取っていない代金など

が増加するためです。

(2) 運転資金の種類

運転資金には、以下のような種類があります。

①経常運転資金

企業が一定の規模で事業を継続していくために必要な運転資金のことを**経常運転資金**といいます。同じ仕入れ先から、一定の額を仕入れて、販売先に一定の決済条件で一定額を販売していくときに必要となる運転資金のことです。

必要な運転資金の水準については、「**月商**（1カ月の売上げ）の何カ月分」という形で表現されるのが一般的です。たとえば、月商1000万円であるA社が、通常、月商の3カ月分の運転資金が必要であるとすると、必要な経常運転資金は、3000万円（1000万円×3カ月）ということになります。

「月商の○カ月分」の数字は、業種によって異なります。商品の回転が速い業種や、現金販売の業種など、代金の回収が早い業種の場合には、少なくて済みます。一方、売上げが現金になるまでに時間を要する業種の場合には、この数字は大きくなります。

②増加運転資金

企業が、生産や売上げを増やすために必要となる運転資金のことを**増加運転資金**といいます。生産や売上げを増やすためには、従来よりも多くの原材料を仕入れ、これまでよりも多くの在庫を持つことが必要になります。また、「売掛金」（すぐに支払ってもらえない売上げ、後述）も増えます。このため、必要なつなぎ資金が増えることになります。

たとえば、上記のA社の月商が、それまでの1000万円から1500万円に増えたとします。必要な運転資金の水準が月商の3カ月分で変わらないものとすると、必要となる運転資金は4500万円（1500万円×3カ月）です。従来の経常運転資金は3000万円でしたので、1500万円分だけ必要な資金が増えています。この1500万円（500万円×3カ月）が、売上げ増に必要な増加運転資金に当たります。

③在庫資金

　運転資金のうち、在庫を保有するために必要な資金のことを**在庫資金**といいます。製造業の場合、在庫としては、①仕入れた原材料である「原材料在庫」、②半製品の段階の在庫である「仕掛品在庫」、③完成品の在庫である「製品在庫」などがあります。また小売業の場合には、商品を仕入れてそのまま販売するため、「商品在庫」が在庫となります。

　在庫が増える場合、以下の2つのケースがあります。1つは、将来の売上げ増加に向けて、生産や仕入れを増やして積極的に在庫を積み増す場合です。たとえば、景気回復を見込んだ増産のケースや、新製品の投入や需要期（クリスマス商戦、季節商品）に備えたストックの積み上げなどのケースがこれに当たります。こうした「意図した在庫増」のことを「前向きの在庫」といいます。

　もう1つは、生産量や仕入れは増えていないのに、売上げが落ち込んで結果的に在庫が増えてしまう場合です。こうした「意図せざる在庫増」のことを「後ろ向きの在庫」といいます。いずれの場合でも、在庫資金が必要となり、資金需要に影響するという点では同じですが、企業業績への影響や景気へのインパクトという側面ではまったく違った意味を持ちます。したがって、在庫水準をみる場合には、在庫の積み増しが前向きのものか、後ろ向きのものかについてよく注意を払う必要があります。

(3) 運転資金の性格

　運転資金は、短期間でかつ反復して必要となります。また運転資金は、売上げによって返済すべき資金ですので、返済期間が1年以内の「短期資金」をあてるのが一般的です（ちなみに、返済期間が1年超のものは「長期資金」といいます）。

(4) 運転資金を左右する要因

　運転資金の大きさは、営業活動をめぐるいくつかの要素によって左右されます。運転資金を決定する主な要因としては、以下のようなものがあります。

①売掛金

　企業が商品を販売しても、販売先はいつでも売上金をすぐに支払ってくれるとは限りません。とくに、商品を1ヵ月のうちに何度も販売先に納入するような取引を継続的に行っている場合には、納入を行う都度、1回ごとに代金の受払いを行うことは、お互いにとって手間がかかって煩雑です。このため、こうした場合には、月末になると1ヵ月間に納入した商品の売上高を集計して、販売先にまとめて請求書を送り、翌月（10日とか、15日とか、月末など）に支払いを受けるといった方法がとられます。こうした「月末締めの翌月払い」といったパターンは、ごく一般的な商習慣となっています。

　したがって、商品を販売先に納入しても、売上金がもらえていない未収金の状態が一時的に生じることになります（翌月15日払いの場合には、最大で45日となります）。この間の「掛け取引」（販売したが売上金がもらえていない）の状態のことを**売掛金**といいます。売掛金は、その金額が大きくなればなるほど、必要な運転資金を増やし、自社の資金繰りを圧迫することになります。

　具体例でみてみましょう。A社が仕入先から800万円で原材料を仕入れて、それを製品にして、1000万円で販売先に販売したものとします（図表1-3参照）。この取引によって、A社は200万円の利益（1000万円－800万円）をあげることができます。しかし、仕入先への支払い（800万円）を当月中に行う必要がある一方で、販売先からの入金は売掛金として、翌月に入金されるものとします。この場合、A社では、当月に800万円の資金不足となるため、この800万円を運転資金として調達する必要があります。つまり、収益上は「黒字」ですが、資金繰り上は「赤字」（資金不足）となっているのです。

②受取手形

　販売先が、商品を販売した代金を支払ってくれる場合に、現金（銀行振込）や即時に現金化できる「小切手」で支払ってくれればよいのですが、相手との関係によっては、**手形**で受け取ることがあります。手形とは、たとえば「3ヵ月先に支払います」という約束の証文です。こうして現金の代わりに受け取った手形のことを**受取手形**といいます。

　売掛金の場合には、資金不足の期間は1ヵ月程度でしたが、支払期日が3ヵ

図表1-3　売掛金と資金不足

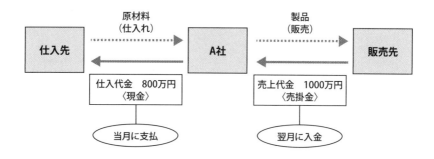

月先の受取手形で受け取ると、資金が入ってくるまでの期間は3カ月になります。上記の図表1-3の例でみると、3カ月分の仕入代金（800万円×3カ月＝2400万円）が資金不足となり、運転資金として必要になります。

このように、売上げの代金をどのような条件でもらうか（**受取条件**といいます）は、資金繰り上、重要な要因となります。当然のことながら、現金での受取りの比率が少ないほど、また**手形サイト**（支払期日までの期間）が長いほど、受け取った企業では多くの運転資金が必要となり、資金繰りが圧迫されることになります。

③在庫

商品の販売を行うためには、基本的に手もとに一定の在庫を保有しておくことが必要です。在庫がなければ、顧客のニーズに即応することができないため、一定の在庫を有することは、ビジネスを進める上で必要不可欠となります。ちなみに、在庫は、バランスシート上では「棚卸資産」と表記され、「流動資産」に含まれます（第3章を参照）。

しかしながら、在庫を保有するためには、それに対応した資金が必要です。在庫と必要資金の関係は、バランスシートで考えるとよくわかります。たとえば、1カ月分の在庫（100）を保有していたとすると、それに対応する資金が負債・資本サイドで計上されていることになります。一方、3カ月分の在庫（300）を持っていたとすると、それに対応した資金が在庫に使われていること

図表1-4　在庫と資金の関係

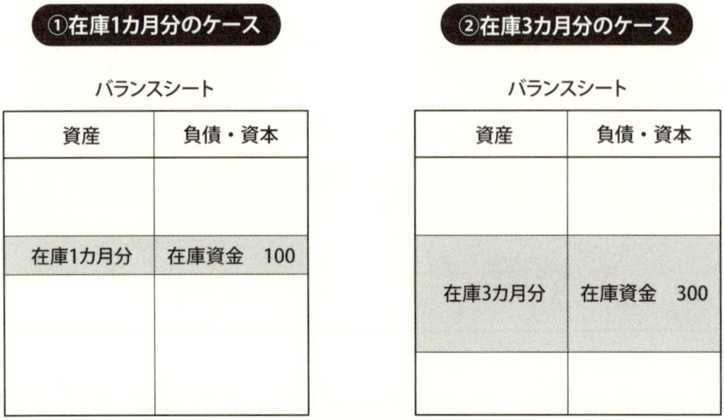

①在庫1カ月分のケース

バランスシート

資産	負債・資本
在庫1カ月分	在庫資金　100

②在庫3カ月分のケース

バランスシート

資産	負債・資本
在庫3カ月分	在庫資金　300

になります（図表1-4参照）。このため、在庫を多く持つことは、その分、多くの運転資金が必要となることを意味しており、資金繰り上はマイナスとなります。このため、資金繰りをスムーズにするためには、在庫を適正な水準にコントロールすることが重要となります。

このように、在庫を持つことはその分、資金を使うことになります。このため、一般には「在庫を寝かせておくことは、資金を寝かせておくのと同じ」と言われます。つまり、効率的な経営のためには、在庫は少ないに越したことはないのです（BOX 1-1）。

BOX 1-1　トヨタのジャスト・イン・タイム方式

在庫を少なくする手法としては、トヨタの「ジャスト・イン・タイム方式」が有名です。これは、必要な部品の補充個数を「カンバン」と呼ばれるボードに書いて部品メーカーに指示するため、「カンバン方式」ともいわれ、海外でも「kanban system」で通じます。カンバン方式では、部品メーカーに対して、生産に必要なときに必要な分だけ部品を持ってくるように指示を行います。これにより、極力在庫を持たず、「必要なものを必要なときに必要なだけ」

持って来させるシステムとなっています。

　こうした方式は、在庫資金にも大きく影響します。たとえば、常に1週間（5営業日）分の在庫を持つものとすると、在庫水準は5日分ですが、1日に3回、必要な分だけ搬入させることにすれば、在庫水準は0.3日分で済むことになります。仮に、1日の生産に必要な部品在庫が100億円分とすると、5日分の場合には、在庫資金は500億円が必要ですが、0.3日分の場合には33億円で済みます。

④買掛金・支払手形

　上記の①と②では、販売先からの受取条件についてみましたが、一方で、仕入先に対する**支払条件**も、運転資金を左右する要因となります。

　まず、仕入代金の支払いを即金ではなく、売上金と同じように「月末締めの翌月払い」といったかたちで約1カ月先の支払いにしてもらうことが考えられます。この場合A社では、仕入先から「掛け」で仕入れていることになるので、**買掛金**と呼ばれます。

　次に、仕入先への支払いを期間3カ月の手形にしてもらうことが考えられます。この場合、現金での支払に代えて手形を使っていますので、**支払手形**と呼ばれます。

　売上げサイドの「受取条件」と仕入サイドの「支払条件」が同じであるとすると、支払いと受取りが同時期に行われることになります。このため、売掛金と買掛金、受取手形と支払手形の受取・支払条件が一致していれば、仕入れ・売上げに関する運転資金は必要がないことになります（図表1-5）。

　こうした受取条件や支払条件は、取引上の力関係によって決まる面が大きいものといえます。たとえば、大量購入を行う大口ユーザーであれば、有利な支払条件（長い手形サイトなど）で支払いができる可能性が高くなります。一方で、自社でしか扱っていない製品を販売するなど、競争上優位な立場にある場合には、有利な受取条件（即時払いのみなど）で販売ができるかもしれません。

図表1-5 受取条件と支払条件が同じケース

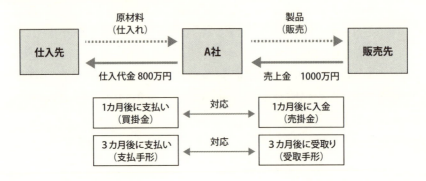

図表1-6 運転資金の黄金の公式

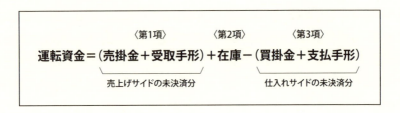

（5）運転資金の公式

　ここまでの議論から、運転資金を算出する「黄金の公式」は、図表1-6のようになります。

　このうち、右辺の第1項（売掛金＋受取手形）は、「売上げサイドの未決済分」（販売したが、まだ受け取っていない資金）を表しています。第2項（在庫）は、仕入れを行ったがまだ売れていないものを示します。また、マイナスとなっている第3項（買掛金＋支払手形）は、「仕入れサイドの未決済分」（仕入れたが、まだ支払っていない資金）を表しています。

　この式からも、第1項（売掛金＋受取手形）と第2項（在庫）については、増えれば増えるほど、必要となる運転資金がふくらみ、資金繰りが苦しくなることがわかります。一方、第3項（買掛金＋支払手形）が増えると、その分、運転資金は少なくて済み、資金繰りが楽になることがわかります。このように、

受取条件・支払条件と在庫水準が必要な運転資金の大きさを左右します。

3 設備資金

　企業が、生産能力の拡大や合理化のために、工場を建設したり、機械・器具を導入したりすることを「設備投資」といいます。この設備投資のために必要となる資金が**設備資金**です。企業が活力を維持し、成長・発展していくうえでは、設備投資を継続的に行って競争力を維持していく必要があります。また、設備資金は必要な資金の額が大きいことが特徴であり、このため、設備資金は資金需要全体の中で大きな割合を占めます。

(1) 設備投資の種類

　設備投資は、その目的によって、以下のように分類されます。

　①増産投資
　新しい工場の建設、製造ラインの増設、新規店舗の出店など、生産・販売を増やすための投資です。

　②更新投資
　老朽化した設備を新しい設備に取り替えるための投資です。10年前に導入し、経年劣化した設備を最新鋭の設備に交換する場合などがこれに当たります。

　③合理化投資
　生産を効率化してコストを下げるための投資です。たとえば、人手で行っていた製造工程に機械(溶接ロボットなど)を導入する場合などがこれに当たります。

(2) 設備資金の特徴

　設備資金の特徴は、第1に、一度に巨額の資金が必要となる点です。工場の

建設、大規模な設備の導入、本社ビルの建設などには、多額の資金が必要となります。第2に、回収にかなりの長期を要する点です。設備投資は、その設備を長期間にわたって利用することによって、時間をかけて投資資金を回収します。したがって、設備資金には、返済期間が1年超の「長期資金」をあてるべきとされています。

4 その他の資金需要

運転資金や設備資金以外の**その他の資金需要**としては、①賞与資金、②決算資金、③赤字補填資金などがあります。

(1) 賞与資金

多くの企業では、6月と12月に従業員に対して賞与（ボーナス）を支給します。この賞与の支払いのために必要となる資金が**賞与資金**です。ボーナスを支払う月になると急に売上げや利益が増える訳ではないので、企業では通常、賞与の支払いのために短期の借入れを行い、それをその後の売上げで返済していくことになります。

企業の業績が好調な時期にはボーナスが増える傾向があるため、賞与資金の需要が高まります。

(2) 決算資金

企業では、事業年度の決算を行ったうえで、配当金、役員賞与、法人税などの支払いを行います。そのために必要となる資金のことを**決算資金**といいます。多くの企業が採用している3月決算の場合には、5月が決算時、11月が中間決算時として、決算資金が必要となります。

こうした資金は、本来は、企業の収益から支払われるはずですが、決算時に集中するため、銀行等からの短期借入によって賄われるのが一般的です。企業業績が好調であると配当金や役員賞与等が増えるため、多くの決算資金が必要となります。決算資金は、上記の賞与資金と合わせて**決賞資金**（けっしょう）と呼ばれます。

(3) 赤字補填資金

　事業が赤字に陥った場合に、その赤字を埋めるための資金が**赤字補填資金**です。たとえば、1000万円で仕入れたものが800万円でしか売れなかった場合には、200万円の赤字が発生します。この200万円の赤字を埋めるための資金が赤字補填資金です。また、取引先企業の業況悪化・倒産などにより、売掛金・受取手形となっていた売上代金が受け取れなくなった場合にも、こうした赤字補填が必要となります。

　売上増加に伴う増加運転資金や生産力増強のための設備資金などが、売上げの拡大に向けた「前向き資金」といわれるのに対し、赤字補填資金は、過去に発生した赤字を穴埋めするものであるため、「後ろ向き資金」と呼ばれます。既に発生してしまった赤字の埋め合わせであり、返済財源が確保されていないため、銀行では融資を嫌がる傾向があります。赤字補填資金は、事業を黒字転換させ、その利益によって返済していく必要があります。

本章のまとめ

- ❖ 企業が通常の営業活動を行うために必要とする資金需要のことを（ ① ）と呼びます。これには、企業が一定の規模で事業を継続していくために必要となる（ ② ）や、生産や売上げを増やすために必要となる（ ③ ）などがあります。
- ❖ 自社の製品を販売先に納入したが、まだ代金を受け取っていない未収金のことを（ ④ ）といい、代金を手形で受け取ったものを（ ⑤ ）といいます。これらが増えると、資金繰りを圧迫します。
- ❖ 仕入れ先から原材料を仕入れたが、まだ代金を支払っていない未払い金のことを（ ⑥ ）といい、現金での支払いに代えて手形で支払ったものを（ ⑦ ）といいます。これらが増えると、その分、資金繰りが楽になります。
- ❖ 企業が従業員へのボーナスの支払いのために必要とする資金のことを（ ⑧ ）といい、配当金・役員賞与・法人税などの支払いのために必要とする資金のことを（ ⑨ ）といいます。両方を合わせて（ ⑩ ）と呼びます。
- ❖ 事業の赤字を埋めるための資金を（ ⑪ ）といいます。

本章のキーワード

資金需要、需資、運転資金、つなぎ資金、経常運転資金、月商、増加運転資金、在庫資金、売掛金、手形、受取手形、受取条件、手形サイト、支払条件、買掛金、支払手形、設備資金、その他の資金需要、賞与資金、決算資金、決賞資金、赤字補填資金

第2章

資金調達の形態

　前章では、企業がどのような資金を必要とするかという「資金需要」についてみました。こうした資金需要に対応するため、企業では、必要なタイミングで、必要な資金を安定的に調達することが必要となります。本章では、こうした企業の資金調達の形態について概観します。

　資金調達の形態は、大きく、内部資金による調達、負債による調達、資本による調達に分けて考えることができます。このほか、企業間信用も一定の役割を果たしています。以下、本章では、それぞれの調達方法についてみていきます。

1 資金調達の分類

　企業の資金調達方法は、どこから資金を調達するかによって、まず、①「内部資金による調達」と②「外部資金による調達」に分けられます。次に、外部資金による調達は、その性格によって、⑤「負債による調達」と⑥「資本による調達」に分けることができます（図表2-1）。このほか、⑦「企業間信用」も企業の資金繰りに影響を及ぼしています。以下では、それぞれの調達方法について、やや詳しくみていきましょう。

2 内部資金による調達

　内部資金とは、企業が営業活動を通じて生み出した資金のことを指します。内部資金には、③内部留保と④減価償却の2つが含まれます（図表2-1）。

(1) 内部留保

①内部留保とは

　内部留保とは、企業が得た利益（税引後当期利益）から、配当、役員賞与な

図表2-1　企業の資金調達の分類

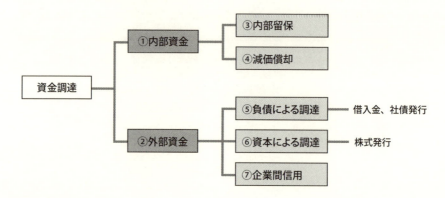

どの「利益処分」を差し引いたものです。すなわち、企業の稼いだ「儲け」から**社外流出分**（株主や役員などに支払われる分）を除いたものです（図表2-2）。

内部留保は、企業が営業活動を通じて獲得した利益のうち、企業内に保留される部分であり、企業では、こうした事業年度ごとに発生する「フローとしての内部留保」を必要に応じた資金需要のために利用することができます。また、毎年蓄積された内部留保は、バランスシート上では、「利益剰余金」として「純資産の部」に計上されています（第3章を参照）。ただし、こうした長年の蓄積による「ストックベースでの内部留保」は、その後、設備投資などに使われている場合があります（この場合、当初の現預金から、不動産や機械設備などの資産に姿を変えています）。このため、バランスシート上の内部留保（利益剰余金）が高水準であったとしても、これがすべて現預金の形で残っているわけではないことには注意が必要です。

②**内部留保の水準**

上記の説明からわかるとおり、内部留保は、社外流出を抑制した場合に大きくなります。税引後当期利益のうち、配当として支払われる割合を**配当性向**といいますが、この配当性向を低く抑えて株主への利益の還元を抑制すれば、その年度に発生する内部留保は大きくなります（BOX 2-1）。また、伝統ある企業の場合には、長年の蓄積である「ストックとしての内部留保」が高水準であるケースが多くみられます。毎年の内部留保を20～30年の長期間にわたって蓄積していけば、かなりの額になります。一方で、業歴が浅い新興企業については、こうした蓄積が乏しく、内部留保が低水準にとどまっている（自由に使

図表2-2　内部留保と社外流出分

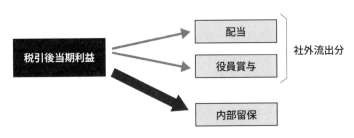

える内部資金が少ない）ことが多くなっています。

> ### BOX 2-1 マイクロソフト社の配当抑制
>
> 　ちなみに、米国のマイクロソフト社は、1986年の株式公開から、約20年にわたって一度も配当を行わなかったことで有名です。これは、成長期の企業であったため、配当よりも内部留保を優先させ、再投資による成長力の確保を優先したことによるものです。これによって、成長力が確保されれば、株価はそれを反映して上昇するため、株主も文句を言いませんでした。なお、同社では、2003年に初めて配当を実施しています。

（2）減価償却費

①減価償却とは

　内部資金を構成する2つ目の柱が**減価償却**です。建物や機械など、長年にわたって利用するものは、時間の経過とともに価値が減っていきます。減価償却とは、その「価値の減少分」を、毎年、「会計上の費用」（コスト）として計上する仕組みです。建物、機械、パソコンなど設備の種類ごとに、**償却年限**（耐用年数）が決められており、これに従って減価償却を行います。

　たとえば、1000万円の機械を購入し、その償却年限が5年であったとすると、毎年、200万円ずつがコスト（費用）として計上されます（定額法の場合、BOX 2-2参照）。ただし、毎年200万円の資金流出（キャッシュ・アウト）が生じているわけではないので、減価償却を行った分は、会計上の利益に加えて、企業の内部に残っていることになります（詳細は後述）。企業では、この資金を内部資金として、運転資金や設備資金にあてることができます。

　こうした会計処理を行うのは、会計上の損益の振れを小さくするためです。もし、減価償却の処理を行わなかった場合には、大規模な設備投資を行った年度には大幅な赤字となる一方、それ以外の年度が黒字になって、企業の収益動向の実態がわかりにくくなってしまいます。設備機械などは長年使うものです

から、これを毎年のコストとして平準化して計上するのです。

> **BOX 2-2　減価償却における定額法と定率法**
>
> 　減価償却の代表的な方法として、定額法と定率法があります。
> 　**定額法**では、取得原価を耐用年数で割って、毎年の償却額を算出します。たとえば、500万円の機械を5年で償却するものとすると、毎年100万円を減価償却することになります。このように、定額法では、減価償却の額が、毎年同額となるように配分されます。
> 　一方、**定率法**は、残っている価値（未償却残高）に一定の償却率をかけて、毎年の減価償却費を算出する方法です。たとえば、1000万円の機械を買って償却率を40％とすると、1年目の償却額は400万円（1000万円×40％）で、年度末の未償却価格は600万円となります。次に2年目の償却額は、600万円×40％で240万円となり、年度末の未償却価格は360万円（600万円－240万円）となります。この計算例でもわかるように、定率法では、スタート時に減価償却の額が大きく、後半に小さくなるという特徴があります。ただし、いずれの方法でも、償却費の累計額は等しくなり、耐用年数が経過した時点では資産の帳簿上の価値（「簿価」といいます）はゼロになります。

②減価償却の具体例

　減価償却の具体例を1000万円の機械を5年の「定額法」で償却するケースでみてみましょう（図表2-3）。1年目の期初に1000万円で機械を購入したとすると、5年で償却する（5年後にこの機械の価値がゼロになると考える）のですから、この機械を1年間使った時点（1年目の期末）では、この機械の価値は800万円に減少しています。以後、毎年200万円ずつ価値は減少して、5年後の期末にはこの機械の価値はゼロとなります。

　減価償却では、価値の減少分を会計上の費用として計上するのですから、毎年、この200万円を費用として計上します（その分、会計上の収益が少なくな

図表2-3　減価償却の具体例

〈1000万円の機械を5年の定額法で償却するケース〉　　　　　　　　　　（単位　万円）

	1年目	2年目	3年目	4年目	5年目
機械の価値	800	600	400	200	0
減価償却	△200	△200	△200	△200	△200

ります)。本来は、原材料の仕入れ、人件費など、実際に支払いを行ったものだけが費用（コスト）とされるはずですが、減価償却については、実際の支払い（キャッシュ・アウト）を行っていないにもかかわらず、コストとして計上されているのです。

すなわち、会計上は費用とされる（会計上は支払ったことになっている）のにもかかわらず、実際にキャッシュの支払いは行われていないため、毎年200万円ずつ資金が手許に残っていくのです。

さて、この企業が、手許に残った200万円を毎年積み立てておいたとします。そうすると、5年目には1000万円の資金が積み立てられ、それにより新たな機械を購入することができます。つまり、減価償却による資金を他の用途に使わないで積み立てておけば、償却年限の時点で、減価償却の対象となっている設備を新しいものに買い替えることができる仕組みとなっています。

(3) 内部資金の性格

内部資金（内部留保＋減価償却）は、①企業が内部に有している資金であるため、改めて調達する必要がないこと、②返済の必要がないこと、③利子や配当などのコストを支払う必要がないこと、などから、企業にとっては、最も「本源的な資金」とされています。つまり、企業にとっては、最も使いやすい資金です。

内部資金による調達は、「内部金融」「自己金融」などと呼ばれる場合もあります。ただし、自分で保有している資金を使うだけであるため、金融機関や投資家との間で資金の貸し借りが行われるわけではありません。このため、「資金余剰主体と資金不足主体との間で資金の貸借を行うこと」という金融の定義

からすると、厳密な意味での金融とはなっていません。

3 外部資金による調達

　企業が外部から資金を調達する方法としては、①金融機関からの借入金、②社債の発行、③株式の発行などがあります。また、④企業間信用も、企業の資金繰りに一定の影響を及ぼしています。
　以下では、これらの外部資金の調達方法の概要についてみることとします。

(1) 借入金

①借入金の性格

　銀行など金融機関からの**借入金**は、企業にとって、基本的な資金調達の手段です。とくに中小企業においては、後述する社債や株式の発行による資金調達が困難であるため、借入金に大きく依存する傾向があります。借入金は、借入期限と借入金利をあらかじめ決めて実行され、借入期間中には決められた金利を支払うとともに、元本を期限までに分割して返済することが必要です。借入条件（期間、金利、担保など）については、借入企業と金融機関との間で、相対の交渉によって決められます。

②借入金の金利

　借入金には、借入期間が1年以内である「短期借入金」と、借入期間が1年を超える「長期借入金」とがあります。金融機関が優良企業向けに貸し出す際の最優遇貸出金利のことを**プライムレート**といいます。短期借入についての最優遇貸出金利が**短プラ**（短期プライムレート）であり、長期借入の優遇金利が**長プラ**（長期プライムレート）です。ただし、プライムレートは、信用力の高い優良企業向けであり、多くの企業の実際の借入金利は、経営状況、財務内容などによって異なり、通常、借入企業のリスクに応じたかたちで、短プラや長プラよりも高めとなります。

③担保と保証

　企業が金融機関から融資を受ける場合には、多くの場合、担保や保証が求められます。これは、経営環境の激変や収益の悪化などにより、万が一、借入企業が借入金を返済できなくなった場合でも、金融機関が融資を回収できるようにするためです。

　担保は、借入企業（債務者）が借入金の返済（債務の履行）を行えない場合に備えて、金融機関（債権者）に提供されるもので、特定の財産の価値によって回収を行うため「物的担保」と呼ばれます。企業が金融機関に差し出す担保としては、土地や建物などの「不動産担保」、国債や株式などの「有価証券担保」、定期預金などの「預金担保」などがあり、中でも不動産担保が用いられるケースが多くなっています。また、最近では、動産・売掛金や知的財産権などを担保にする融資もみられています。

　保証は、借入企業（債務者）が返済できない場合には、保証人が債務者に代わって返済することにより、金融機関が債権を保全する方法です。債務者が返済しない場合に保証人が返済することを約束する「単純保証」と、主たる債務者と保証人とが連帯して債務を負う「連帯保証」とがあります。当然ながら、連帯保証人のほうが重い責任を負います。なお、借入金については、第5章〜第8章において詳しく述べます。

(2) 社債の発行

①社債の性格

　社債とは、企業が発行する債券のことであり、「事業債」とも呼ばれます。社債の発行は、後述する株式の発行と並んで、企業が長期資金を調達するための有力な手段です。

　社債は、①元本を返済する期限である「償還期限」が決まっており、株式とは異なり返済の義務があること、②毎年支払う金利である**クーポン**（表面金利）が決まっていること、③社債の保有者である「社債権者」には議決権がなく、企業の経営には関与できないこと、④返済方法は、満期日に元本を一括して返済する**満期一括償還**が多く、分割返済が一般的である金融機関からの借入金に比べて、期間中の資金繰りに余裕があること、などが特徴です。

②社債の種類

社債の種類としては、①確定利付債券である「普通社債」のほかに、②一定の条件のもとで、株式に転換できる「転換社債」、③一定の条件のもとで、新株の発行を発行企業に請求できる権利（「ワラント」という）の付いた社債である「ワラント債」などがあります。

また、通貨別には、①円で発行される「円建て債」のほかに、②米ドル、ユーロ、スイス・フランなどの外貨で発行される「外貨建て債」、③利払いまたは償還のどちらか一方が外貨で行われる「二重通貨建て債」などがあります。なお、社債については、第9章～第11章において詳しく述べます。

(3) 株式の発行

①株式の性格

株式は、企業がそれを発行することによって、必要な事業資金を投資家（企業、個人等）から集める方法です。株式は、企業にとっては**自己資本**となるため、企業が存続する限り返済の必要がありません。また、借入金や社債のように、あらかじめ一定の金利が定められているわけではなく、利益に応じて配当を支払うことになっています。こうした株式の性格から、株式による調達資金は、設備投資や各種プロジェクトなど、回収に長期を要し、また収益の予想がつきにくい事業向けの資金に適するものとされています。

②株式の発行方法

新しく会社を設立する場合に株式を発行することを**新規発行**といいます。新規発行にあたっては、設立者やその友人、家族などの「縁故者」が引き受けるのが通常です。この段階では、まだ金額も小さいことが多く、資金調達というよりは、企業設立の手続きの一つという色彩が強くなっています。

一方、すでに設立されている企業が、資金調達のために追加的な株式の発行を行うことを**増資**といいます。この増資が、株式による資金調達として重要な意味を持っています。

増資を行う場合の募集方法としては、①既存の株主に新株を割り当てる「株主割当」、②既存の株主以外の第三者に対して発行を行う「第三者割当」、③広

く一般の投資家から新株の引き受け手を募集する「公募」の3つの方法があります。このうち、公募が最も一般的ですが、M&A（企業の合併・買収）に絡んで第三者割当も広く用いられています。なお、株式については、第12章・第13章で詳しく述べます。

（4）企業間信用

①企業間信用の性格

企業間信用とは、取引関係のなかで発生する企業間の貸し借り関係のことです。とくに資金調達という面では、仕入れ先との関係が重要です。商品・原材料などを仕入れたが仕入代金をいまだ払っていない「買掛金」と、仕入代金を手形で支払った「支払手形」の合計額（**買入債務**といいます）は、仕入れ先から「支払いを猶予されている」状態にあり、実質的には仕入れ先から資金を借りているのと同じことです。これを「信用供与」を受けているといいます。この部分は、金利がつかない無利子の負債です。もし、この部分の信用供与がなければ、企業は、銀行から借入れを行ったうえで、仕入れ先に対して即時に仕入代金を支払う必要があります。したがって、この部分は、銀行から借入れを行う代わりに、取引先から資金を借りていることになるのです。

一方、販売先との関係でみると、商品を販売したが売上金を受け取っていない「売掛金」と売上金を手形で受け取った「受取手形」の合計額である**売掛債権**（または「売上債権」）については、販売先に対して、信用を供与している（資金を貸している）状態となっています。そして、買入債務（仕入先から支払いを猶予されている額）のほうが売掛債権（販売先に支払いを猶予している額）よりも大きい場合には、実質的に、その差額分を資金調達していることになります（図表2-4）。

一般的に、販売先からの売上金の受取までの期間である**受取サイト**が一定であるなかで、仕入先に対する仕入代金の支払までの期間である**支払サイト**が長くなれば、その分、資金を多く調達しているのと同じであり、資金繰りは楽になります。一方、受取サイトが一定であるなかで、支払サイトが短くなれば、従来より早く支払うことが必要となり、その分、運転資金が多く必要になって、資金繰りは苦しくなることになります。

図表2-4　企業間信用の構造

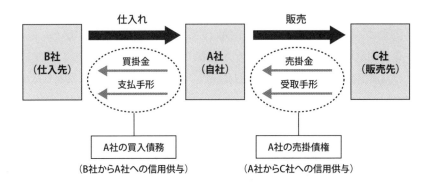

　企業間信用は、「自ら生み出した資金ではない」という点では、外部資金にあたります。しかし、借入金、社債、株式などによる外部資金の調達が、いずれも資金調達を目的とした調達行動を行ったことによるものであるのに対して、企業間信用は、日々の取引関係の中で結果的に生じている信用供与（資金の貸し借り）であるという点が大きな違いとなっています。また、金利や配当といった明示的なコストが生じない点でも、他の資金調達手段とは性格が異なります。

②企業間信用の位置づけ

　企業間信用は、とくに中小企業にとっては、重要な資金調達手段の1つです。金融機関から十分な借入れができない場合に、借入金に代わる資金調達手段となっているのです。企業間信用を供与している（貸し手になっている）企業は、取引先の企業であり、日常的な取引の中で、いわば「顔の見える」関係を築いており、その取引関係を通じたモニタリング（およびそれに基づく信頼感）に基づいて信用供与を行っています。また、企業間信用を通じて、自社の取引先を支援することは、自社の営業活動を維持・拡張することにもつながるという営業的な配慮も含まれています。

　わが国における企業間信用をみると、大企業が与信超過、中小企業が受信超過となっており、資金調達力の強い大企業が、取引先の中小企業に対して、取引関係の中で信用を供与する（資金を貸している）かたちとなっています。

　わが国の経済構造が全体として資金余剰に転ずるなかで、中小企業の資金調

達に占める企業間信用のシェアは、長期的には徐々に低下傾向にあります。ただし、銀行からの資金調達が容易ではない中小企業を中心として、企業間信用は、依然として銀行からの借入れを補完する一定の役割を果たしています。また、企業間信用における受取条件や支払条件が変更されると、企業の資金繰りに大きな影響を及ぼすという本質的な点については、依然として変わりはありません。

4 外部資金調達の分類方法

(1) 負債による調達と資本による調達

　外部資金による調達は、その性格によって大きく、①負債による調達と、②資本による調達とに分けることができます。

　①**負債による調達**
　負債による調達は、金融機関からの借入金や社債発行などによる資金調達のことであり、**デット・ファイナンス**（debt finance）と呼ばれます。負債による調達の特徴は、①いつまでに返済するのかという「返済期限」があること、②借入れに対して、あらかじめ定められた「金利」を支払う必要があること、などの点です。負債に対しては、収益が上がっていてもいなくても（たとえ赤字でも）、当初に定められた金利を支払う必要があります。

　②**資本による調達**
　資本による調達は、株式の発行により、自己資本を増加させる形での資金調達であり、**エクイティ・ファイナンス**（equity finance）と呼ばれます。資本による調達の特徴は、①返済期限がないこと（企業が続く限り、資本として使うことができ、返済の必要がない）、②利益に応じて「配当」を支払うことが必要であること、などの点です。配当は、企業の利益の一部を、保有する株数に応じて株主に配分するものですが、あくまでも「利益に応じて」ということで

あるため、赤字決算で配当が支払われない（「無配」といいます）という場合もあります。

なお、社債の一種である転換社債やワラント債については、本来は社債としてのデット・ファイナンスにあたりますが、株式への転換やワラントの権利行使が進むと発行株式数の増加につながることから、発行時点からエクイティ・ファイナンスに含めて分類するのが一般的です（詳細は第9章を参照）。

③債権者と株主

負債による調達において、企業に貸出を行っている銀行や社債を保有している社債権者のことを**債権者**といいます。また、資本による調達において資金を出している人を**株主**といいます。債権者は、企業が高収益を上げても逆に赤字になっても、当初に約束した金利と元本の返済を受け取ることとされており、企業収益の増加からは直接的な便益は受けません。一方、株主は、企業の収益が増加した場合には、それに応じて配当を受け取ることになり、利得を得ます。

また、企業が倒産した場合には、債権者のほうが先に負債の返済を受けることになっており、株主は、負債をすべて返済した後に財産が余った場合にのみ、持ち株数に応じて残った財産の分配を受けることができます。このように、利益分配の面でも、倒産時の資金回収の面でも、株主のほうが高いリスクを負っています。

(2) 間接金融と直接金融

外部資金調達のもう1つの分類として、間接金融と直接金融があります。

①間接金融

間接金融（indirect finance）とは、銀行などの金融機関を経由した資金調達のことです（図表2-5（1）参照）。一般的に、金融機関は、個人などの預金者から資金を集め、これをもとに企業などへの貸出を行います。こうした資金仲介を行う金融機関のことを**金融仲介機関**と呼びます。金融仲介機関としては、銀行（都市銀行、地方銀行、第二地方銀行、信託銀行、在日外銀など）のほか、信用金庫・信用組合などの中小企業金融機関、政府系金融機関などがあります。

図表2-5　間接金融と直接金融

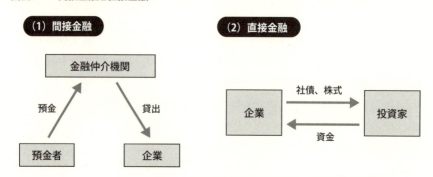

間接金融では、借り手企業が借入れを返済しないというリスク(「信用リスク」といいます)は、金融仲介機関が負うことになります。

企業にとっては、銀行などからの借入金が間接金融にあたります。わが国の企業は、全体として間接金融のウエイトが高く、また中小企業ほど、間接金融に依存する割合が高いのが特徴となっています。

②**直接金融**

直接金融(direct finance)とは、社債や株式を発行することにより、資金提供者(投資家)から直接調達を行う方法です(図表2-5(2)参照)。直接金融をサポートする役割を担っているのが、証券会社です。証券会社は、新しく社債や株式が発行される際には、投資家にその情報を伝え、その購入を勧誘します。また、すでに発行された社債や株式についても売買の仲介を行っています。このように証券会社は、企業と投資家の間に入って、資金調達を円滑化する役割を果たしますが、その機能はあくまでも「仲介」であり、借り手企業が資金を返済しないという債務不履行のリスクは投資家が負っています。

なお、間接金融、直接金融というのは、資金の調達ルートに着目した金融論的な分類であり、これを企業サイドからみると、それぞれ「間接調達」「直接調達」ということになります。

(3) 2つの分類の組合せ

外部資金調達に関する上記の2つの分類である、「負債による調達(デット・

図表2-6　外部資金調達の2つの分類

	デット・ファイナンスか エクイティ・ファイナンスか	間接金融か直接金融か
借入金	デット・ファイナンス （負債による調達）	間接金融
社債の発行		直接金融
株式の発行	エクイティ・ファイナンス （資本による調達）	

ファイナンス）か、資本による調達（エクイティ・ファイナンス）か」という視点と、「間接金融か、直接金融か」という視点を組み合わせてみたのが、図表2-6です。

　企業の外部資金調達方法のうち、借入金は、負債による調達であり、かつ間接金融にあたります。また、社債の発行は、やはり負債による調達ですが、直接金融に該当します。

　一方、株式の発行は、資本による調達であり、かつ直接金融にあたります。

本章のまとめ

- ❖ 企業が得た利益から配当、役員賞与などの利益処分を差し引いたものを（ ① ）といいます。
- ❖ 時間の経過につれて、価値が減少していく機械や建物について、それを使用する期間にわたって徐々に費用としていくことを（ ② ）といいます。この方法には、毎年一定額を計上する（ ③ ）と、前年末の価値の残高に一定の割合をかけて算出する（ ④ ）とがあります。
- ❖ 社債の特徴は、(a) 毎年支払う金利である（ ⑤ ）が決まっていること、(b) 満期日に元本を一括して返済する（ ⑥ ）が多いことなどがあります。
- ❖ 株式の発行には、新しく会社を設立する場合の発行である（ ⑦ ）と、資金調達のための追加的な発行である（ ⑧ ）とがあります。
- ❖ 買掛金と支払手形の合計を（ ⑨ ）といい、売掛金と受取手形の合計を（ ⑩ ）といいます。前者のほうが後者より多い場合には、その差額を資金調達していることになり、これを（ ⑪ ）と呼びます。
- ❖ 負債による調達のことを英語で（ ⑫ ）といい、資本による調達のことを同じく（ ⑬ ）といいます。

本章のキーワード

内部資金、内部留保、社外流出分、配当性向、減価償却、償却年限、定額法、定率法、借入金、プライムレート、短プラ、長プラ、担保、保証、社債、クーポン、満期一括償還、株式、自己資本、新規発行、増資、企業間信用、買入債務、売掛債権、受取サイト、支払サイト、負債による調達、デット・ファイナンス、資本による調達、エクイティ・ファイナンス、債権者、株主、間接金融、金融仲介機関、直接金融

第3章

財務諸表の見方

　前章までにおいて、企業がどのような資金を必要とし、またその資金をどのように調達するかの大まかな概要がわかったところで、次に、財務諸表の見方を取り上げることとします。

　財務諸表の見方については、簿記や会計に関する科目の中で詳しく学びますが、企業の経営をみるうえでは「基本中の基本」であり、企業金融を考える上でも前提となる知識であることから、ここで取り上げることとします。

　本章では、「貸借対照表」と「損益計算書」の見方について、基本的な事項を解説します。なお、財務諸表の基礎知識は、社会に出ると「当然知っていること」として扱われることが多く、わからないことがあっても、なかなか人に聞きにくいものです。財務諸表の主要項目が何を意味するかについては、早めに理解しておきましょう。

1 財務諸表とは

　財務諸表とは、一定期間の損益や財務状況を示す書類であり、「会社法」や「金融商品取引法」などにより、作成が義務づけられています。「決算書」と呼ばれることもあります。

　財務諸表の2本柱となるのが、**貸借対照表**と**損益計算書**です。本章では、この2つの見方についてみていきます。なお、これに**キャッシュフロー計算書**を加えて、「財務三表」といいます（キャッシュフローについては、第4章で取り上げます）。

（1）貸借対照表（B/S）

　貸借対照表とは、ある時点（通常は決算期末）における企業の資産や負債などの財務状態を示したものです。すなわち、企業が、事業資金をどうやって集め、それをどのような形で保有しているかを表す計表です。一般には、英文名である**バランスシート**（Balance Sheet）と呼ばれることが多く、しばしば**B/S**と略称されます。

　貸借対照表は、企業の一定時点（各年3月末など）における資産、負債、自己資本などの金額を表すもので、その意味では「ストック・ベース」（ストックは残高の意味）の計表です。バランスシートという呼び名は、貸借対照表の左側である「借方」の合計と右側にある「貸方」の合計が一致するようにつくられていることによるものです（バランスシートの見方については、後述します）。

（2）損益計算書（P/L）

　損益計算書は、一定期間における企業の収益と費用の状況を表した計表です。英語の名称（Profit and Loss Statement）の頭文字をとって、一般に**P/L**と呼ばれます。損益計算書は、企業の利益（または損失）がどのようにして発生したか（本業で儲けたのか、一時的に特別な利益があったのかなど）を表しており、対象は「一定期間」（事業年度など）です。このため、損益計算書は「フ

図表3-1　B/SとP/Lの関係

ロー・ベース」(フローとは一定期間の動きの意味)の計表です。

(3) B/SとP/Lの関係

前述のように、B/SとP/Lは、ストックとフローの関係にあります。このため、ある事業年度の「期初のB/S」にその年度の営業活動の結果である「期中のP/L」(収益など)を加えると、その事業年度の「期末のB/S」になります(図表3-1)。B/SとP/Lは、一定の関係でつながっているのです。

2　バランスシート (B/S) の見方

ここでは、まず、バランスシート(貸借対照表)の見方についてみることとします。

(1) バランスシートの構成

①借方と貸方

バランスシートの左側を「借方」(debits)、右側を「貸方」(credits)と呼びます(BOX 3-1参照)。ただし、この言い方は紛らわしく、混乱を招くことが多いため、以下では、左側を**資産サイド**、右側を**負債・資本サイド**と呼ぶことにします。

BOX 3-1　バランスシートの借方と貸方の呼び方

　バランスシートの左側と右側は、それぞれdebits、creditsといいますが、それを明治初期に「借方」・「貸方」と翻訳したのは、慶應義塾を創設した福沢諭吉であるとされています。もともとは、左側（資産サイド）に計上される債権は「相手が自分に借りている」ので「借方」といい、右側（負債サイド）に計上される債務は「相手が自分に貸している」ので「貸方」というようです。しかし、普通に自社を中心にして考えると、どうも逆に呼んだほうが正しいようにも思われます。

　この点に納得できずに、そもそもの入口で簿記や会計が嫌いになってしまう人も少なくないと聞きます。福沢先生もやっかいな翻訳をしてくれたものです。

　したがって、この点については「こだわらない」というのが正しい対処法です。解決策の1つは、左側は「借方」、右側は「貸方」と機械的に覚えてしまうことです（それがどうにも合点がいかないという人が多いのですが）。もう1つは、本書のように、左側を「資産サイド」、右側を「負債・資本サイド」と内容と関連づけて呼ぶ方法です。以下、本書では、この方法をとることとします。

②左側と右側の意味

　バランスシートの左側には、資産が計上され、右側には、負債と資本が計上されます。すなわち、バランスシートの右側は、その企業が「どのように資金を調達しているか」を表しています。一方、バランスシートの左側は、その企業が「調達した資金をどうやって使っているか」（その結果、どのような形で資産を保有しているか）を表しています。

　たとえば、1000万円を調達して企業を設立したものとします。自分で100万円を出資したが、残り900万円は銀行から借り入れた場合には、バランスシートの右側は、資本が100万円、負債が900万円となります（図表3-2 (a)）。一方、自分が100万円を出資し、残りの900万円についても、知り合い9人から

図表3-2　資金調達方法の違いとバランスシートの右側

(a) 銀行借入があるケース		(b) すべて自己資本のケース	
資産	負債・資本	資産	負債・資本
資産(1,000)	負債(900)／資本(100)	資産(1,000)	資本(1,000)
1,000	1,000	1,000	1,000

100万円ずつを出資してもらった場合には、負債はゼロであり、資本が1000万円となります（図表3-2 (b)）。

③両側のバランスと総資産

バランスシートは、左側の資産と、右側の負債と資本を加えたものが常に等しくなるようにつくられます。つまり、「資産＝負債＋資本」が常に成立しています。このため、両サイドがバランスしている計表ということで**バランスシート**と呼ばれるのです。

バランスシートにおける資産（左側）の規模は、その企業の大きさを表しています。よく企業の規模を表すのに「総資産○兆円」といった言い方をしますが、それがこのバランスシートにおける資産サイドの規模です。一方、資産サイド（左側）の大きさは、負債・資本サイド（右側）の大きさと必ず等しいため、総資産の大きさは、同時に、その企業が調達した資金の大きさを表していることにもなります。

ここまでで、バランスシートの概要がつかめたと思いますが、ここからは、バランスシートの具体的な項目についてみていきます。図表3-3は、A社のバランスシートの例をみたものです。以下では、この表の中の各項目の意味について説明することとします。

図表3-3　A社のバランスシート

(単位　百万円)

資産		負債・資本	
Ⅰ．流動資産		Ⅰ．流動負債	
現預金	100	買掛金	100
受取手形	300	支払手形	100
売掛金	400	短期借入金	100
棚卸資産	200	Ⅱ．固定負債	
		社債	200
Ⅱ．固定資産		長期借入金	300
有形固定資産	400	**負債計**	**800**
無形固定資産	100	資本金	200
		資本準備金	200
		利益剰余金	300
		資本（純資産）計	**700**
資産合計	**1,500**	**負債・資本合計**	**1,500**

(2) 資産サイドの項目

①流動資産と固定資産

　バランスシートの「資産サイド」（左側）は、まず「流動資産」と「固定資産」に分かれます。

　流動資産とは、「流動性の高い資産」のことであり、通常「1年以内に現金化される資産」のことを指します。流動資産には、この**1年基準**（ワンイヤー・ルール）のほかに**正常営業循環基準**があり、「現金→仕入れ→商品→販売→売掛債権→現金」という、通常の営業活動の中で保有する資産については、すべて流動資産に計上されることになっています。具体的には、現預金、受取手形、売掛金、棚卸資産（在庫）などが、この営業循環の中で発生する資産にあたります。これらについては、たとえ1年を超えて回収されるものであっても流動資産に計上されます。

　一方、**固定資産**とは、「企業が所有する、長期間にわたって利用される資産」のことです。投資を行った結果、土地や建物、機械設備などのかたちで、「固

定化した状態」にある資産のことを指します。

②流動資産の項目
　流動資産の中には、(a) 現預金、(b) 受取手形、(c) 売掛金、(d) 棚卸資産などが含まれます。
　(a) 現預金
　現預金は、現金および預金の残高を計理する項目です。資産サイドにおけるすべての変化は、この項目を通じて行われるのが特徴です。たとえば、銀行借入によって資金を調達すると、この現預金の残高がいったん増えます。そして、その調達した資金で機械を購入したとすると、今度は機械代金の支払いによって、現預金が減る一方で、固定資産が増えます。
　(b) 受取手形
　受取手形は、販売先が現金ではなく、「手形」（○カ月先に支払いますという約束の証文）で支払った場合に、それを受け取って計上する項目です。受取手形については、支払いまでの猶予期限である手形サイトが重要となります。**手形サイト**が2カ月であれば、2カ月先には現金が受け取れますが、6カ月のサイトの手形であれば、現金化されるまでに6カ月間待つ必要がありますので、それまでの間に仕入代金などを支払う必要がある場合には、その資金をどこかから調達してこなければなりません。
　(c) 売掛金
　販売先に商品を販売したが、その代金がまだ回収できていない状態のことを**売掛金**といいます（手形も受け取っていない状態です）。その企業の営業取引から発生する「未回収の代金」であり、1年以内に現預金で回収が見込まれるものを意味します。つまり、「商品は売ったが、まだお金をもらっていない状態」のことです。
　実際の商取引では、売買契約が行われたあと、まず納品（商品の引渡し）が行われ、その引渡しに対する請求が後日に行われ、請求を受けて代金の支払いが行われるといった流れが一般的です。こうした流れにおいて、「納品から代金の支払いまで」の期間（通常は1〜2カ月）が売掛金となり、代金を回収した時点で売掛金は消滅します（代金回収によって売掛金が減り、その分の現預

金が増えます)。

　頻繁に納品が行われるような継続的な取引においては、「月末締めの翌月15日払い」といった商慣習がよくみられますが、この場合、当月分の売上げは、翌月の15日までは売掛金として取り扱われます。

　(d) 棚卸資産
　棚卸資産とは、企業が販売目的で保有する商品や製品、およびそれらの商品・製品を製造するために必要な原材料や仕掛品などです。いわゆる「在庫」のことであり、商品在庫のほか、仕掛品在庫(製造の途中段階の在庫)や原材料在庫を含みます。

　棚卸資産については、その水準のコントロールが企業にとっては重要な課題です。また、1年以内に売れることを前提に流動資産に計上されているはずですが、価値が低下している在庫や、売れる見込みのない在庫までが資産として計上されていることがあり、こうした「不良在庫」が問題となることがあります。

③固定資産の項目

　流動資産に続いて、以下では、固定資産の項目についてみていきます。**固定資産**とは、前述のように、企業が営業活動を行うために長く使い続ける資産(販売を目的としない資産)のことです。固定資産は、大きく(a)有形固定資産と(b)無形固定資産とに分けることができます。

　(a) 有形固定資産
　有形固定資産とは、固定資産のうち「形のある資産」のことです。具体的には、土地、建物、機械、車両、備品などを指します。

　有形固定資産の特徴は、①営業活動のために長期間にわたって利用すること、および②時間の経過とともに価値が低下していくことです。1000万円で購入した機械が、10年後に使えなくなる(価値がゼロになる)ものとすると、1000万円の目減り分を10年間で配分してコストに計上することが必要となります。こうした有形固定資産の目減り分をその設備の使用期間にわたって配分する手続きが「減価償却」です(第2章2節を参照)。つまり、有形固定資産の評価額は、取得原価をもとに減価償却を行って価値の目減り分を差し引いたものが、

期末の評価額となります。このため、有形固定資産は、毎期、少しずつ費用となって、価値が変化していく資産であるものといえます。有形固定資産は、このように減価償却によって費用化されるため、「償却資産」とも呼ばれます。

(b) 無形固定資産

無形固定資産とは、企業が営業活動に利用する「形のない資産」のことであり、目には見えないが財産的価値のある権利などです。具体的には、営業権、特許権、借地権、地上権、商標権、実用新案権、意匠権、鉱業権、漁業権、ソフトウェアなどが無形固定資産に含まれます。

このうち「営業権」は、企業の社会的な信用、ブランド力、技術・ノウハウ、取引関係など、収益の源泉となる財産的な価値のことであり、「のれん代」ともいわれます。また、特許権、実用新案権、意匠権、商標権、著作権などは「知的財産権」として、「特許法」、「商標法」などの法律により権利が保護されています。一方「ソフトウェア」については、コンピュータを使った業務のウェイトが増す中で、近年、その計上額が大きくなってきており、無形固定資産の中での重要性が増しています。

それぞれの権利は、その権利などを取得するために要した費用が「取得価額」とされます。無形固定資産も、減価償却の対象であり、耐用年数の期間に応じて費用化されます。

(3) 負債・資本サイドの項目

次に、バランスシートの右側である「負債・資本サイド」の主要項目についてみることとします。負債・資本サイドは、大きく、①「負債の部」と②「純資産の部」とに分かれます。負債の部が上に記載され、その下に純資産の部が来ます。こうした配置は、負債は将来必ず返済しないといけないので、企業にとっては重要度が高いためとされています。

①**負債の部**

負債の部は、さらに (a) 流動負債と (b) 固定負債とに分かれます。流動負債と固定負債の区分についても、資産と同じように、「1年基準」と「正常営業循環基準」が用いられます。

(a) 流動負債

負債のうち、「1年以内に支払わなければならない負債」のことを**流動負債**といいます。また、「正常な営業サイクルの中で生じた負債」である買掛金や支払手形などの**買入債務**も、流動負債に含まれます。

具体的には、①仕入れ先から原材料等を購入したが、まだその代金を支払っていない**買掛金**、②仕入れ先からの商品等の購入に対して、手形で支払った分である**支払手形**、③1年以内に返済期限が来る借入金である**短期借入金**、などが流動負債に含まれます。

当初は長期の借入金や社債であっても、返済期限が1年以内になったものは、流動負債として区分されます。たとえば、5年もの社債を発行したあとで4年が経過し、償還期限が1年以内になると、流動負債に区分されることになります。

(b) 固定負債

負債のうち、「1年を超えて返済の期日が来るもの」を**固定負債**といいます。具体的には、①長期の社債を発行して調達した「社債」、②1年超で期限が来る借入金である「長期借入金」などが、固定負債に含まれます。

社債、長期借入金ともに、資金調達を行った時点では、10年もの社債、5年もの借入金などの長期負債であったとしても、その後時間が経過して返済期限が1年以内となったものは、上記の流動負債に分類されます。

②純資産の部

純資産の部は、「株主から集めた資金」と「企業が自ら稼いだ資金」を計上する項目であり、いわゆる**自己資本**の部分に当たります。**純資産**とは、「資産から負債を差し引いた部分」(資産−負債)のことであり、これが自己資本の部分にほぼ等しいため、このように呼ばれます。以前は「資本の部」と呼ばれていた部分であり、ここでは差し当たり自己資本とほぼ同義であると理解しておけばよいでしょう。純資産の部には、以下のような項目が含まれます。

(a) 資本金

資本金とは、株主が出資した資金のうち、資本金という勘定に組み入れたものです。株式の発行によって調達された資金になります。

(b) 資本準備金

資本準備金とは、株主からの出資額のうち、上記の資本金に組み入れられなかった部分です。株式の発行による調達額のうち、半分以上を資本金として、残りを資本準備金とすることとされています。たとえば、2000万円を株主から出資してもらったとすると、このうち1000万円を資本金とし、残り1000万円を資本準備金とするのです。

資本金と資本準備金には、さほど大きな違いがあるわけではなく、取り崩すときの難易度が異なっています。つまり、赤字が累積した場合に、資本準備金を取り崩してそれを補填することはできますが、資本金を取り崩すためには、より厳格な手続き（株主総会の特別決議）が必要とされるのです。資本金と資本準備金の区分は、会計上の処理の違いによるものであり、企業金融の立場からは、いずれも株式の発行により調達した資金であると理解しておけばよいでしょう。

(c) 利益剰余金

利益剰余金は、企業の利益（税引後当期利益）のうち、株主への配当や役員賞与などへの外部流出に使わなかった分を積み立てておく項目です。企業が稼いだ資金を社内に留保しておくことであり、**内部留保**とも呼ばれます。すなわち、事業で稼いだ分のうち、社内に蓄積した資金のことです（第2章2節を参照）。

なお、利益剰余金の内訳は、「利益準備金」と「その他利益剰余金」とに分類されます。利益準備金は、一定の基準で積み立てることが義務づけられている「法定準備金」であり、その他利益剰余金は、企業が独自の判断で任意に積み立てるものです。いずれも、企業が稼いだ利益が蓄積されたものであることには変わりはありません。

また、たとえば利益剰余金が5億円あるといっても、それは必ずしも現預金が5億円あるということにはなりません。当初、利益に計上された段階では、資産サイドの現預金となっていますが、その後、多くの場合、現預金から流動資産（在庫など）や固定資産（機械など）などに姿を変えています。すなわち、企業の資産のうち、5億円分は事業で稼いだものであるということを意味しているのです。

図表3-4　有利子負債に含まれる項目

	「負債の部」の項目
含まれる （○）	借入金、社債、CP（短期社債）など
含まれない （×）	買掛金、支払手形、退職給与引当金など

③有利子負債
(a) 有利子負債とは

　バランスシートの「負債の部」には、借入金や社債による資金調達分のほかに、取引関係の中で生じた「買入債務」（買掛金、支払手形）や各種の「引当金」が含まれています。**引当金**とは、企業が将来の支払い義務を負っており、その金額を合理的に見積もることができる場合に、その額をバランスシートの負債の部に計上するものです。代表的な引当金としては、従業員の将来の退職金の支払いに備えた「退職給与引当金」があります。

　買入債務や引当金は、企業が将来の支払い義務を負っている「負債」の一種であることから、バランスシートでは負債の部に計上されています。しかし、これらは、企業が資金調達を行うために負担した債務ではないため、その性格は大きく異なります。

　このため、負債のうち性格の異なる部分を区別するために、「資金調達のための負債」のことを**有利子負債**（interest bearing debt）と呼びます。有利子負債は、「利子をつけて返済しなければならない」という点が特徴であり、借入金、社債、CP（短期社債）などが、これに含まれます。一方、負債の中でも、各種引当金のほか、買掛金、支払手形などには、利子がかからないため、有利子負債には含まれません（図表3-4）。

　有利子負債の残高は、企業の財務体質の健全性を測る上での重要な指標の1つとして位置づけられており、企業の財務状況の分析を行ううえでは、「有利子負債比率」（有利子負債残高を自己資本で割った比率）や「有利子負債依存度」（有利子負債残高を総資産で割った比率）などの指標を算出して、財務状況の分析が行われます。

図表3-5　D/Eレシオの式

> D/Eレシオ　＝　有利子負債　÷　自己資本
> （負債資本倍率）

　有利子負債は「利子のつく借金の残高」であり、企業トップのインタビューでも「有利子負債を年度末までに○億円まで圧縮したい」といった数値目標として挙げられることが多く、それだけ経営陣が気にしている指標となっています。なお、より厳密にみるために、有利子負債からただちに返済にあてることのできる手許資金（現預金など）を差し引いたものを「純有利子負債」といいます。

(b) D/Eレシオ

　有利子負債に関連しては、**D/Eレシオ**（Debt Equity Ratio）という指標があります。これは、**負債資本倍率**とも呼ばれ、企業の資金調達のうち、有利子負債（Debt）が自己資本（Equity）の何倍あるかの指標です（図表3-5）。有利子負債が600億円で、自己資本が400億円の場合には、D/Eレシオは1.5倍になります。この比率は、利子をつけて返済しなければならない有利子負債が、どれだけ返済義務のない自己資本でカバーされているかを示す指標です。

　D/Eレシオの値は、低いほうが企業財務の健全性・安全性が高いものとみなされ、1倍を下回っている場合には、財務がかなり健全であるものとされます。D/Eレシオを低下させる手段には2つあります。1つは、有利子負債の額を削減することであり、もう1つは、増資や内部留保の積増しなどによって自己資本を増加させることです。

BOX 3-2　自己資本比率

　企業の財務を分析する比率が出てきたところで、最も基本的な財務分析の指標をみておくことにしましょう。それは、**自己資本比率**です。自己資本比率は、「純資産の部」（自己資本）を「総資産」（バランスシートの規模）で割る

ことによって算出します。

$$自己資本比率（\%）＝純資産の部 \div 総資産 \times 100$$

つまり、バランスシートの右側の総額である「資本の総調達額」のうち、どの程度を「資本金」（株主から調達した資金）や「利益剰余金」（企業が稼いだ内部留保）が占めているかを表します。これらの資金は、負債とは異なり、一定の時限までに返済する必要はありませんので、「返さなくてもよい資金の比率」であるといえます。

たとえば、総資産が10億円で、負債が7億円、純資産が3億円であれば、自己資本比率は30%（3÷10×100）です。

自己資本比率が高い企業は、負債（＝借金）の比率が低いということですので、借入金利の負担が少なく、返済期限にも追われないという意味で、財務基盤が強い安定性の高い企業であると判断されます。また、赤字が続いて累積損失が積み上がった場合には、資本準備金（場合によっては資本金）を取り崩して累積損失を解消するといったことが行われますが、こうした経営悪化の際のバッファー（緩衝剤）としても、厚い自己資本は重要です。

株式による資金調達を多く行っている企業は、自己資本比率が高くなります。また、収益性の高い企業は、毎年の利益が利益剰余金として積み上がっていきますので、自己資本比率が高くなります。

3 損益計算書（P/L）の見方

（1）損益計算書の構成

バランスシートと並ぶもう1つの重要な財務諸表が、**損益計算書（P/L）**です。これは、企業の一定期間における収益の状況を表す計表です。つまり、年度（または半期、四半期）ごとに企業がどれだけ儲けたのか（あるいは損失が出たのか）と、利益がどのように生み出されてきたかを示したものです。

損益計算書をみるコツとしては、以下の2つがあります。

図表3-6　B社の損益計算書（P/L）

(単位　百万円)

項目	値	計上する具体的な項目
売上高（A）	1,600	コーヒーショップの売上げ
売上原価（B）	700	コーヒー豆の仕入れ
販売費および一般管理費（C）	600	人件費・家賃
営業利益（D=A−B−C）	300	
営業外収益（E）	40	受取利息、不動産賃貸収入
営業外費用（F）	140	支払利息
経常利益（G=D+E−F）	200	
特別利益（H）	20	土地の売却益
特別損失（I）	40	地震の被害
税引前当期利益（J=G+H−I）	180	
法人税等（K）	80	法人税等
税引後当期利益（L=J−K）	100	

　第1に、基本的にP/Lは、「収入−費用＝利益」のスタイルでできていることです。ここで「収入」とは、売上高や資金運用収入などのことであり、それにかかった費用を差し引かないグロスの概念です。「費用」とは、売上げを上げるためにかかった費用や支払利息のことであり、これを収入から差し引くことによって「利益」が出るというスタイルです。

　第2に、P/Lにおける利益には、①営業利益、②経常利益、③税引前当期利益、④税引後当期利益の4つの段階があることです。このように利益を何段階にも分けているのは、企業がどのような活動によっていくらの利益を生んだのかを区分して示すためです。このため、ここでは、各段階の利益の意味や特徴を区別しておくことが重要です。

　図表3-6は、B社の損益計算書（P/L）の例をみたものです。ここではB社は、コーヒー・ショップを経営しているものとします。以下では、この表の中の各項目の意味について説明します。

(2) 営業利益

「売上高」(A) から、「売上原価」(B) と「販売費および一般管理費」(C) を差し引いたものが、**営業利益** (D) です（記号は、図表3-6内の項目を示します）。(B) と (C) は、合わせて**営業費用**と呼ばれます。

①売上高

売上高とは、企業の営業活動による収入であり、本業で製品・サービスを売り上げた金額です。コーヒー・ショップの例では、店頭におけるコーヒーやサンドウィッチの販売収入がこれにあたります。売上高の大きさは、その企業の事業規模を表す重要な指標です。

②売上原価

売上原価とは、企業の本業において売上げを上げるために直接的に必要とした経費のことです。業種によって異なっており、製造業では、製品を作るための原材料費、製造ラインの人件費や減価償却費、工場運営にかかった経費などが売上原価となります。また、卸・小売業の場合には、販売するための商品の仕入れ費用がこれに当たります。コーヒー・ショップの例では、コーヒー豆、ミルク、サンドウィッチ材料（パン、ハムなど）の仕入れ、コーヒーマシンの減価償却費などがこれに当たります（図表3-7）。

なお、売上高から売上原価を引いたものを**粗利益**（「粗利」と略す場合もあります）または「売上総利益」(gross margin) といいます（粗利益＝売上高－売上原価）。粗利益は、おおざっぱな利益を表しており、飲食業では、よく「800円のラーメンの売上原価が300円で、粗利益は500円」といった言い方をします。ただし、後述のように、これがすべて企業の儲けとなるわけではありません。

③販売費および一般管理費

販売費および一般管理費とは、企業の営業活動（いわゆる本業）に要した費用のうち、上記の「売上原価」以外の費用のことです。長い名称であるため、

図表3-7　売上高と粗利益と営業利益の構造（B社のケース）

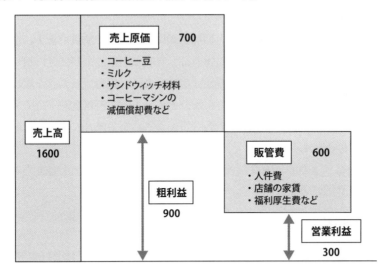

一般には**販管費**と略して呼ばれます。販管費は、単純化していうと、製造部門以外の人件費と経費であり、販売費と一般管理費の2つからなっています。

「販売費」は、営業マンなど販売部門の人件費や広告宣伝費、販売手数料など、販売活動に直接関連したコストのことです。また「一般管理費」は、間接部門（総務・人事・経理など）の人件費や、通信費、減価償却費、福利厚生費など、販売には直接関係のない経費のことです。

コーヒー・ショップの例でみると、従業員やアルバイトの人件費、店舗の家賃、本社ビルの減価償却費、社員の福利厚生費などが、これに当たります（図表3-7）。販管費は、一般に売上高の多い少ないに関係なく、固定的にかかるケースが多くなっています（本社の経費など）。

④営業利益

営業利益とは、粗利益（売上高−売上原価）からさらに販管費を引いたものであり、いわゆる「本業の利益」のことです（営業利益＝売上高−売上原価−販管費）。つまり、製造業であれば、製品をつくって売ることによって得た利益ですし、卸・小売業であれば、仕入れた商品を販売することによって得られ

た利益にあたります。営業利益がプラスの場合には「営業黒字」、マイナスの場合には「営業赤字」といいます。

　営業利益は、基本的には粗利益と販管費の関係によって決まります。企業の商品やサービスが魅力的で競争力があれば、有利な価格設定ができ、粗利益は大きくなります。このとき、販管費が一定であれば、粗利益が大きくなればなるほど、営業利益も大きくなることになります。一方、粗利益が一定であったとすると、効率的な経営によって、販管費が小さい企業ほど、営業利益が大きくなることになります。

　営業利益は、企業が「本業によって」、どの程度儲けることができたかを示す指標として重要です。

(3) 経常利益

　上述の「営業利益」(D)に、「営業外収益」(E)を加えて、「営業外費用」(F)を差し引いたものが**経常利益** (G)です。

①営業外収益

　営業外収益とは、企業の「本業以外の活動」によって得られる収益のことです。主として、資金運用などの財務活動から得られるものであり、預貯金などの「受取利息」、保有株式に対する「受取配当金」、国債や社債などの有価証券を保有している場合の「有価証券利息」、為替レートが有利な方向に動いた場合の「為替差益」、株式や債券を売却した場合の「有価証券売却益」、保有不動産を賃貸している場合の「不動産賃貸収入」などが含まれます。多くの場合、本業による売上高と比較すると、金額はさほど大きくありません。

②営業外費用

　営業外費用とは、企業の「本業以外の活動」によって発生する費用のことです。主として、銀行などからの借入金にかかる「支払利息」、手形を割り引いた場合の「割引料」、社債を発行した場合の「社債利息」や「社債発行費」、為替レートが不利な方向に動いた場合の「為替差損」、株式や債券を売却した場合の「有価証券売却損」などが含まれます。この中でも、一般には、借入金に

かかる「支払利息」が大きなウェイトを占めるケースが多くなっています。

③経常利益

経常利益は、営業収益に、上述の営業外収益を加え、営業外費用を差し引いた利益のこと（経常利益＝営業利益＋営業外収益－営業外費用）であり、「ケイツネ」とも略称されます。経常利益は、本業以外の損益も含めた企業の経常的な（毎期繰り返している）経済活動による収益動向をみる指標です。このため伝統的に、企業の収益力を判断するうえで最も重要な指標とされています。

一般には、資金運用などによる収入（営業外収益）はさほど大きくありませんので、営業外の損益においては、金融面での費用である「支払利息」（営業外費用）が最も重要な位置づけを占めます。つまり、経常利益が黒字であるということは、銀行からの借入金などへの利息を支払ってもまだ利益が出せるだけの収益を営業利益の段階で出しているということを意味しています。逆に、営業利益の収益力が十分でない場合には、営業利益の段階では黒字であっても、銀行に利息を支払ったあとの経常利益は赤字になってしまいます。このように経常利益は、企業が借入金に対する利息の支払いをカバーできるだけの収益をあげているかどうかを判断するうえで、重要な指標となっています。

(4) 税引前当期利益

上述の「経常利益」(G) に「特別利益」(H) を加えて、「特別損失」(I) を差し引いたものが、**税引前当期利益** (J) です。

①特別利益

特別利益とは、①企業の本業とは関係のないことで、②その期にだけ臨時に発生した利益のことです。土地や建物を売った売却益、関係会社や子会社の株式を売った売却益、保険会社から支払いを受けた保険金などが含まれます。

特別利益は、本業とは関係のないところで発生した、臨時の利益であるため、平常時にコンスタントに得られる利益と一緒にしてしまうと、その企業の当該年度の収益力を過大に評価してしまうほか、過去の収益との比較ができなくなってしまいます。このため、平常時の利益である経常利益とは分けて、別建

てで計理することにしているものです。

②特別損失
　特別損失とは、①企業の本業とは関係のないことで、②その期にだけ臨時に発生した損失のことです。土地や建物を売った際の売却損、関係会社や子会社の株式を売った際の売却損、自然災害や火災などによる損害などが含まれます。特別損失を「特損（とくそん）」と略して呼ぶ場合もあります。臨時の損失を経常的な利益と一緒にしてしまうと、その企業の当該年度の収益力を過小評価してしまうことになるため、別建てで計理することにしているものです。

③税引前当期利益
　税引前当期利益とは、経常利益に、上述の特別利益を加え、特別損失を差し引いた利益のことです（税引前当期利益＝経常利益＋特別利益－特別損失）。単純に「当期利益」と言えばよいところですが、別に税金を差し引いたベースの「税引後当期利益」があるため、これと区別するために「税引前」を付けています。「税引前当期純利益」という場合もあります。
　税引前当期利益は、その期だけに臨時に発生した利益や損失も含めた「総合的な利益」の指標となっています。

（5）税引後当期利益
　前述の「税引前当期利益」（J）から「法人税等」（K）を差し引いたものが、**税引後当期利益**（L）となります。

①法人税等
　法人税等とは、その期の企業の利益（所得）に課される税金のことであり、法人税のほか、住民税、事業税を含みます。

②税引後当期利益
　税引後当期利益とは、税引前当期利益から、法人税等を差し引いたものです（税引後当期利益＝税引前当期利益－法人税等）。「当期純利益」や「最終利益」

図表3-8 各段階の利益の関係

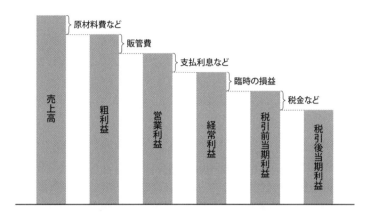

と呼ばれることもあります。

　税引後当期利益は、法人税などの社会的なコストを支払った上での企業の経営の成果であるといえます。また、株主への配当は、この税引後当期利益から支払われますので、株主にとっては重要な利益の指標となります。

(6) 各利益の関係

　ここまで説明してきた各利益の関係を示したのが図表3-8です。売上高から原材料費などの売上原価を引いたものが「粗利益」(売上総利益)となり、そこから人件費などの販管費を引いたものが本業の利益である「営業利益」となります。そして、そこから借入金に対する利払い(支払利息)などを引いたものが「経常利益」となり、そこから臨時の損益を差引きしたものが「税引前当期利益」となります。そこから法人税などの税金を差し引いたものが、最終的に企業の手元に残る「最終利益」(税引後当期利益)となります。

本章のまとめ

- 財務諸表のうち、（ ① ）と（ ② ）にキャッシュフロー計算書を加えたものを財務三表といいます。
- 流動資産は、（ ③ ）や（ ④ ）などのルールによって計上されるもので、現預金のほか、（ ⑤ ）や（ ⑥ ）、（ ⑦ ）などを含みます。
- 流動負債には、（ ⑧ ）、（ ⑨ ）、（ ⑩ ）などが含まれます。
- 負債の部のうち、社債や長期借入金は、（ ⑪ ）に含まれますが、このうち返済期限が1年以内となったものは（ ⑫ ）に分類されます。
- 株式を発行して調達した資金のうち、半分以上は資本金とし、残りは（ ⑬ ）として計上することとされています。また、内部留保は（ ⑭ ）として積み立てられます。
- 負債の部から、買入債務や引当金を除いた資金調達のための負債部分を（ ⑮ ）と呼びます。
- 営業利益は、売上高から売上原価を差し引いた（ ⑯ ）からさらに（ ⑰ ）を引いて算出します。
- P/L上では、銀行への支払利息は（ ⑱ ）に、円安による為替差益は（ ⑲ ）に計上されます。
- （ ⑳ ）に特別利益を加えて特別損失を差し引いたものが（ ㉑ ）となり、ここから法人税等を差し引いたものが（ ㉒ ）となります。

本章のキーワード

財務諸表、貸借対照表、損益計算書、キャッシュフロー計算書、バランスシート、B/S、P/L、資産サイド、負債・資本サイド、流動資産、1年基準、正常営業循環基準、固定資産、現預金、受取手形、手形サイト、売掛金、棚卸資産、有形固定資産、無形固定資産、流動負債、買入債務、買掛金、支払手形、短期借入金、固定負債、純資産の部、純資産、自己資本、

資本金、資本準備金、利益剰余金、内部留保、引当金、有利子負債、D/Eレシオ、自己資本比率、負債資本倍率、売上高、売上原価、粗利益、販売費および一般管理費、販管費、営業利益、営業費用、営業外収益、営業外費用、経常利益、特別利益、特別損失、税引前当期利益、法人税等、税引後当期利益

第4章

キャッシュフロー

　前章では、バランスシート（B/S）と損益計算書（P/L）についてみました。この2つの財務諸表に加えて、近年、注目されるようになっているのが「キャッシュフロー計算書」です。これは「第3の財務諸表」ともいわれ、B/S、P/Lと合わせて「財務三表」と呼ばれます。

　「キャッシュフロー」（CF）とは、直訳すると「資金の流れ」であり、企業活動による資金の出入りとそれによる企業の手許資金の増減のことを指します。「資金収支」と呼ばれることもあります。本章では、企業金融において注目が高まっているキャッシュフローについてみることとします。

1 キャッシュフローの考え方

(1) キャッシュフローとは

　キャッシュフロー（**CF**：Cash Flow）とは、企業の事業活動によって、資金がどのように出入りし、また企業の手許の資金がどのように増えたか（または減ったか）を示すものです。すなわち、「事業に伴う資金の流れ」のことであり、「資金収支」とも呼ばれます。ここでいう「キャッシュ」とは、「現預金」のことであり、企業が保有している「現金」、およびいつでも払い戻しが可能な「要求払い預金」（当座預金、普通預金、通知預金）を指すのが一般的です。

　一定期間における資金の受取りを「キャッシュ・イン・フロー」、資金の支払いを「キャッシュ・アウト・フロー」といい、両者を総称して**キャッシュフロー**といいます。企業活動に伴うキャッシュ・インとキャッシュ・アウトを把握することにより、手許のキャッシュの増減をみることができます。こうしたキャッシュフローの出入りの状況とそれに伴う手許資金の増減の状況を活動区分別にみるための財務諸表が**キャッシュフロー計算書**（cash flow statement）です。つまり、キャッシュフロー計算書は、企業活動に伴う「お金の流れ」をみるための財務諸表です。キャッシュフロー計算書は「企業の家計簿」ともいわれ、上場企業には作成が義務づけられています。

　A社が、販売先に商品を販売しましたが、まだ代金は受け取れず、売掛金の状態になっているものとします。この場合、A社の損益計算書（P/L）では「売上げ」に計上されて利益につながっていますが、実際には代金は受け取っていないため、A社には利益分の現預金はありません。

　このように、損益計算書で利益が出ていることと、企業にキャッシュが入っていることとの間にはギャップがあります。これは、P/Lが「発生主義」（収益・費用が発生した時点で計上する）の原則に基づいてつくられているのに対して、キャッシュフロー計算書では「現金主義」により、「現金が実際に回収・支払われた時点」で計上されるためです。つまり、P/Lでは取引が行われた時点で売上げや収益に計上されるのに対して、キャッシュフロー計算書では、実

際に販売先から代金を受け取った時点ではじめて現金の入りとして計上されるのです。こうしたギャップを調整して、現金の出入りを把握するために、キャッシュフロー計算書が必要となっているのです。

(2) キャッシュフロー経営

　企業の経営状況を示すものとしては、従来から「利益の概念」を中心とする損益計算書（P/L）がありましたが、最近では、キャッシュフロー（資金の流れ）を重視した経営管理を行うべきとの考え方が強くなっています。これを**キャッシュフロー経営**と呼び、「事業により、どれだけのキャッシュを生み出せるのか」を重視して経営を行います。

　こうしたキャッシュフロー重視の考え方の背景には、以下のような要因があります。

　第1に、すべての企業活動は、必ずキャッシュフローに反映されることです。売上げが増えれば、その分、現金の流入（キャッシュ・イン）となる一方、原材料を仕入れたり、設備投資を行ったりすれば、現金の流出（キャッシュ・アウト）となります。また、銀行から借入れを行えばキャッシュ・インとなり、株主に配当を行えばキャッシュ・アウトとなるなど、企業の活動は必ずどこかでキャッシュフローに反映されるのです。

　第2に、それとも関連して「キャッシュは嘘をつかない」ということがあります。損益計算書（P/L）の経理処理では、会計上、多少の操作が行われることがあります。たとえば、不良在庫であっても資産として計上する、あるいは収益が好調なときには、経費を多めに計上して利益を圧縮するといったことが行われる場合があります。もちろん、これらの処理はあくまでも会計ルールの枠内で行われる合法的なものであり、これを逸脱すると、違法な「粉飾決算」（window dressing）になってしまいます。

　これに対して、キャッシュフローは、現金の出入りであるため、操作の余地がなく、客観的な計数になります。このことを指して「利益は意見であり、キャッシュは事実である」とか、「キャッシュ・イズ・キング」（キャッシュは王様である）などといいます。このため、損益計算書（P/L）とキャッシュフロー計算書の結果が異なる場合には、キャッシュフロー計算書のほうを重視す

べきであるとされています。

　第3に、企業は、資金繰りが続く限り、倒産しないということがあります。つまり、いくら赤字を出しても、資金繰り（キャッシュフロー）が続く限り、企業はつぶれません。これに対して、将来性のある成長企業であって、損益計算書（P/L）上の利益が大幅な黒字になっていても、資金繰りが続かなければ（つまり、借入金の返済や支払手形の決済ができなければ）、倒産することがありえます（これを「黒字倒産」といいます）。したがって、キャッシュフローこそが経営の根源であるという点が強調されるのです。

(3) 3つのキャッシュフロー

　キャッシュフローの全体像は、期首と期末の現預金の残高の差をみれば、簡単に計算ができます。たとえば、期首に5億円であった現預金が期末に8億円になっていれば、3億円だけ現預金が増えていることは簡単にわかります。しかし、それは単なる結果であって、キャッシュフローを分析するうえでは、何の役にも立ちません。

　資金の流れをみるうえでは、企業活動を3つの分野に分けて、それぞれのキャッシュフローを計算し、それぞれの活動ごとに資金の出入りの動きをみることが必要になります。すなわち、キャッシュフロー計算書では、キャッシュフローは、以下の3つに区分されます。以下では、これら3つのキャッシュフローについてみていきます。

---

①営業キャッシュフロー：営業活動（仕入れ、売上げなど）による資金の増減

②投資キャッシュフロー：投資活動（設備投資など）による資金の増減

③財務キャッシュフロー：財務活動（資金の調達・返済）による資金の増減

図表4-1　キャッシュフローの3区分

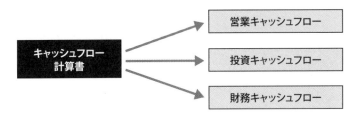

2 営業キャッシュフロー

(1) 営業キャッシュフローの概要

①営業キャッシュフローとは

営業キャッシュフローとは、企業の営業活動（原材料の仕入れ、製品の販売など）によってもたらされるキャッシュフローのことです。営業活動を順調に行って、利益が出ている企業であれば、営業キャッシュフローは、通常プラスになるはずです。単純化した例でみると、ある事業年度に合計5億円で仕入れた商品を10億円で販売した小売業があり、諸費用（人件費など）が3億円であったとします。この場合、この企業には8億円（仕入れ5億円＋諸費用3億円）のキャッシュ・アウトと10億円のキャッシュ・インがあったことになり、営業キャッシュフローは、差し引き2億円のプラスとなります。

営業キャッシュフローは、企業のすべてのキャッシュフローの源泉です。つまり、営業キャッシュフローの黒字で、設備投資の資金を賄い（投資キャッシュフローをカバーする）、借入金を返済していく（財務キャッシュフローをカバーする）ことになります（図表4-2）。このため営業キャッシュフローは、企業が本業からどれだけキャッシュを稼いでいるかを示す重要な指標なのです。

なお、営業キャッシュフローがマイナスの場合には、そもそも営業活動がうまくいっておらず、本業が赤字で現金の流出を招いている状態にあることを示しています。多くの場合、こうした企業は、資金繰り上、厳しい状態にありま

図表4-2　営業キャッシュフローの位置づけ

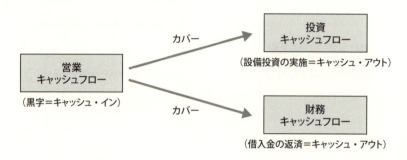

す。

②営業キャッシュフローの求め方

営業キャッシュフローは、会計上の利益と重なる部分が多いため、会計上の利益に調整項目を加減することにより算出するのが一般的です。こうした算出方法を**間接法**といいます。これに対して、実際の資金の動き（収入と支出）を取引ごとに集計し、その差額により営業キャッシュフローを求める方法を**直接法**といいます。どちらの方法で作成しても結果は同じになりますが、作成が容易でコストが低いことから、多くの企業が間接法を採用しています。また、間接法には、損益計算書（P/L）の利益と営業キャッシュフローに大きな差が生じている場合には、そのギャップがどのような原因で生じているかが明らかになるというメリットがあります。

間接法によって、営業キャッシュフローを求めるためには、現金の動きがないのに収入や費用として計上されている分を調整することが必要となります。具体的には、図表4-3のような式によって、営業キャッシュフローを求めることができます。以下では、この式の各項目の意味についてみていきます。

(2) 会計上の利益とは

営業キャッシュフローの計算式（図表4-3）における**会計上の利益**とは、損益計算書（P/L）における「税引後当期利益」のことです。前章のP/Lの部分でみた最後の利益（当期純利益）であり、会計上の最終的な利益にあたります。

図表4-3　営業キャッシュフローの計算式

営業キャッシュフロー ＝ 会計上の利益① ＋ 減価償却② － 運転資本の増加額③

最終的にキャッシュとして企業の手許に残っている利益であり、これが営業キャッシュフローを算出するための出発点となります。

(3) 減価償却とは

①減価償却の意味

営業キャッシュフローの計算式の第2の項目が「減価償却」です。建物や機械設備などは、長期間にわたって利用するため、その価値は、時間の経過とともに減価していきます。その設備等の価値の減少分を、利用する期間に分けてコストに計上する会計の制度が**減価償却**（depreciation）です。減価償却については、第2章でも説明しましたが、ここでは復習も兼ねて簡単に説明しておくこととしましょう。

たとえば、100万円のコーヒーマシンを買って、5年間使うとします。これを定額法により減価償却を行うとすると、毎年20万円（100万円÷5年）ずつを費用（コスト）として、損益計算書（P/L）において処理することになります。

償却の期間は、企業が勝手に「この機械は5年にする」といった具合に決めるわけではありません。設備（ビル、工場、機械など）の種類ごとに「法定耐用年数」が決められており、企業ではこれに従って償却を行います。法定耐用年数は、コンクリート造りの建物は50年、木造は24年、機械は5年・10年など、パソコンは4年などと定められています。なお、土地については、時間の経過により価値が減少するわけではないので、減価償却の対象とはなりません。

もし減価償却を行わなかったとすると、大きな設備投資を行った年には大幅な赤字となり、設備投資を行わなかった年には黒字となるなど、収益の振れが大きくなり、収益の実態がわかりにくくなってしまいます。これを調整するのが減価償却の役割です。

図表4-4　減価償却とキャッシュの関係

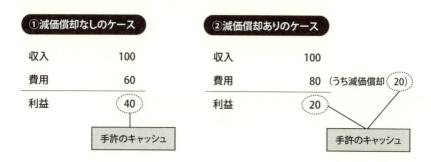

②減価償却とキャッシュフロー

　減価償却は、損益計算書（P/L）においては、「営業利益」の段階で計上されます。すなわち、工場の機械設備などは「売上原価」の中で、本社のコンピュータなどは「販売費および一般管理費」（販管費）の中で、それぞれ費用（コスト）として計上されます。しかし、減価償却を行っても、その費用は、キャッシュの支払いとしては発生していません。これを**ノンキャッシュ費用**（非現金費用）と呼びます。上記の例でいえば、コーヒーショップでは、毎年コーヒーマシンのために20万円を支払っているわけではありません。本来は、キャッシュを支払ったもの（コーヒー豆の仕入れなど）のみを費用として計上しますが、減価償却については、現金支出を伴わない（キャッシュ・アウトが発生していない）のに、会計上の仕組みとして費用に計上しています。このため、実は、この分が手許にある資金となっているのです。

　減価償却がキャッシュフローに与える影響を簡単な例でみてみましょう（図表4-4参照）。減価償却を行わなかった場合に、100の売上げ（収入）に対して、60の費用がかかったとします。この場合、利益は40であり、この分のキャッシュが手許に残ります。一方、これに加えて20の減価償却を行ったとすると、費用が80（費用60＋減価償却20）となり、利益は20です。しかし、減った20（減価償却の20）については、どこにも支払っているわけではないので、実は企業の手許に残っています。したがって、手許にある資金は、利益20＋減価償却20の合計である40となります。

　このように、「利益」と「手許のキャッシュ」との間には乖離が生じるため、

図表4-5　運転資本の計算式

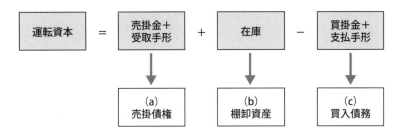

実際に手許にあるキャッシュを出すためには、この分を修正することが必要になります。たとえば、C社のある年度の税引後当期利益が1000万円で、この年の減価償却費が200万円であったとすると、手許には、1200万円（1000万円＋200万円）の資金があることになります。

つまり、「税引後当期利益＋減価償却費＝手許の資金」ということです。支払っていないのに、支払ったことにして費用となっている部分を調整することによって、実際に手許にあるキャッシュの額を算出することができるのです。

(4) 運転資本とは

①運転資本の算出方法

営業キャッシュフローの計算式（図表4-3）の第3の項目が「運転資本の増加額」です。**運転資本**（working capital）とは、企業が日々の事業活動（仕入れ、販売など）を行っていくために必要な資金のことです。運転資本が増加するということは、事業を営むうえで必要な資金が増えること（資金不足が拡大すること）を意味しており、営業キャッシュフローは、その分減少します（図表4-3参照）。

運転資本は、図表4-5のような式で定義されます。以下では、これらの式の各項目の意味についてみていきます。

②運転資本の決定要因

運転資本を決定する項目は、①売掛債権、②棚卸資産、③買入債務の3つです。

(a) 売掛債権（売掛金＋受取手形）

売掛金と受取手形は、いずれもバランスシートにおいては「流動資産」（B/Sの左側）に計上されています。第3章でみたように、**売掛金**は、売上げの未収金（製品は売ったが、まだお金をもらっていない状態）のことであり、**受取手形**は、販売先から売上げを手形で受け取ったものです。つまり、これらは売上げとして計上され、「会計上の利益」には含まれているのですが、実際には、その分のキャッシュは入金されていないため、手許のキャッシュ（営業キャッシュフロー）を計算するためには、この分を調整する（差し引く）必要があるのです。

売掛金と受取手形は、まとめて**売掛債権**と呼ばれます。売掛債権は、いわば「入金待ち」の状態にあるものであり、これが増えると、それらが現金で回収されるまでに必要なつなぎ資金（運転資本）が増えるのです。

(b) 棚卸資産

棚卸資産も流動資産の一項目であり、原材料在庫や仕掛品在庫、商品在庫など、いわゆる「在庫」を意味します。在庫は、「仕入れたが、まだ売れていない」状態のものであり、やはり現金化されていない状態にあります。在庫は「お金が寝たままの状態」ともいわれ、在庫が増えると、その分、必要な資金（運転資本）が増加します。

(c) 買入債務（買掛金＋支払手形）

買掛金と支払手形は、いずれもバランスシートにおいては「流動負債」（B/Sの右側）に計上されています。**買掛金**は、購入代金の未払金（買ったが、まだ支払っていない）のことであり、**支払手形**は、仕入れ先からの原材料・部品などの購入代金を手形で支払ったものです。

買掛金と支払手形は、まとめて**買入債務**と呼ばれます。買入債務は、いわば「支払いの先延ばし」の状態にあるものであり、費用として計上されてはいますが、キャッシュとしては未だ支出されていないものです。このため、これが増えると、現金の余剰要因となり、必要な運転資本は少なくて済みます。

③運転資本の水準

運転資本の水準は、上記の3つの要因によって決まります。3つの要因のう

図表 4-6　運転資本の具体例

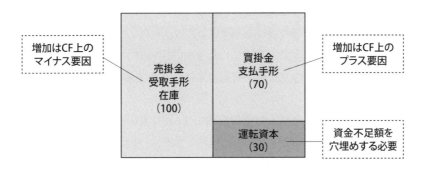

ち、売掛債権（a）と棚卸資産（b）は、現金の不足要因であり、これらが増えるほど必要な資金（運転資本）が増えることになります。一方、買入債務（c）は、現金の余剰要因であり、これが増えるほどキャッシュに余裕が生まれ、運転資本は少なくて済みます。

したがって、「売掛債権＋棚卸資産」の部分が、「買入債務」を上回っていれば、「入金待ち」のほうが「支払先延ばし」よりも多いため、企業では、その差額分だけ現金が不足することになります。

この資金不足の穴埋め分が**運転資本**であり、企業では、この部分を資金調達することが必要となります。これを具体例で示したのが図表4-6であり、売掛金＋受取手形＋在庫が100であるのに対して、買掛金＋支払手形が70であったとすると、差額の30だけ資金が不足し、この分の運転資本が必要となります。

なお、ビジネスが拡大すればするほど、多くの運転資本が必要となるのが一般的です。たとえば、図表4-6の例において、他の条件が一定のまま、仕入れと売上げがともに2倍になったものとすると、売掛金＋受取手形＋在庫が200、買掛金＋支払手形が140となり、必要な運転資本は60に増加することになります。

④運転資本を左右する要因

運転資本は、上記のように算出されますが、その大きさを左右する要因として、①回収条件、②支払条件、③在庫水準の3つが挙げられます。

(a) 回収条件

販売先からどのような条件で代金を回収できるかという**回収条件**は、売掛金と受取手形の水準に影響を及ぼします。回収条件の1つが**現金決済比率**であり、取引先がどの割合を現金で支払ってくれるかの比率です。この比率が高いほど、売掛金や受取手形が少なくなり、運転資本は少なくて済む（資金繰りは楽になる）ことになります。

回収条件の2つ目が売掛金の**回収日数**です。「月末締めの翌月末払い」であれば、回収日数は30〜60日（平均45日）ですが、「月末締めの翌月10日払い」であれば、回収日数は10〜40日（平均25日）に短縮されます。

回収条件の3つ目が、受取手形の**支払サイト**（振出日から支払期日までの期間）です。30日や60日といった支払サイトであれば1〜2カ月後に現金化されますが、120日や180日といった支払サイトの場合には、4〜6カ月にわたって、受取手形としてバランスシートに残ることになり、多くの運転資本が必要になる（資金繰りを圧迫する）のです。

(b) 支払条件

仕入れ先に対する**支払条件**もまた、買掛金や支払手形の水準に影響を与えます。回収条件とは逆に、現金決済比率が高ければ、その分、ただちに必要な資金が増えます。また、買掛金の支払日数や支払手形の支払サイトは、短い方が資金繰り上は不利であり、長くするほど自社の資金繰りは楽になります。

(c) 在庫水準

在庫の水準も、また運転資本に影響します。在庫水準を測る指標の1つとして、「在庫回転期間」があります。これは、売上げに対して、在庫を何日分（または何カ月分）持っているかという指標であり、棚卸資産を売上高（月商など）で割って計算します。在庫回転期間が0.5カ月の場合には半月分の在庫を、回転期間が3カ月の場合には月商の3倍の在庫を持っていることになります。この期間が短いほど企業が保有する在庫（原材料、部品、製品など）が短期間のうちに販売されていることを表し、在庫の効率がよいということです。

営業活動に必要な在庫の水準は、業種によって異なりますが、各業界の平均レベルと比較することによって、自社の経営効率を知ることができます。いずれにしても少ない在庫で多くの売上げを上げている状態（在庫回転期間が短い）

のほうが、運転資本は少なくて済みます。

⑤運転資本の削減方法

上記のように、運転資本を左右する要因がわかれば、運転資本を削減するための方策が見えてきます。

第1は、「回収条件」を改善することです。つまり、販売先との交渉により、①現金決済の比率をなるべく高くしてもらう、②手形で受け取る場合には、手形サイトをなるべく短くしてもらう、などの対策を講じます。「なるべく早くもらう」（早く現金化する）ことにより、必要な資金が少なくて済むことになります。

第2に、「支払条件」を改善することです。つまり、仕入れ先との交渉により、①現金決済はなるべく少なくして、できるだけ手形で支払う、②手形の支払サイトをなるべく長くしてもらう、などの対策を講じます。「なるべく遅く支払う」ことにより、運転資金は少なくなり、資金繰りは楽になります。

第3に、「在庫水準」を抑えることです。なるべく無駄な在庫を持たず、在庫の水準を圧縮することにより、在庫のために必要となる資金を少なくすることができます。

このうち、回収条件や支払条件については、業界ごとの慣行があるほか、取引先との交渉によって決まります。自社しか扱っていない製品や、人気が高い品薄の商品などにより、バーゲニングパワー（交渉力）が強ければ、よりよい取引条件を得ることができる可能性が高くなります。また、在庫水準については、在庫管理技術が重要であるほか、在庫を持たないビジネスモデルの導入も鍵となります。

(5) 営業キャッシュフローの水準

以上、営業キャッシュフローの水準を決める要素についてみてきました。会計上の利益を減価償却と運転資本の増加額で修正したもの（図表4-3）が営業キャッシュフローとなることが理解できたものと思います。

つまり、会計上の利益（税引後当期利益）に比べて、減価償却の分だけ利用可能なキャッシュフローは多くなり、一方、運転資本が増加した分だけ、営業

キャッシュフローは少なくなるのです。

3 投資キャッシュフロー

（1）投資キャッシュフローとは

投資キャッシュフローとは、「企業の投資活動に関するキャッシュフロー」のことです。ここでいう投資活動とは、主として設備投資を指しますが、このほかに、株や債券への投資や企業買収に伴う資金の流れなども含みます。

設備投資では、工場や建物を建設したり、機械設備や車両を購入したりしますが、それに伴って企業の資金は流出すること（キャッシュ・アウト）になります。このため、必要な設備投資を行っている通常の企業のケースでは、投資キャッシュフローは、マイナス（流出超）の値をとるのが一般的です。ただし、経営再建中の企業が、株式や工場の売却を進めているといったケースでは、投資キャッシュフローは、例外的にプラスとなります。

（2）投資キャッシュフローの意味

投資キャッシュフローは、設備投資を大規模に行うほど、マイナスの値が大きくなります（これは、必要なキャッシュが増えることを意味します）。しかし、だからといって、なるべく設備投資を抑えて投資キャッシュフローのマイナスを小さくすればよいのかというと、決してそういうわけではありません。既存の事業を継続していくためには、維持・補修や更新のための設備投資が必要ですし、また将来に向けての新製品や新規事業のための投資を行わなければ、事業のさらなる発展や多角化は望めません。つまり、将来の営業キャッシュフローを維持・拡大していくためには、継続的な設備投資は必要不可欠であり、そのためには、投資キャッシュフローをある程度マイナスにしておくことが必要なのです。

重要なことは、そうした投資キャッシュフローのマイナスをカバーできるように、営業キャッシュフローのプラスを確保していくことです。つまり、営業

キャッシュフローで十分なキャッシュを確保し、それによって必要な設備投資を行っていくというのが望ましい姿になります。

4 フリー・キャッシュフロー

(1) フリー・キャッシュフローとは

フリー・キャッシュフローとは、上述した「営業キャッシュフロー」に「投資キャッシュフロー」を加えたものであり（図表4-7）、「純現金収支」とも呼ばれます。前述のように、営業キャッシュフローは「プラス」、投資キャッシュフローは「マイナス」のことが多いため、営業キャッシュフローから投資キャッシュフローを「差し引いたもの」という言い方のほうがわかりやすいかもしれません。

つまり、フリー・キャッシュフローは、企業が営業活動により獲得した資金（営業キャッシュフロー）から、事業の維持や発展のために必要な設備投資に回した資金（投資キャッシュフロー）を差し引いたものになります。このため、企業が事業活動により獲得した資金のうち、必要な投資を差し引いたあとで残っており、自由に使うことができる資金という意味で**フリー・キャッシュフロー**と呼ばれます。これは、企業のキャッシュフローをみるうえで非常に重要な指標であり、フリー・キャッシュフローこそが「真の利益」であるともいわれます。

(2) フリー・キャッシュフローの意味

一般に「利益」というと、多くの場合、まず会計上の損益を考えます。または、それをキャッシュフローに引き直した営業キャッシュフローを考えがちです。しかし、企業が競争力を維持し、事業を存続させていくためには、継続的な投資活動が必要不可欠です。必要な設備投資を行わない企業は、競争力を失ってジリ貧になっていきます。したがって、企業は、営業キャッシュフローのベースで資金を確保するだけでは不十分であり、「経営を維持するための投

図表4-7　フリー・キャッシュフローの計算式

$$\boxed{\text{フリー・キャッシュフロー}} = \boxed{\underset{(+)}{\text{営業キャッシュフロー}}} + \boxed{\underset{(-)}{\text{投資キャッシュフロー}}}$$

(注)（＋）（－）の符号は、営業活動で利益をあげる一方で、必要な設備投資を行っている通常の企業のケース。これ以外の符号のケースもありうる。

資」に必要な資金も稼いで、初めて健全な企業であるといえます。すなわち、営業キャッシュフローから投資に必要な資金（投資キャッシュフロー）を差し引いても、なお余剰が出ていて初めて、企業は「真の意味で儲けている」といえるのです。こうした意味で、「フリー・キャッシュフローは真の利益である」といわれるのです。

なお、ここで「フリー」とは、企業がこの資金で何をやってもよいというわけではありません。企業が、債権者（銀行や社債権者）や株主に対して、自由（フリー）に分配できるキャッシュという意味です。また企業では、新規事業のための投資にこのキャッシュを振り向けることもできます。つまり企業は、フリー・キャッシュフローを使って、①債務の返済、②配当の支払い、③事業拡大のための投資、などを行うことができるのです。

BOX 4-1　創業期の企業とフリー・キャッシュフロー

設立から間もない創業期の企業では、フリー・キャッシュフローはマイナス（流出超）となることが多いのが実態です。

これは、まず①原材料・商品などの仕入れが先行するが、製品の売上げまでには時間を要すること、②必要な水準までゼロから在庫を積み上げていく必要があること、などから営業キャッシュフローが赤字となることが多いためです。これに加えて、初期投資（店舗、機械設備、オフィス、コンピュータなど）も多く必要となるため、投資キャッシュフローについても、大幅なマイナスとなるケースが一般的です。

こうした創業期のフリー・キャッシュフローのマイナスは当然のことであり、ある意味で「健全な赤字」であるといえます。しかし、この赤字を埋めるためには、何らかのかたちで資金調達が必要であることには変わりはありません。逆にいうと、事業を始めるにあたっては、創業期に当然必要となる資金（フリー・キャッシュフローの赤字分）については準備しておく（または調達できるようにしておく）必要があります。そうした備えをまったく持たず、勢いだけで事業を始めると、すぐに資金繰りに窮することになりかねないため注意が必要です。

5 財務キャッシュフロー

(1) 財務キャッシュフローとは

　3つのキャッシュフローのうち、3番目のキャッシュフローが**財務キャッシュフロー**です。これは「財務活動によるキャッシュフロー」のことであり、主に資金の調達と返済に関する資金の動きを意味します。具体的には、①金融機関からの借入金の実行や返済、②社債の発行・償還、③株式の発行や配当金の支払いなどによる資金の収支のことです。

　これら資金収支のうち、①借入金の増加、社債の発行、株式の発行などは、企業に資金が入るキャッシュ・インであるため、財務キャッシュフローでは「プラス」の要因となります。一方、②借入金の返済、社債の償還、配当金の支払いなどは、企業から資金が出ていくキャッシュ・アウトであるため、財務キャッシュフローでは「マイナス」の要因となります。

　つまり、財務キャッシュフローが全体でプラスとなっているときは、調達のほうが多いこと（流入超）を示しています。一方、全体でマイナスとなっている場合には、返済のほうが多いこと（流出超）となっていることを示しており、営業活動で稼いだキャッシュで、過去に借りた借入金の返済などを行っていることになります。このため、この収支は、各年度によって、プラスになったり、

マイナスになったりします。

(2) 財務キャッシュフローの位置づけ

　財務キャッシュフローは、「フリー・キャッシュフローを補完する存在である」とされます。つまり、企業にとって最も重要なキャッシュフローは、必要な投資を行ったうえでの「自ら稼ぎ出した儲け」であるフリー・キャッシュフローであり、財務キャッシュフローは、その帳尻を合わせるための存在であるとされます。

　具体的には、フリー・キャッシュフローがプラスとなっている場合には、それを借入金の返済や株主への配当に充てることができますが、一方で、フリー・キャッシュフローがマイナスとなっている場合には、財務キャッシュフローで資金を調達することによって、マイナス分の穴埋めをすることが必要となります。ただし、新たな調達分についても、いずれは将来のフリー・キャッシュフローによって返済していくことが必要です。

(3) 財務キャッシュフローの役割

　フリー・キャッシュフローがマイナスの場合とプラスの場合に分けて、財務キャッシュフローの役割をみると、以下のとおりです。

①フリー・キャッシュフローがマイナスの場合

　企業のフリー・キャッシュフローがマイナスの場合には、この赤字分を財務キャッシュフローによって埋めることが必要になります。つまり、このマイナスは「営業キャッシュフローと投資キャッシュフローの合計では資金不足となっている」ことを意味していますから、銀行からの借入れ、社債の発行、増資などによって、資金調達を行う必要があります。

②フリー・キャッシュフローがプラスの場合

　逆に、企業のフリー・キャッシュフローがプラスであったとします。これは、「必要な設備投資を行ったうえでも、なお資金が余剰である」ことを意味します。こうした場合、企業では、プラス分のキャッシュフローを原資として、借入金

の返済や株主への配当を行うことになります（この場合、財務キャッシュフローはマイナスとなります）。こうした状態が、経営が軌道に乗っている企業の「あるべき姿」であるものといえます。

このように、財務キャッシュフローを、営業キャッシュフローや投資キャッシュフローと合わせてみることにより、「投資によるキャッシュの不足を補うために社債で資金を調達した」とか、「営業活動によるキャッシュフローにより、必要な投資を行ったうえで、借入金の返済も進めた」といったかたちでキャッシュフローの中に含まれるストーリーを読み解くことができます。

(4) ネット・キャッシュフロー

フリー・キャッシュフローに財務キャッシュフローを加えたものを**ネット・キャッシュフロー**といいます。これは、上述した3つのキャッシュフロー（営業キャッシュフロー、投資キャッシュフロー、財務キャッシュフロー）を合計したものです。実はこれは、ある期間（事業年度など）における、期初と期末のキャッシュの残高の差額（増減）に等しくなります。ネット・キャッシュフローは、一種の結果であって、その数字自体にはあまり意味はありません。むしろ、これを上記のように3つのキャッシュフローに分解して分析することに、キャッシュフロー分析の意味があります。

6 企業経営とキャッシュフロー

(1) フリー・キャッシュフローの最大化

①企業経営の目的

以上みたように、企業の活動は、すべてがどこかのキャッシュフローに反映されます。企業の経営とは、ここでみた営業活動、投資活動、財務活動のすべてを含みます。こうした活動を行ううえで、企業の目的は「フリー・キャッシュフローを最大化すること」であるものとされます。

これは、フリー・キャッシュフローが大きければ大きいほど、企業の成長、債務の返済、配当金の増加などに使用できるキャッシュが多くなることを意味するためです。企業価値という面からも、フリー・キャッシュフローを創造する力の大きい企業ほど、価値が高いものといえます。また、株主にとっては、フリー・キャッシュフローが配当の原資となるため、多くのフリー・キャッシュフローをあげる企業ほど優良な企業であるといえます。

②フリー・キャッシュフロー最大化の方法

では、フリー・キャッシュフローを最大化するためにはどうしたらよいのでしょうか。その答えは、営業キャッシュフローの計算式（図表4-3）とフリー・キャッシュフローの計算式（図表4-7）のなかにあります。具体的にみてみましょう。

第1に、「会計上の利益」を極大化することが最も基本的な戦略となります。中長期的にみれば、会計上の利益と営業キャッシュフローは一致します。このため、まずは事業の付加価値をつける一方、経費を節約して、税引後当期利益を最大化することが最重要となります（これは、「言うは易く、行うは難し」なのですが）。

第2に、運転資本を圧縮することです。回収条件や支払条件をきちんと見直し、また無駄な在庫を持たないことによって、運転資本を圧縮することができます。

第3に、無駄な投資を行わないことです。これにより、マイナス項目である投資キャッシュフローを圧縮することができます。①利益率の低い投資については見合わせる、②中古の機材に変更する、③リースに切り替えるなどにより、投資キャッシュフローをコントロールできる可能性があります。もちろん、企業の競争力に影響するような必要な投資は惜しむべきではありません。

フリー・キャッシュフローを最大化するためには、こうした経営方針により、キャッシュフローを重視した経営を行っていくことが求められているのです。

(2) キャッシュフロー計算書の具体例

3つのキャッシュフローの内容がわかったところで、キャッシュフロー計算

図表4-8　C社のキャッシュフロー計算書

(単位　百万円)

営業活動		
	税引後当期利益	500
	減価償却	350
	運転資本の増加額	−450
営業キャッシュフロー		400

投資活動		
	新規設備投資	−100
投資キャッシュフロー		−100

フリー・キャッシュフロー		300

財務活動		
	銀行借入（増加）	100
	社債の償還（返済）	−200
財務キャッシュフロー		−100

現預金の増減（キャッシュフロー合計）	200
現預金残高（期首）	600
現預金残高（期末）	800

書の具体例をみてみることにしましょう。図表4-8は、C社のキャッシュフロー計算書を単純化して示したものです。

①営業活動

まず営業活動の部分をみると、会計上の利益（税引後当期利益）では500百万円の黒字となっており、減価償却では350百万円のキャッシュが生じています。一方、運転資本の増加が450百万円となっています。これらを差し引きし

た営業キャッシュフローは、400百万円のプラスとなっています。

②投資活動

投資活動では、新規の設備投資を100百万円実施しており、これにより、投資キャッシュフローがマイナス100百万円となっています。営業キャッシュフローと投資キャッシュフローを加えたフリー・キャッシュフローでは、300百万円のプラスとなっています。

③財務活動

財務活動についてみると、銀行借入を増加させた（100百万円）ものの、社債の償還（△200百万円）があったことから、財務キャッシュフローは、差引きマイナス100百万円となっています。

これらの結果、キャッシュフローの合計である現預金の増減（ネット・キャッシュフロー）は、200百万円の増加となっており、現預金残高は、期首の600百万円から期末には800百万円となっています。

④キャッシュフローの評価

このように、C社のキャッシュフロー計算書をみると、本業が好調で営業キャッシュフローが大幅なプラスとなっており、これによって、設備投資のための投資キャッシュフローのマイナスと、社債の償還のための財務キャッシュフローのマイナスをいずれもカバーしています。つまり、本業で稼いだキャッシュで、必要な設備資金と過去の借入れの返済を賄っており、健全な経営状況であるものと評価できます。

（3）キャッシュフローのパターン

営業キャッシュフロー、投資キャッシュフロー、財務キャッシュフローの3つのキャッシュフローは、それぞれがプラスになる場合とマイナスになる場合が考えられ、いくつかのパターンに分けることができます（全部で8つの組合せがあります）。このうち、代表的なケースをみると以下のとおりです（図表4－9参照）。

図表4-9　キャッシュフローのパターン

	営業キャッシュフロー	投資キャッシュフロー	財務キャッシュフロー
①好調な企業	プラス（＋）	マイナス（－）	マイナス（－）
	本業の稼ぎが好調	積極的な設備投資	過去の借金の返済
②不調な企業	マイナス（－）	プラス（＋）	プラス（＋）
	本業が赤字	不動産や有価証券の売却により埋め合わせ	借入れにより、赤字を補填

①好調な企業のキャッシュフローのパターン

　まず、経営が好調な企業については、本業の稼ぎが好調なため、営業キャッシュフローが大幅な「プラス」となります。また、将来に向けて積極的な設備投資を行っているため、投資キャッシュフローは「マイナス」となります。また、本業の稼ぎによって、過去に借りた借金を返している場合には、財務キャッシュフローは「マイナス」となります。つまり、3つのキャッシュフローの組合せが「プラス、マイナス、マイナス」の企業は、経営が好調であるとみることができます。

②経営不振の企業のキャッシュフローのパターン

　一方、経営不振の企業については、本業が赤字に陥って現金が流出しているため、営業キャッシュフローは「マイナス」です。また、本業の赤字を埋め合わせるために、工場や株式の売却を行うと、投資キャッシュフローは「プラス」となります。さらに、赤字補填のために、銀行から借入れを行うと、財務キャッシュフローは「プラス」になります。つまり、3つのキャッシュフローが「マイナス、プラス、プラス」の組合せの企業は、経営不振に陥っているとみることができます。

　このほかにも、いくつかのパターンがあります。それぞれのキャッシュフローのパターンごとに、企業がどういう状態にあるかについて考えてみましょう。

本章のまとめ

- 企業のキャッシュフローを分析するうえでは、（ ① ）（ ② ）（ ③ ）の3つに分けて資金の出入りをみることが必要です。
- 営業キャッシュフローは、通常、（ ④ ）に調整項目を加減することによって、（ ⑤ ）という手法で算出されます。
- 運転資本は、（ ⑥ ）、（ ⑦ ）、（ ⑧ ）という3つの項目によって計算されます。このうち、（ ⑨ ）と（ ⑩ ）が増えると、その分、必要な運転資本が増加します。
- 販売先からの回収条件は、現金で支払いを受ける割合である（ ⑪ ）、売掛金の（ ⑫ ）、受取手形の（ ⑬ ）などによって決まります。
- 営業キャッシュフローに投資キャッシュフローを加えたものを（ ⑭ ）と呼び、これを最大化することが重要であるとされます。

本章のキーワード

キャッシュフロー、キャッシュフロー計算書、キャッシュフロー経営、営業キャッシュフロー、間接法、直接法、会計上の利益、減価償却、ノンキャッシュ費用、運転資本、売掛金、受取手形、売掛債権、棚卸資産、買掛金、支払手形、買入債務、回収条件、現金決済比率、回収日数、支払サイト、支払条件、投資キャッシュフロー、フリー・キャッシュフロー、財務キャッシュフロー、ネット・キャッシュフロー

第5章

借入金（1）
―― 借入れの種類と返済方法

　前章までで、企業が必要とする資金の種類や資金調達の形態、財務諸表（バランスシート、損益計算書、キャッシュフロー計算書）の見方、などがわかったところで、いよいよ企業の資金調達についてみていきます。
　本章ではまず、銀行など金融機関からの借入金についてみることとします。大企業については、株式や社債による調達の途も開かれていますが、多くの中堅・中小企業にとっては、依然として、借入金は、資金調達において中心的な位置づけにあり、重要な役割を果たしています。

1 借入れの種類

　企業が、銀行などの金融機関から借入れを受ける方法には、借入手法によって、①証書借入、②手形借入、③手形割引、④当座借越、⑤コミットメント・ライン、⑥シンジケート・ローンなどがあります。融資を行う金融機関には、銀行（都市銀行、地方銀行、第二地方銀行など）のほかに、信用金庫、信用組合、政府系金融機関などがありますが、以下では、単に「銀行」ということにします。

(1) 証書借入

　証書借入とは、企業が銀行から融資を受ける際に、「金銭消費貸借契約書」という契約書に、借入条件（金額、金利、期間、返済方法など）を記入し、署名・捺印して行うものです。いわば、「借用証書」を差し入れて、契約書に基づいて融資を受けるものです。銀行サイドでは「証書貸付」と呼ばれ、「証貸（しょうがし）」と略称されます。

　証書借入は、主として、借入期間が1年を超える「長期資金」を借り入れる場合に使われ、一定期間ごと（毎月、3カ月、6カ月など）の分割で返済するのが一般的です。このため、設備資金や長期運転資金を借りる場合には、証書借入によることになります。

(2) 手形借入

①手形借入とは

　手形借入とは、企業が銀行から融資を受ける際に、借用証書の代わりに、銀行を受取人とする「約束手形」を差し入れる借入方式です。この手形（銀行が用意する）には、受取人である銀行名が最初から印刷されており、借り手だけが振出人として署名・捺印するため、「単名手形」とも呼ばれます。

　銀行は、この手形を買い取る形で融資を行います。買取りの価格は、「手形金額から利息を差し引いたもの」です。手形借入は、借入期間が1年以内の「短期資金」（運転資金、決算資金、賞与資金など）を借り入れる際に利用され、

期日での一括返済のほか、分割返済の場合もあります。銀行サイドでは「手形貸付」と呼ばれ、「手貸(てがし)」と略称されます。

②手形借入の性格

手形借入は、借り手である企業にとっては、①証書借入に比べて手続きが簡便であり、迅速な借入れができる、②印紙税が安く済む、といったメリットがあります。一方、貸し手である銀行にとっても、①民法上の権利のほかに、手形法上の権利を取得できる、②利息の先取りができる、というメリットがあります。

手形借入は、短期資金の借入れに利用されますが、手形の期限が来るたびに、同額で借り換えて、事実上の長期借入金となっている場合も少なくありません。こうしたケースは**手形ころがし**と呼ばれます。この場合には、企業は、短期借入の形式で（かつ短期の金利で）、実質的には長期の借入れを行っていることになります。

(3) 手形割引

①手形割引とは

手形割引とは、企業が取引先から代金の支払いとして受け取った手形（受取手形）を銀行が買い取って、企業が資金を受け取る方法です。手形は、小切手とは異なり、満期日（支払期日）にならなければ、手形代金の支払いを受けることはできません。しかし、手形を受け取った企業が満期日の前に資金が必要となった場合には、銀行に手形を割り引いてもらうことにより、手形の支払期日より前に資金を受け取ることができます。ただしこの場合、企業では、手形の額面の全額を受け取れるわけではなく、満期日までの日数に応じた利息にあたる**割引料**が差し引かれて現金化されます。たとえば、額面100万円の手形を割り引いて、割引料が2万円である場合には、98万円を受け取ります。手形の支払期日になると、割引を行った銀行では**取立て**を行って、手形の振出人から資金を受け取ります。

図表5-1 手形割引の事例

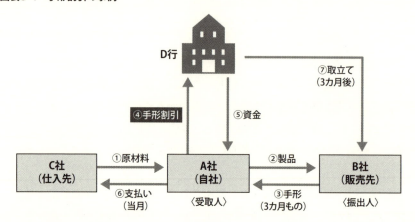

②手形割引の性格

手形割引は、法律的には「手形の売買」であるものとされていますが、実質的には「手形を担保にした借入れ」であるとみることができます。なぜならば、割り引いた手形が**不渡り**（手形の支払期日に、振出人が手形代金の支払いができない状況）となった場合には、割引を依頼した企業は、この手形の「買戻し」を行う義務があるためです（銀行が「買戻請求権」を持ちます）。

したがって、銀行では、「振出人の信用力」と「受取人の買戻し能力」の2つを審査して、割引の依頼に応じるかどうかを決めます（銀行では、無条件で手形割引に応じてくれるわけではありません）。つまり、手形の銘柄（誰が振り出した手形か）と手形割引を依頼する企業の信用力の2つが重要な要因となります。

手形割引の可否は、当初は1件ごとの審査となりますが、割引取引が継続するようになると、銀行ではその企業に対する「割引枠」を設けるのが一般的です。この場合、その割引枠（たとえば1000万円）の範囲内であれば、いつでも割引が可能となります。

なお、銀行以外にも、ノンバンクの貸金業者である「手形割引業者」が手形割引を取り扱っています。こうした業者では、審査のハードルは銀行より低いのですが、一方で割引料は銀行より高いのが一般的です。

③手形割引の具体例

以下、手形割引を具体例でみることとしましょう（図表5-1）。A社では、取引先のB社に製品を販売し、その代金を3カ月ものの手形（額面100万円）で受け取りました。しかし、A社では、仕入先のC社に対して、今月中に原材料の支払いをしなければなりません。このため、A社では、取引銀行であるD行にこの手形の割引を依頼して、割引料を控除した98万円を受け取ります。A社は、この資金によりC社への支払いを行います。3カ月後に手形の支払期日になると、D行では、B社に対する手形の取立てを行い、手形代金である100万円を受け取ります（手形の取立ての仕組みについては後述します）。

BOX 5-1　商業手形と融通手形

　手形割引に使われる手形は、一般には、商取引（原材料の仕入れや製品の販売等）に基づいて振り出されたものです。こうした「商取引の裏づけがある手形」のことを**商業手形**といいます。商業手形には、支払いに対応する原材料や商品があるため、振り出した企業は、その商品等を販売することによって得た資金で、手形の支払いを行います。このため商業手形は、支払期日になると、予定どおり支払いがなされる可能性が高く、安全性が高いものとされます。

　これに対して、商取引の裏づけがなく、もっぱら資金の調達を目的として振り出された手形のことを**融通手形**といいます。融通手形は、資金不足になった2つの企業が、お互いに同一金額、同一支払期日の手形を振り出しあって交換する**書合手形**のかたちで振り出されることが多くなっています（図表5-2）。これを受け取った両方の企業は、それぞれが自社の取引銀行に手形を持ち込んで割引を受け、これにより、一時的に資金を調達することができます。ところが、こうした手形には商品等の裏づけがありませんので、支払期日になっても支払い資金を用意できないことが少なくありません。こうした場合、再び手形の書合いを行って急場をしのごうとしますが、両社とも資金繰りが苦しい企業ですので、最終的には支払いができなくなることが多く、銀行では融通手形を割引の対象としないよう細心の注意を払っています。

図表5-2 書合手形の事例

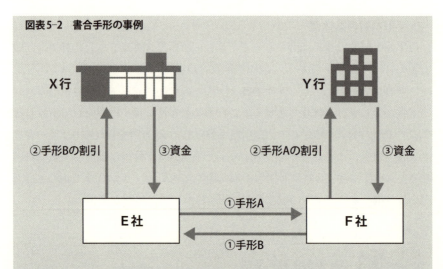

(注) 手形Aと手形Bは、同一金額で、同一の支払期日とするのが一般的。

　融通手形は、手形の外見上は、商業手形と区別することはできませんが、以下のような場合には、融通手形の可能性が高いものとされます。①振出人と受取人の業種が、通常では商取引があるとは考えにくい関係にある。②取引関係からみて、手形の流れが逆になっている。③振出人と受取人の売上規模からみて、手形金額が大き過ぎる。④手形金額に端数がなく、妙にきりのよい数字になっている。

（4）手形の取立てと手形交換所

　手形が登場してきましたので、ここで、手形の取立ての仕組みと手形交換所の役割について簡単にみておきましょう。

①手形の取立ての仕組み

　手形の取立ての仕組みを、居酒屋が酒店からお酒を仕入れた場合についてみると、以下のとおりです（図表5-3）。
　①居酒屋（振出人）では、酒店からお酒を仕入れて、3カ月の手形で支払います。

図表5-3　手形の取立ての仕組み

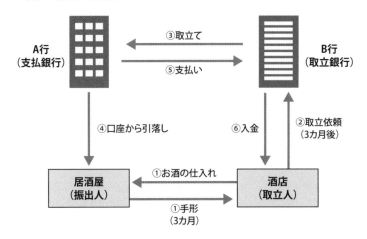

② 3カ月後（支払期日）になると、酒店（受取人＝取立人）では、手形を取引銀行であるB行（取立銀行）に持ち込んで、「取立て」（手形の現金化）を依頼します。

③ B行は、居酒屋の取引銀行であるA行（支払銀行）に対して、取立てを行います。

④ A行は、居酒屋の口座（当座預金）から手形金額を引き落として、B行への支払いを行います。

⑤ B行では、A行からの支払いを受けて、酒店の口座に入金を行います。

これで、酒店では、3カ月後に無事、居酒屋からの支払いを受けられたことになります。

②手形交換所の役割

上記の例では、居酒屋と酒店の取引に基づいた、A行とB行の間の手形の取立てについてみました。しかし、現実の世界では銀行は2行のみということはなく、世の中には多数の銀行が存在します。このため、多くの銀行がお互いにこうした取立てを個別に行うと、たいへんな手間がかかります（B行は、C行にも、D行にも、E行にも……別々に取立てを行わなければなりません）。

このため、全国各地に**手形交換所**が設立されており、そこに銀行が受け入れ

図表5-4 手形交換所の仕組み

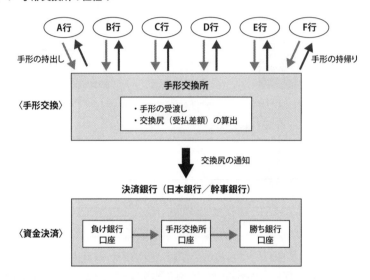

た手形や小切手が持ち込まれ、銀行間で毎日、集中的な交換決済がなされています。手形交換所における決済の仕組みは、以下のとおりです（図表5-4）。

①各銀行は、支払期日になると、手形交換所に手形を持ち込みます。

②手形交換所では、参加行間で手形を交換し、各参加行の「勝ち負け」（受払の差額）を計算します。この差額のことを「交換尻」といいます。自行の受取額（他行への取立て額）が、自行の支払額（他行から取り立てられた額）を上回っている場合には、交換尻の勝ち額を受け取り、逆の場合には、負け額を支払うことになります。

③銀行間の交換尻（勝ち負け）の決済は、各銀行が決済銀行（日本銀行または幹事銀行）に持っている当座預金口座において、負け銀行口座から手形交換所口座への支払い、手形交換所口座から勝ち銀行口座への支払いといったかたちで行われます。

これで、すべての参加行の間で手形交換に関する資金決済が完了します。

③手形の不渡り

上述した居酒屋と酒店との間の手形決済の例（図表5-3）で、手形の取立て

が行われると、支払銀行（A行）では、振出人（居酒屋）の当座預金口座から手形金額を引き落として、取立銀行（B行）への支払いを行います。しかし、このときに振出人の口座の残高が不足していると、支払銀行では手形金額の引落しができません。このように、手形代金が決済されない状況のことを**不渡り**といい、不渡りとなった手形のことを**不渡り手形**といいます。不渡り手形は、支払銀行（A行）から取立銀行（B行）を通じて、取立人（酒店）に返却されます（つまり、酒店は手形代金を受け取ることができません）。

　手形は商慣行として広く用いられており、不渡りが多発するようでは、安心して企業間の決済に使うことができません。このため、不渡りを起こした企業には、厳しい社会的な制裁が科されます。すなわち、「6カ月以内に2回の不渡り」を発生させた企業は、**銀行取引停止処分**を受けます。銀行との取引が全面的に停止されると、企業は、銀行口座を通じた売買代金の受払いや銀行からの借入れが、いっさいできなくなりますので、営業を続けることができず、「事実上の倒産」となります。

　このため企業では、いったん手形を振り出したら、支払期日までに何としても決済のための資金を確保しなければなりません。「中小企業の経営者の頭の中では、資金繰りのことが大半を占める」と言われる背景には、このように、もしも資金繰りに支障を来す（手形の決済資金が確保できない）ことがあると、即座に倒産に直結しかねないという事情があるのです。

(5) 当座借越

①当座借越とは

　当座借越とは、融資の限度額（**極度額**（きょくど）という）を設定し、その極度額までは、企業が自由に資金を借りたり、返したりすることができる融資の方法です。銀行サイドでは「当座貸越」といい、「**当貸**（とうがし）」と略称します。**オーバードラフト**（O/Dと略称）と呼ぶ場合もあります。

　前述した証書貸付では一定期間ごとの返済額が決まっていますが、当座借越の場合にはそれがなく、企業は、極度額の範囲内で、いつでも自由に借入れや返済を繰り返し行うことができます。

②当座借越の種類

当座借越には、専用当座借越と一般当座借越とがあります。

（a）専用当座借越

当座預金や普通預金とは別に、専用の当座借越口座を設け、そこから専用のキャッシュカードや伝票などにより融資を受けるのが**専用当座借越**です。たとえば、極度額を1000万円に設定したうえで、資金が足りないときには300万円を借りる、売上げの入金があったからこのうち200万円を返済する、といったかたちで利用します。

（b）一般当座借越

一般当座借越は、当座預金と連動した借越の仕組みです。当座預金口座に借越限度額（極度額）を設けておき、その範囲内でいつでも残高が赤残（マイナス）になることを認めるものです。つまり「一定額までの赤残が認められた当座預金」であり、当座預金の残高が不足した場合には、自動的に借越となります。たとえば、極度額を1000万円に設定したものとします。当座預金の残高が500万円しかなく、800万円の手形の支払期日を迎えた場合には、不足分の300万円が自動的に当座借越（マイナスの残高）となります。このように、一般当座借越には、手形の不渡りを防ぐ機能があります。

③当座借越の特徴

当座借越は、企業の都合でいつ借りていつ返してもよいという借入れであり、企業にとっては、自由度や利便性が高い借入れの方法です。一方、銀行にとっては、最もコントロールが効きにくい貸し方です（いつ借りられるのか、いつ返されるのかがわかりません）。したがって通常は、業績が良好で、返済能力が十分に高いとみられる企業に対してのみ認められます。また、原則として担保が必要とされ、担保の評価額の範囲内で極度額が設定されます。

(6) コミットメント・ライン

①コミットメント・ラインとは

コミットメント・ラインとは、企業が銀行との間で、あらかじめ融資を受ける限度額（**極度額**といいます）を設定しておき、その範囲内であれば、契約期

間中いつでも、あらかじめ定められた金利で自由に借入れを行うことができる方式です。貸付が受けられることが確約（コミット）されている融資枠という意味で、「コミットメント・ライン」と呼ばれます。契約期間は、通常1年程度であり、「特定融資枠」とも呼ばれます。

コミットメント・ラインは、限度額内で自由に借入れと返済ができるという意味では、上述した当座借越に類似した融資の方法です。当座借越との違いは、主として、以下の4点です。

(a) コミットメント・フィーが必要

当座借越では、極度額を設定するだけでは、とくに手数料は必要ありませんが、コミットメント・ラインでは、借入枠を設定することに対する手数料である**コミットメント・フィー**が発生します。このフィーには、融資枠を利用してもしなくても、融資枠全体に対して一定の料率がかかる方式（「ファシリティ・フィー」と呼びます）と、未使用枠に対してのみ一定の料率がかかる方式（「狭義のコミットメント・フィー」と呼びます）があります。

ファシリティ・フィーの場合、フィーが融資枠の0.2％であるとし、1億円の枠を設定すると、その枠の設定に対して年間20万円の支払いが必要ということになります。このフィーは、銀行の負っている貸出義務に対する対価としての性格があります。一方、狭義のコミットメント・フィーの場合には、3億円のコミットメント・ラインを設定し、このうち2億円を使ったものとすると、2億円には所定の借入金利を支払う一方で、使用していない1億円のラインに対して、一定のフィーを支払うことになります。

(b) 担保が不要

当座借越では、担保が必要とされるのに対し、コミットメント・ラインでは、手数料（コミットメント・フィー）が必要とされる代わりに、担保は不要です。

(c) 中堅・大企業向け

当座借越は、利用できる企業の範囲にはとくに制限がないのに対して、コミットメント・ラインについては、「特定融資枠契約に関する法律」で認められている対象企業であることが求められています。対象は、①会社法上の大会社、②資本金3億円超の企業、③純資産額10億円超の企業など、一定規模以上の企業となっています。

(d) シンジケート方式が主

コミットメント・ラインの契約方法としては、①バイラテラル方式（相対型）と、②シンジケート方式（協調型）の2つがあります。**バイラテラル方式**は、企業が各銀行との間で個別にコミットメント・ライン契約を結ぶ方式です。一方、**シンジケート方式**は、複数の銀行との間で、同一の貸出条件で契約を締結する方式であり、複数の銀行が融資枠を分担します。その際には、「アレンジャー」（幹事行）が中心になって、シンジケート団の組成（参加銀行のとりまとめ）、ドキュメンテーション（契約書の作成）、契約締結などを行います。

コミットメント・ラインでは、大企業の利用が中心で、融資枠の金額が大きい（10億円程度から1兆円超まで）ことから、1行のみでこうした巨額の融資枠に対応することは困難です。このため、多くの銀行が融資枠を分担するシンジケート方式がとられるケースが多くなっています。この点も、バイラテラル方式である当座借越との違いとなっています。

②コミットメント・ラインの種類

コミットメント・ラインは、設定された融資枠の使い方によって、以下の2種類に大別されます。

(a) スタンドバイ方式

非常時にのみ、融資枠を利用するかたちのコミットメント・ラインが**スタンドバイ方式**です。市場環境の激変など、不測の事態が発生し、緊急の資金が必要になった場合に備えて、一定の融資枠を確保しておくために利用されます。緊急時の保険としての意味合いが強い使い方です。

スタンドバイ方式の典型的な例としては、コマーシャルペーパー（CP）の**バックアップ・ライン**としての利用があります（CPについては第9章2節を参照）。CPは、3カ月ごとなどの満期時にロールオーバー（借り換え）していくのが一般的ですが、金融市場の混乱などによって借り換えができない場合に備えて、銀行から償還資金の融資を受ける契約を結んでおくのが、このバックアップ・ラインです。

(b) リボルビング方式

平常時にも、融資枠を利用することを想定したコミットメント・ラインが**リ**

ボルビング方式**です。資金が必要となった場合には、いつでも融資を利用することを前提とした方式です。リボルビングとは「回転」という意味であり、融資枠の範囲内であれば、契約期間内に何度でも借入れと返済を繰り返すことができます。このため、この方式は、運転資金など平常時の資金需要に対応する目的で利用されます。

リボルビング方式の場合には、借入れと返済の繰り返しにより、未使用部分の残高の計算が煩雑になるため、融資枠全体に料率がかかるファシリティ・フィー方式が適用されます（逆に、スタンドバイ方式では、狭義のコミットメント・フィー方式が多く適用されます）。

③コミットメント・ラインの特徴

コミットメント・ラインは、融資枠（極度額）の範囲内であれば、必要に応じて自由に借入れができるため、企業にとっては「いつでも、迅速に」機動性のある資金調達を行うことができるというメリットがあります。急な資金が必要になった場合でも、企業ではそこから改めて融資を申し込んで、一から銀行の審査を受けるといった手間が不要で、緊急時の資金調達を行うことができます。また、融資枠の確保によって、万が一に備えて手許資金を手厚くしておく必要がなくなるため、その分の現預金を取り崩して借入金の返済にあてることにより、バランスシートをスリム化できるというメリットもあります。

一方、銀行にとっては、企業が融資の実行を申し入れない限り、貸出にはならないため、資産を膨らませずに安定的に手数料収入を得られるという効果があります。ただし銀行では、設定した融資枠については、企業から申し込みがあった場合には、原則として融資を断ることはできません。

コミットメント・ラインを設定した銀行が貸出義務を免除されるのは、以下の２つの場合です。第１は、融資枠を設定した企業の財務内容が急激に悪化し、「**財務上の特約**」（**コベナンツ**）に抵触した場合です。コベナンツとは、銀行が協調融資などを行う場合に、借り手に一定の財務健全性の維持を求める条項です。企業の経営が悪化し、この条項に抵触した場合には、新規貸出の実行停止、融資枠の解消などの対応がとられます。コベナンツとしては、①財務条件（純資産、利益、財務指標など）を一定以上に保つことを求める「財務条件維持条

項」や、②一定以上の格付けの維持を求める「格付け維持条項」などがあります。

例外的に銀行の貸付義務が免除されるケースの第2が、「不可効力条項」（フォースマジュール）と呼ばれる天災や市場の混乱などの異常事態が発生した場合です。これは、不可効力条項として契約書に定められます。具体的には、①天災や戦争の発生、②通信や決済システムの障害、③インターバンク市場での取引が不可能な事態の発生などであり、いずれも、銀行の資金調達が困難になって、融資に応じることができないような状況を想定しています。

なお、企業にとっては、コミットメント・フィーが必要なことがデメリットとなる可能性があります。借入額が少額でも（あるいはまったく借入れを行わなくても）、融資枠に応じた手数料を支払う必要があるため、使い方によっては、利用の金額や頻度に比して過大な手数料（無駄なコスト）を支払うことになりかねません。

④わが国における普及の遅れ

コミットメント・ラインは、米国においては、銀行借入の主要な融資形態の一つとなっていますが、わが国においては、これまであまり普及していませんでした。その背景には、「利息制限法」のみなし利息の規定が障害となっていたことがあります。**みなし利息**とは、貸出を行う際に「礼金、割引金、手数料、調査料」など、利息以外の名目で徴収する費用のことをいいます。利息制限法では、実質的な高金利を防ぐために、これらは「いかなる名義であっても、利息とみなす」とされており、このため、コミットメント・フィーがみなし利息に該当する可能性がありました。つまり、コミットメント・ラインを設定したものの、借入額が少額である場合には、コミットメント・フィーが利息とみなされると、「利息制限法」や「出資法」上の上限利率を上回り、法律違反となることが懸念されました。たとえば、フィーの料率が0.3％で1億円の融資枠を設定したが、結局、1度も利用しなかったといった場合には、元本ゼロに対して、30万円のフィーが発生するため、金利は無限大になってしまいます。こうした法律問題の存在により、わが国ではコミットメント・ラインが普及していませんでした。

しかし、1999年に「特定融資枠契約に関する法律」が制定され、コミットメ

ント・フィーは、みなし利息に含めないことが明文化されました。このため、近年では、企業にとって使い勝手の良いコミットメント・ラインの利用が増えてきており、資金調達の手法の一つとして定着してきています。

(7) シンジケート・ローン

①シンジケート・ローンとは

シンジケート・ローンとは、複数の銀行がシンジケート団を組成して、同一の契約書に基づいて、同一の貸出条件で行う貸出であり、**協調融資**や「シ・ローン」とも呼ばれます。企業の一般的な資金調達のほか、合併・買収のための資金調達や特定のプロジェクトを対象とした融資である「プロジェクト・ファイナンス」など、比較的大型の資金調達ニーズに、複数の銀行で対応するために用いられます。もともとは、大企業向けの融資形態でしたが、近年では、中堅・中小企業向けにも利用されるようになっています。

②アレンジャーとエージェント

シンジケート・ローンでは、**アレンジャー**と呼ばれる主幹事銀行が、借入企業からの**マンデート**（シンジケート・ローンの組成依頼）を受けて、参加銀行を募集して**シンジケート団**を組成するとともに、貸出条件の設定、契約書の作成（ドキュメンテーション）や調印などを行い、中核的な役割を果たします（図表5-5）。アレンジャーには、借入企業のことをよく知っているメインバンクが就くことが多く、シンジケート団の一員としてみずから協調融資にも参加するのが一般的です。それ以外の銀行では、アレンジャーからの参加依頼を受けて、内容を審査し、協調融資に参加するかどうかを決めます。

こうした仕組みにより、借入企業にとっては、①アレンジャーの取りまとめによって、複数の銀行（新たな取引先を含む）との交渉が不要となる、②複数行の分担によって大口資金を調達することができる、といったメリットが得られます。

貸出の実行後は、**エージェント**と呼ばれる銀行が、すべての参加銀行の代理人として、元利払い、契約変更などの手続きを行います。実際には、アレンジャーがエージェントを兼務することが多くなっています。なお、借入企業は、

図表5-5 シンジケート・ローンの仕組み

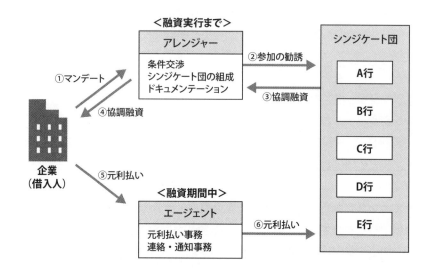

アレンジャーやエージェントに対して、その対価としての手数料（アレンジメント・フィーやエージェント・フィーといいます）を支払います。

③シンジケート・ローンのタイプ

シンジケート・ローンには、「コミットメント・ライン型」と「タームローン型」の2種類があります。コミットメント・ライン型は、前述のように、1年程度の融資枠を分担して設定するものであり、タームローン型は、参加銀行が協同で、3～10年程度の長期の融資を実行するものです。

④シンジケート・ローンの組成方法

シンジケート・ローンの参加タイプとしては、一定の条件（既存の取引関係など）を満たす限られた銀行のみを招聘して組成する「クラブ型」と、参加資格には特段の限定をつけず、新規の取引銀行も含めて、幅広く参加銀行を募集して行う「ジェネラル型」とがあります。

また、シンジケート・ローンの組成方法としては、①アンダーライト方式

(引受方式）と②ベストエフォート方式があります。「アンダーライト方式」は、参加銀行の融資希望額の合計が企業の借入希望額に届かなかった場合には、アレンジャーがその差額を引き受ける方式です（このため、借入企業は必ず借入希望の満額を借り入れることができます）。一方、「ベストエフォート方式」では、参加銀行の融資希望額の合計がそのまま融資額となります（したがって、満額に達しない場合もあります）。

2 利息の計算方法

借入金には、当然、利息（利子）がつきます。では、その利息は、どうやって計算するのでしょうか。以下では、利息の計算方法についてみていくこととします。

(1) 利息の計算式

利息は、①元金に②金利を乗じて、それに③借入日数を365日で割ったもの、をかけて計算します（図表5-6）。

図表5-6　利息の計算式

$$利息 = 元金 \times 金利 \times \frac{借入日数}{365日}$$

たとえば、1000万円を金利5％で3カ月（90日）借りた場合の利息は、

$$利息 = 1000万円 \times 0.05 \times \frac{90}{365} = 12万3287円$$

です（1円未満の端数は切り捨てが一般的です）。

借入日数を365日で割る部分は、一般に「日割り計算」と呼ばれるものです。借入れを行った日から返済までの間は、毎日、利息が発生しています。つまり、日曜日や祝日にも利息は発生しています（ちなみに、預金も同じです）。なお、海外での借入れの場合には、360日ベースで利息を計算するのが一般的です。

図表5-7　両端入れと片端入れ

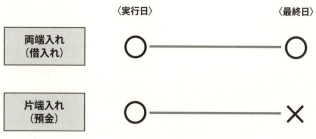

（注）○はその日を含める、×は含めないことを意味する。

（2）日数の数え方

　借入れの利息計算のために借入日数を数える場合には、**両端入れ**（りょうはいれ）という方法がとられます。これは、借入れの実行日と返済日の両方を含む日数の数え方です。たとえば、6月1日に借りて8月31日に返済する場合には、6月1日と8月31日の両方を含めて、借入日数は92日間になります。

　これに対して、預金の場合には、払戻し日は含めないで計算する**片端入れ**（かたはいれ）という方法がとられます。このため、6月1日に預入して8月31日に満期となる預金を行った場合にも、91日分の利息しかつきません（図表5-7）。

　銀行が、預金と貸出で異なる対応をとっているのには訳があります。預金については、預金者が満期日の朝一番に引き出すことができるため、この日を含めない片端入れとしているのに対して、借入れの場合は、返済日の終業時刻ぎりぎりになって返済される場合もあるため、この日の利用分も含めた両端入れとしているのです。

（3）利息の支払時期

　利息の支払時期は、借入れの方法によって異なります。手形借入や手形割引のように、銀行に手形を買い取ってもらう形式の借入れでは、借入れの実行日にあらかじめ利息を割り引いた金額が口座に振り込まれるため、利息は「前払い方式」となります。一方で、証書借入、当座借越、コミットメント・ラインなどの借入方法では、借入残高に応じて、後で利息を支払う「後払い方式」と

図表5-8 借入れの上限金利

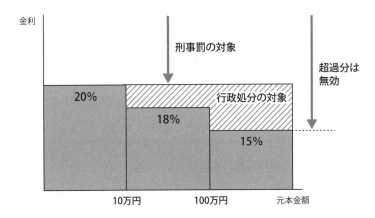

なります。

　前払い方式は、銀行にとっては、利息を早く受け取ることができ、貸出金額も利子を除いた分で済むというメリットがありますが、逆に企業にとっては、利息を早く支払う必要があり、実際に使える金額は利息相当分だけ減ってしまうというデメリットがあります。

(4) 借入れの上限金利

　貸金の利息の上限は、「出資法」や「利息制限法」によって定められています。元本の額によって、10万円未満の場合には年20％、10万円以上100万円未満の場合には年18％、100万円以上の場合には年15％が上限となっています（図表5-8）。これを上回る金利については、「利息制限法」の上限金利（貸付額に応じて15〜18％）を超える金利は、無効かつ行政処分の対象であり、さらに「出資法」の上限金利（20％）を超える部分は、刑事罰（懲役または罰金）の対象となります。企業の場合には、資金需要の規模から考えて、このうち15％の上限金利が大きな意味を持つことになります。

　こうした上限金利を上回るような利息で貸付を行う違法な業者を、**ヤミ金融**（ヤミ金業者）と呼びます。その多くは貸金業者としての登録を行っていない違法な業者であり、「トイチ金融」（「10日で1割の金利」の略で、実質年利は365％となる）など、法外な高金利での貸付を行います。こうした業者は、違

法な高金利で貸付を行ったうえで、過酷で強引な取立てを行うケースが多いため、注意が必要です。

なお、上述のように、「割引金、手数料、調査料」など金利（利息）以外の名目であっても、借入を受ける際に取られる費用は、「いかなる名義であっても利息とみなす」（利息制限法第3条）ものとされています。こうした「みなし利息」も含めた利息の上限が、上述のような制限に服することとなります。

3 借入れの返済方法

銀行から借入れを行った場合、それを返済する方法としては、主に、①元金一括返済、②元金均等返済、③元利均等返済の3つの方法があります。以下では、これらの返済方法の概要と特徴について述べます。

(1) 元金一括返済

①元金一括返済とは

元金一括返済とは、元金を返済期日に一括して返済する方法であり、「期日一括返済」ともいわれます。これは、一般には、一時的に必要となる「つなぎ資金」など、返済の財源が明確になっている場合に用いられます。たとえば、1年後に土地を売却する予定であり、その売却資金で借入れを返済するといった場合です。この場合、一括返済の対象となるのは元金のみであり、利息については、一定期間ごと（毎月、3カ月ごとなど）に支払うのが一般的です（図表5-9の (a)）。

②元利一括返済とは

元金一括返済のバリエーション（変型）として**元利一括返済**があります。これは、元金のほかに、利息も返済期日にまとめて返済する方法であり、借入期間中には利息の返済も発生しません（図表5-9の (b)）。これは、企業が経営不振に陥り、利払いも困難になった場合に、返済計画の繰り延べである「リスケジューリング」（「リスケ」ともいわれます）の手法として使われることが多

図表5-9 元金一括返済と元利一括返済の返済パターン

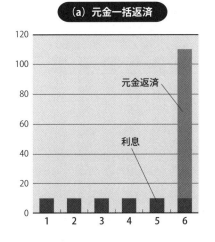
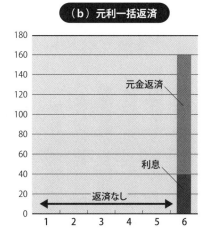

い返済方法です。

この返済方法は、きわめて「テールヘビー」（最後の返済が多額となる）であり、銀行の貸出としては（企業の借入れとしても）問題があるケースが多いのが実態です。銀行では、利息の延滞が一定期間以上続くと、その貸出は不良債権として分類されてしまいます。このため、返済計画を変更して、利息の返済をなくす（これによって延滞も発生しない）ことによって、当面、不良債権に計上されるのを回避するといったケースが多いのです。こうした場合、結局のところ、返済期日になっても返済ができず、結果的に単なる問題の先送りであったというケースが少なくありません。

(2) 元金均等返済

①元金均等返済とは

元金均等返済とは、元金（元本）を返済回数で均等割りにして、毎回、同額ずつ返済していく方法です。この返済方法では、元金が一定の割合で減っていくため、それにつれて利息も徐々に減っていくことになります（図表5-10の(a)）。

たとえば、3000万円を期間5年で借り入れて、これを5年間（＝60カ月）で

図表5-10　元金均等返済と元利均等返済の返済パターン

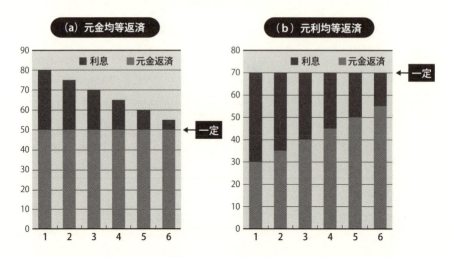

　毎月分割して返済していくとすると、毎月50万円（3000万円÷60カ月）の元金を返済していくことになります（元金の返済額が一定となります）。
　この返済方法は、借入れによって企業が設備投資を行った場合には、キャッシュ・イン（資金流入）となる「減価償却」とキャッシュ・アウト（資金流出）となる「元金の返済額」が同額となるため、返済を円滑に進めやすいというメリットがあります。たとえば、1000万円を期間5年で借り入れて、5年償却の機械を1000万円で購入したものとします。この場合、減価償却の額は毎年200万円となる一方、毎年の元金返済額も200万円になり、両方の額が一致するため、返済が行いやすくなります。企業の借入れにおいては、多くの場合、元金均等返済の方法がとられます。

②元金均等返済の特徴
　元金均等返済の第1の特徴は、借入れを行った当初の返済額（元利合計）が多く、返済が進むにつれて返済負担が軽くなっていく点です。これは、初期には利子を多く払う一方、元金の残額が徐々に減っていくため、それに比例して利息も徐々に減少していくためです。
　第2の特徴は、当初に多くの元金の返済を行うため、後述する元利均等返済

に比べて、全体の返済額が少なくて済むことです。

(3) 元利均等返済

　元利均等返済とは、毎回の返済額（元利合計）が均等になるように返済する方法です。つまり、元金の返済額と利息の支払額の合計額が一定となるように返済していきます（図表5-10の(b)）。これは、住宅ローンでよく用いられる方式であり、毎月の収入が一定のサラリーマン家計の返済に適しています。

　この返済方式では、返済の初期においては返済額に占める利息の割合が高いのが特徴です（その分、元金がなかなか減りません）。このため、前述の元金均等返済に比べると、利息の総額（および返済の総額）が多くなるという特徴があります。

本章のまとめ

- ❖ 銀行から融資を受ける際に契約書を交わして借入れを受ける形式のことを（ ① ）といい、主に長期資金の借入れに使われます。
- ❖ 企業が取引先から受け取った手形を銀行に依頼して、手形の満期日が到来する前に換金することを（ ② ）といい、満期日までの金利に相当する（ ③ ）が差し引かれたうえで現金化されます。
- ❖ 商取引の裏づけがある手形のことを（ ④ ）というのに対して、資金調達のためだけに振り出された手形を（ ⑤ ）といいます。
- ❖ 手形の振出人の資金不足により、手形代金が決済されない手形のことを（ ⑥ ）といいます。6カ月以内に2回、こうした手形を発生させた企業は（ ⑦ ）となります。
- ❖ （ ⑧ ）とは、企業が銀行との間で、あらかじめ融資を受ける限度額である（ ⑨ ）を設定しておき、その範囲内でいつでも自由に借入れを行うことができる仕組みです。融資枠の設定には、担保は必要ありませんが、（ ⑩ ）と呼ばれる手数料が必要になります。
- ❖ シンジケート・ローンでは、（ ⑪ ）と呼ばれる主幹事銀行が、借入れを希望する企業からの組成依頼である（ ⑫ ）を受けて、多くの銀行による（ ⑬ ）を組成して、協調融資を行います。
- ❖ 企業の設備資金の借入れに対する返済には、元金の返済額が一定の（ ⑭ ）が、住宅ローンの返済には、元利合計の返済額が一定の（ ⑮ ）がよく用いられます。

本章のキーワード

証書借入、手形借入、手形ころがし、手形割引、割引料、取立て、不渡り、商業手形、融通手形、書合手形、手形交換所、不渡り手形、銀行取引停止処分、当座借越、極度額、オーバードラフト、専用当座借越、一般当座借越、コミットメント・ライン、コミットメント・フィー、バイラテラ

ル方式、シンジケート方式、スタンドバイ方式、バックアップ・ライン、リボルビング方式、コベナンツ、フォースマジュール、みなし利息、シンジケート・ローン、協調融資、アレンジャー、マンデート、シンジケート団、エージェント、両端入れ、片端入れ、ヤミ金融、元金一括返済、元利一括返済、元金均等返済、元利均等返済

第6章

借入金(2)
——借入金利とメインバンク制

　本章では、まず前半で、借入金の金利について述べます。借入金利には、短期金利と長期金利の区別があるほか、優良な企業向けのプライムレートが存在します。また、市場金利に連動したスプレッド借入もあります。拘束預金が存在する場合には、表面金利と実効金利を区別して考えることも必要です。前半では、こうしたさまざまな借入金利について考えます。

　また後半では、わが国の企業金融において大きな役割を果たしてきたメインバンク制について述べます。メインバンクは、企業の資金調達や経営危機時の対応において、重要な役割を果たします。近年、メインバンク機能の低下が指摘されていますが、銀行借入が中心の中小企業においては、メインバンクは依然として重要な存在です。

1 借入金利

まず、借入金の金利について、いくつかの側面からみることとします。

(1) 長期借入金利と短期借入金利

借入期間が1年超の借入れの金利を**長期借入金利**といい、1年以内の借入れの金利を**短期借入金利**といいます。金融の世界では、長期金利のほうが短期金利より高いのが一般的です。これは、貸付期間が長くなるほど、貸し倒れのリスクが高くなるという「リスク・プレミアム」が織り込まれるためです。したがって、「長期借入金利 ＞ 短期借入金利」となるのが一般的であり、借入期間が長いほど、高い金利が設定されることが多くなっています。

(2) 固定金利借入と変動金利借入

固定金利借入は、借入時から返済時まで、金利が一定の借入れです。これに対して、**変動金利借入**は、市場金利の変動に伴って、返済期間中に金利が変動する借入れです（図表6-1）。変動金利借入の場合には、金利が変動することによって負担が増減する「金利変動リスク」は企業が負うことになりますが、固定金利借入の場合には、このリスクは銀行が負担しています。このため、金利が上昇しても銀行が損をしないように、固定金利にはこのリスク分が上乗せされており、変動金利に比べて金利が若干高く設定されています。

では、どういう場合に、どちらの借入れが有利でしょうか。まず、先行きに、金利の上昇が見込まれる場合には、固定金利によって将来にわたって金利の支払いを固定しておいたほうが有利になる可能性が高いものとみられます。一方で、先行きに金利が低下する（または低金利が続く）と見込まれる場合には、変動金利にしておけば、将来の利息の支払いが少なくて済むことが見込まれます。目先の見かけの金利（固定金利のほうが高い）だけをみて決めず、中長期的な経済見通しなども含めて総合的に判断することが大切です。

図表6-1　固定金利借入と変動金利借入

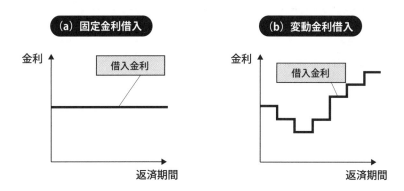

(3) プライムレート

プライムレートとは、銀行が企業への融資を行う際に、優良な企業向けの貸出に適用する「最優遇貸出金利」のことです。企業の立場からは「最優遇借入金利」になります。

①短期プライムレート（短プラ）

期間1年以内の短期貸出に適用される最優遇貸出金利が**短期プライムレート**であり、一般に**短プラ**と略称されます。短プラは、かつては日本銀行が民間銀行に貸出を行う際の金利である「公定歩合」に連動して変更されていましたが、現在では、各銀行の資金調達コスト（預金や市場調達など）をもとに、各行が独自に決める方式となっています。この方式による短プラを、従来の公定歩合連動型と区別して「新短期プライムレート」（「新短プラ」）と呼びます。

②長期プライムレート（長プラ）

期間1年超の長期貸出に適用される最優遇貸出金利が**長期プライムレート**であり、一般には**長プラ**と呼ばれます。長プラは、かつては「長期信用銀行が発行する5年物金融債の利率＋0.9％」で決定されていましたが、現在では、各行が、新短プラを基準に、期間ごとの上乗せ金利を乗せて独自に決めています。

図表6-2　貸出約定平均金利

	短期貸出	長期貸出
都市銀行	0.574%	0.793%
地方銀行	1.622%	1.004%
第二地方銀行	1.774%	1.263%
信用金庫	2.115%	1.659%

(注) 新規貸出分、2014年9月分。
(出所) 日本銀行。

　こうした方式の長プラのことを「新長期プライムレート」(「新長プラ」) といいます。たとえば、3年以内の上乗せ金利は＋0.2％、3〜6年は＋0.4％など、期間に応じて一定の利率を上乗せしています。これは、返済までの期間が長くなると、それだけ貸し倒れの危険が大きくなるため、その分のリスク・プレミアムを上乗せしているものです。

③約定金利

　中小企業や新興企業が、銀行に借入れを申し込んだ場合、プライムレートでの借入れができるでしょうか。答えは、ノーです。プライムレートは、優良企業向けであるため、財務基盤の弱い中小企業や設立間もない新興企業の借入金利は、一般には、プライムレートよりも高くなります。
　実際に、企業が銀行と契約した金利 (実際に借り入れた金利) のことを**約定金利**といいます。これは、プライムレートを基準として、その企業の体力や財務内容に応じて、上乗せ金利が決められて決定されます。
　日本銀行では、全国の金融機関の約定金利を融資金額で平均した「貸出約定平均金利」を公表しています (図表6-2)。これをみると、金融機関の業態によって約定平均金利が異なっており、「都市銀行 ＜ 地方銀行 ＜ 第二地方銀行 ＜ 信用金庫」の順で金利が高くなっていることがわかります。
　なお、最近では、企業の資金需要が低迷する中で、銀行の金利ダンピング競争が起きていることから、プライムレートを下回る「アンダー・プライム」での貸出もみられています。

図表6-3　スプレッド借入の仕組み

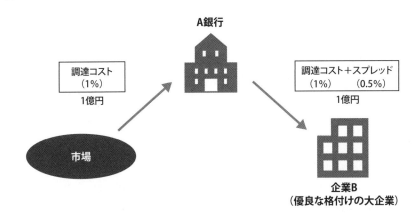

(4) スプレッド借入

①スプレッド借入とは

上記のようなプライムレートに基づいた借入れのほかに、やや特別な金利決定の方式として、**スプレッド借入**があります。これは、銀行が、市場からの資金調達コストに一定の利ざや（スプレッド）を上乗せして貸し出す方式です。銀行の立場からは「スプレッド貸出」といいます。スプレッド貸出の対象は、①優良な格付けを得ている大企業であり、②大口の貸出（1億円以上）を行う場合、に限定されています。

プライムレート方式では、「銀行全体」の調達コストをもとにプライムレートを決めて、それに基づいて貸出金利を決めているのに対し、スプレッド貸出の場合には、「1件ごと」の貸出について、調達コストとスプレッドにより貸出金利が決定されます。つまり、1億円の貸出を行う場合には、その1億円を市場から調達したうえで、調達コストに利ざや（スプレッド）を乗せて貸出を行うのです。たとえば、市場からの調達コストが1％、スプレッドが0.5％であるとすると、貸出金利はこの両方を加えた1.5％となります（図表6-3）。市場金利の状況によっては、スプレッド借入のほうが、プライムレート方式の借入れより低い金利で借りられるため、金利情勢に応じて利用されます。

②スプレッド借入の基準金利

スプレッド借入の基準となる金利としては、LIBORやTIBORがあります。

(a) LIBOR

LIBOR（ライボ）は、「London Interbank Offered Rate」の略であり、ロンドンにおける銀行間の資金取引の金利のことです。LIBORは、複数の有力銀行（リファレンスバンク）から報告されたレートを集計して、毎日算出されています。

LIBORには、ドル、ポンド、ユーロ、円などさまざまな通貨の金利があり、それぞれ「ドルLIBOR」、「円LIBOR」などと呼ばれています。また通貨ごとに、翌日もの、1週間もの、3カ月もの、6カ月ものなどさまざまな期間の金利が設定されています。LIBORは、スプレッド貸出や金利スワップ取引（固定金利と変動金利を交換する取引）など、国際的な金融取引の基準レートとして幅広く用いられています。

(b) TIBOR

TIBOR（タイボ）は、「Tokyo Interbank Offered Rate」の略であり、LIBORにならってつくった東京における銀行間の資金取引の指標金利です。全国銀行協会が、複数の報告銀行からの報告に基づいて集計して公表しています。対象通貨は円であり、1週間、1カ月～12カ月などの期間別に公表されています。

2 表面金利と実効金利

(1) 拘束預金

企業が銀行から1億円を借りたとすると、本来は、その1億円を自由に使えるはずですが、場合によっては、借入額のうち一部を半ば強制的に銀行に預け入れさせられることがあります。これを**拘束預金**といいます。引き出されないように銀行が横目でにらんでいるという意味で「にらみ預金」と呼ぶ場合もあります。これは、預金の拘束について、とくに契約や手続きをする訳ではありませんが、貸し手としての銀行の優越的な地位に基づき、企業に対して「融資した資金の一部を口座に残しておいてほしい」と要請し、実質的に引き出せな

いようにするものです。

(2) 歩積み・両建て預金

　拘束預金のうち、企業が手形割引を受ける際に、割引額の一部を預金させられるものを**歩積み預金**といいます。また、融資を受ける際に、借入額の一部を預金させられるものを**両建て預金**といいます。

　こうした歩積み・両建て預金が行われると、①企業が実際に使える資金（利用可能資金）が少なくなってしまう、②実質的な金利が名目上の金利より高くなってしまう、といった問題点が生じます。たとえば、1000万円の借入れを行っても、そのうち200万円を定期預金にさせられたとすると、運転資金などに利用できるのは800万円のみということになります。また、実際に使えるのは800万円であるのに、利息は1000万円について支払うことになります。

(3) 実効金利

　上記の例で、貸出額全体に対して支払う名目上の金利（契約上の金利）のことを**表面金利**といい、実際に使える金額に対する実質的な金利のことを**実効金利**といいます。実効金利は、金利負担を実際に使える金額で割ることによって算出することができます。

$$実効金利 = \frac{支払利息 - 預金利息}{借入金 - 拘束預金} \times 100$$

　具体例でみてみることとしましょう。1000万円を3％の金利（表面金利）で1年間借り入れたものの、500万円が拘束預金とされ、預金金利が0.2％であったとします。このときの実効金利は以下のとおりです。

　　実効金利＝（1000万円×3％－500万円×0.2％）
　　　　　　　÷（1000万円－500万円）× 100
　　　　　＝（30万円－1万円）÷500万円 × 100
　　　　　＝5.8％

　つまり、1000万円を3％で借りているつもりでいたものが、実は、500万円を5.8％の金利で借りていることになっているのです。このように、実効金利

は、借入額全体の利息負担を少ない利用可能額で割って算出するため、名目金利より高くなり、実質的な金利負担が重くなります。

> **BOX 6-1　規制金利と拘束預金**
>
> 　拘束預金は、規制金利の時代には、かなりさかんに行われていました。これは、規制金利のもとでは貸出金利と預金金利との間の「利ざや」が確保されており、企業の資金需要も旺盛であったため、銀行は、預金を集めれば集めるほど、それを貸出に回して利益をあげることができたためです。しかしその後は、優越した地位の濫用であるとして、旧大蔵省の通達で自粛が求められ、現在は、金融庁のガイドラインにより事実上禁止されています。
>
> 　近年では、銀行が市場で資金調達することが可能となったことや、貸出難の時代を迎えていることなどから、拘束預金は減少傾向にあるものとされています。ただし、一部には自主的な預金の慣行として残っているという指摘もあり、また「周年預金」や「協力預金」といった名目で協力を求められる場合もあるようです。企業では、借入れについては、表面金利のみではなく、実質的な負担である実効金利を考えていくことが必要です。

3　借入金利と企業経営

(1) 借入金利の水準に影響する要因

　借入金利の水準は、企業ごとにかなり異なります。これは、いくつかの要素によって左右されます。

　第1には、企業の経営状況や財務体質です。堅実な経営で財務体質が良好であれば、その分、リスクの低い企業とみなされ、低い金利での借入れが可能となります。

第2に、短期借入と長期借入の比率も関係します。短期借入のほうが金利水準は低いことが多いのですが、長期資金として調達したほうが、頻繁な借換えが必要なく、資金繰りが安定するという面があります。
　第3に、固定金利借入と変動金利借入やスプレッド借入など、基準とする金利や金利変更の頻度によっても、金利の水準は変わってきます。
　第4に、どの金融機関から借りるかによっても金利水準は異なります。都市銀行など上位業態から借りたほうが金利水準は低くなり、信用金庫や信用組合からの借入れのほうがコストはやや高くなります。
　第5に、制度融資の利用が影響します。政府系金融機関には、政策目的（環境対策、新事業育成、事業継承など）によって特別な低金利での融資制度が設けられています。こうした制度融資をうまく活用すれば、低い金利の借入れを利用することができます。

（2）借入金利の経営への影響

　このように借入金利は、さまざまな要因によって左右されますが、借入金利の水準は、企業経営に大きな影響を与えます。たとえば、1億円の借入れで、借入金利が1％違うと、金利負担は、年間で100万円の違いとなります。コストが100万円だけ高くなると、その分、高い収益をあげて、これをカバーしていくことが必要になります。
　このため、企業は、なるべく低金利での調達を考えなければなりませんが、それとともに、安定した資金調達についても配慮する必要があります。1回だけ低金利で借入れができたとしても、次に貸してくれないのであれば、企業はたちまち資金繰りに窮することになります。このため、借入金利は多少高くても、資金調達の安定性を重視して取引先の金融機関を選ぶ場合もあります。資金調達にあたっては、「資金調達コスト」と「資金のアベイラビリティ」の両方の要因を考える必要があるのです。

4 メインバンク制

　ここでは、わが国の企業の資金調達に大きな役割を果たしているメインバンク制について述べます。

(1) メインバンクとは

　わが国においては、企業が特定の銀行との間で特別に親密な関係を築いていることが多く、こうした銀行のことを借入企業にとっての**メインバンク**（主力取引銀行）と呼びます。一般に、借入企業にとって、借入残高がいちばん多い（最大の融資シェアを持つ）銀行がメインバンクとされます。

　しかし、メインバンク関係というのは、インフォーマルなものであり、とくにそのために契約を結んだりするわけではありません。銀行と企業は、暗黙の了解として、お互いにメインバンク関係にあることを認識しています。そして、メインバンクは、通常、その企業の資金調達・資金繰りには最大の配慮を払い、その代わりに企業では、経営・財務情報を積極的に開示して、経営について相談を持ちかけます。

　メインバンクの特徴としては、①上述のように貸出残高が最も多いこと（最大の貸し手である）に加え、②借入企業の株式を保有していること（銀行の中では最大の株式保有者である）、③借入企業へ役員・財務部長などを派遣していること（人的関係がある）、④貸出以外にも幅広い取引（預金取引、外為取引、給与振込など）を行っていること（総合的な取引関係にある）、⑤長期的・継続的に取引を行っていること（長期的な取引関係にある）、などの点があります（図表6-4）。メインバンクでは、こうした重層的な関係を通じて、企業との間で親密な取引関係を築いています。このうち、株式保有については、メインバンクと企業がお互いに株式を持ち合う「相互持合い」の場合も少なくありません。

　企業では、このようにメインバンクと安定的な関係を築くことにより、資金調達の安定化を図っています。また、信頼性の高い銀行がバックについていることによって、取引先からの信用が得られるという利点があります。一方、銀

図表6-4 企業とメインバンクの関係

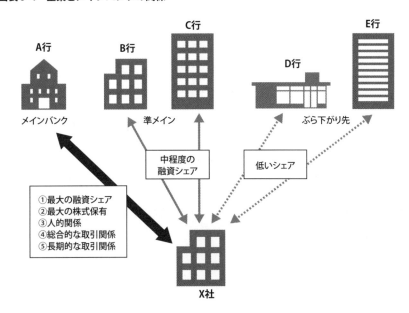

行サイドでも、企業の内情がよくわかったうえで融資を行えるほか、融資以外の取引によっても収益が得られるというメリットがあります。

(2) メイン以外の先

企業では、メインバンク以外にも、多くの銀行と取引を行っているのが一般的です。このうち、融資順位で2～3位にあり、メインバンクに準ずる位置づけにある銀行のことを**準メイン**（サブ・メイン）と呼びます。また、それ以外の先で、融資残高が少ない銀行のことを**ぶら下がり先**といいます（図表6-4）。

準メインやぶら下がり先では、新たな貸出の可否を判断する際に、メインバンクの融資態度に追随するケースが多くみられます。たとえば、新たな設備資金が必要になった場合に、メインバンクがその妥当性を判断してゴーサインを出し、メインバンクが4割、準メインが3割、ぶら下がり先が残りの3割を分担して融資するといったケースです。このようにメインバンクの判断に依存するのは、借入企業の経営を監視する「モニタリング・コスト」が高いためです。

図表6-5　企業の経営危機時の主な救済策

	金利減免	返済繰り延べ（リスケ）	債務免除	債務の株式化（DES）
内容	借入金利を契約時より引き下げ、または免除される	借入の返済時期を当初の契約より遅らせる	融資の返済を免除される	債務（借入金）を株式に転換する
利息の返済	軽減または免除される	返済する	返済しない	返済しない
元本の返済	予定どおりに返済する	遅れて返済する	返済しない	返済しない

　銀行のマンパワーにも限りがあるため、少額の融資しか行っていない先も含めた膨大な数の企業のすべてについて、業績、経営内容などを事細かに把握することは困難です。このため、メインバンクが「代表的監視者」として、取引銀行を代表して借入企業に対するモニタリング活動を行い、他の銀行は、基本的にその融資判断に従うのです。

(3) 経営危機時の対応

　メインバンクは、このように平常時において、借入企業への安定的な資金供給やモニタリングに重要な役割を果たすほか、借入企業の経営が悪化し、経営危機に陥った場合の対応においても主導的な役割を果たします。つまり、メインバンクが中心となって救済策を講じるほか、貸し手全体として損失が生じる場合には、メインバンクが準メインやぶら下がり先よりも大きな負担を引き受けることが多くなっています。これは、平常時に代表的監視者としてモニタリングを担当している責任によるものと考えることができ、これを「メインバンクの救済責任」といいます。

　メインバンクが中心となった経営危機の際の支援策としては、以下のようなものがあります（図表6-5）。

①金利減免

　借入企業が経営難になり、返済が困難となった場合に、まずとられる方策が

金利減免です。これは、銀行が貸出金利を、当初の契約時より下げたり、免除したりすることを指します。たとえば、当初5％であった金利を3％に引き下げたり、またはゼロにするなどの対応をとります。この際に、減免されるのは金利についてのみであり、元本については、予定どおりに返済を行わなくてはいけません。つまり、「金利はおまけしておくから、元本はちゃんと払いなさい」ということです。金利減免は、一般に、再建の見込みが高い企業に対して適用されます。

②返済繰り延べ（リスケ）

返済が困難になった場合にとられる次の方策が**返済繰り延べ**です。これは、貸し手（銀行）と借り手（企業）との合意により、借入れの返済時期を当初の契約より遅らせることを指します。いわば、「ゆっくりでいいから、ちゃんと返しなさい」ということです。英語では**リスケジューリング**といい、「リスケ」と略称されることもあります。

たとえば、「5年間で返済」の予定であったものを「10年間で返済」に変更したとします。これにより、年間の返済額は半分になるため、返済を続ける余裕が生まれます。また、元本を返済しなくてよい「据置期間」を設定するという方法もあります。たとえば、「3年据置、5年間で返済」として、その3年間に経営の立て直しが進めば、その後の返済が可能となります。

③債務免除

さらに返済の困難度が増した場合にとられるのが**債務免除**です。これは、経営不振となった借入企業に対して、銀行が融資の返済を免除することです。つまり、「借金はなかったことにする」ということであり、「借金の棒引き」にあたります。銀行の立場からは「債権放棄」といいます。

これは、融資先企業を倒産させるよりは、融資の返済を免除して支援し、再建させたほうが銀行にとっての損失が少ないという場合に行われます。たとえば、借入企業が倒産してしまうと、回収できない融資がかえって増える場合や、連鎖倒産の発生により銀行の損失額が大きくなるといった場合に用いられます。ただし、こうした借金の棒引きをあまり安易に認めてしまうと、「借り得」に

なってしまうほか、企業経営者が「つぶれかけたら銀行が助けてくれるだろう」と考えて真剣な努力を行わなくなる「モラル・ハザード」の問題が生じる可能性があります。このため、債務免除を行う際には、経営者を交替させるなど、経営者責任を明確化することが必要とされています。

④債務の株式化（DES）

債務の株式化とは、企業の借入金を株式に転換することをいいます。企業の債務（Debt）を資本（Equity）に交換（Swap）することから、英語の略語で**DES**（Debt Equity Swap）とも呼ばれます。経営不振や過剰債務などに苦しむ企業の再建支援策の一つとして用いられており、銀行が、自行の融資を現物出資する形で株式を取得します。たとえば、銀行が企業に3000万円を貸付けていたものとすると、3000万円の貸出が3000万円分の株式に交換されることになります。

借入企業にとっては、債務の株式化によって、利払いや元本返済が必要な有利子負債が減るため、財務内容が改善されます。また、バランスシート上でも、負債が減って資本が増えるため、自己資本比率が改善します（図表6-6）。

一方、銀行にとっては、前述した債権放棄を行うと、銀行の資産が減ってしまいますが、債務の株式化（DES）であれば、とりあえず銀行の資産は減らない（貸出が株式に変わるだけ）ため、抵抗感が少ないという面があります。また、もし企業が再建に成功した場合には、株式の値上がりによる大きな利益が見込めるというメリットもあります。ただし、DESについても、安易に認めるとやはりモラル・ハザードの問題を引き起こす可能性があります。また、企業と銀行の双方にとって問題の先送りにしかならない場合もあるため、再建の可能性を十分に見きわめたうえで実行することが必要となります。

（4）メインバンクによるガバナンス

企業の経営陣がどのように規律づけられ、どのようにモニタリングされるのかを**コーポレート・ガバナンス**（または略してガバナンス）といいます。経営者が独断で勝手な（企業としては望ましくない）経営を行おうとしたときに、それを止める仕組みがコーポレート・ガバナンスです。わが国では、伝統的に

図表6-6　債務の株式化（DES）の仕組み

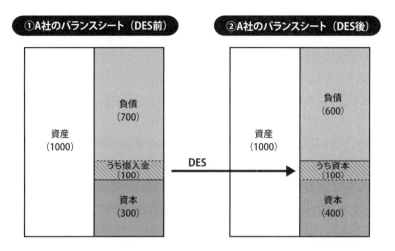

　株主によるガバナンスが弱かった一方で、**メインバンクによるガバナンス**が中心となってきました。

　メインバンクは、さまざま取引関係や人的関係を通じて、取引先の企業に関する豊富な情報を有し、経営実態を把握しています。それを使って、メインバンクは、企業経営にとって必要な情報・アドバイスを提供するとともに、経営を監視して、一定の規律づけを与える役割を担ってきました。こうしたガバナンスが行われていることが、メインバンクが、平常時に安定的な資金供給を行ったり、経営悪化時に救済機能を発揮したりするうえでの前提となっています。つまり、メインバンクによる平常時のガバナンス機能と非常時のサポート機能とは、表裏一体のものとなっているのです。このため、「普段はうるさいことはいわないで、困ったときだけ助けてほしい」というわけにはいきません。銀行によるガバナンスは、経営者の立場からは往々にして煙たいものかもしれませんが、メインバンクとしての機能を期待するのであれば、普段から経営内容について取引銀行にきちんと開示し、意見交換を行っておくことが必要となります。

　近年、企業に対する「メインバンク機能の低下」が指摘されています。これ

は、株式や社債による資金調達が拡大してきているため、銀行からの借入れのウェイトが低下し、それに連れて、銀行のモニタリング機能や企業に対する発言力（ガバナンス）が低下してきていることを指します。大企業については、こうした傾向はある程度当てはまるかもしれませんが、株式や社債による資金調達が困難な多くの中小企業では、引き続き銀行借入のウェイトが高く、メインバンクは依然として重要な位置づけにあります。

> **BOX 6-2　メインバンク不在と並行メイン**
>
> 　時として、意外な企業が、突然に倒産に追い込まれることがあります。こうしたケースでは、「メインバンクが不在」というケースが多くみられます。とくに問題となるのが、**並行メイン**のケースです。これは、複数の銀行の融資残高が同額で1位となっているケースであり、メインバンクを1行とするのではなく、上位の2～4行を「メインバンク群」として、取引条件を競わせる方式です。
>
> 　メインバンクを持ちたくないという企業には、①複数行の間で融資金額や融資条件などを競わせて、安い金利の資金を柔軟に使っていきたい（銀行に対する交渉力の確保）、②メインバンクに経営に口出しされたくない（経営の自由度の確保）、といった意識があることが多いようです。
>
> 　経営が順調に行っているときには、これでよいかもしれませんが、いったん経営が苦しくなったときには、どの銀行もメインバンクとしての意識を持っていないため、どこも救いの手を差し伸べないということになりかねません。こうした場合に、上記のような突然死につながるケースが多いようです。こうしたことから、経営の安定性のためには、メインバンクをはっきりさせ、その銀行との良好な関係を築いておくことが重要であるものとされています。

5 リレーションシップバンキングとトランザクションバンキング

　最近、「リレーションシップバンキング」や「トランザクションバンキング」という言葉をよく聞くようになりました。これは、企業に対する融資の方法を分類する際に用いる用語であり、金融庁の報告書の中で使われて、一気に広まりました。ここでは、この2つの融資手法についてみることとします。

(1) リレーションシップバンキングとは

　リレーションシップバンキングとは、銀行が、企業との間で親密な関係を長く維持するなかで、企業に関する情報を蓄積し、その情報を基に融資などの金融取引を行うビジネス・モデルのことです。略して「リレバン」ともいわれます。

　これは、上述のメインバンク制の世界で伝統的に行われてきた取引であり、長期継続的な関係を基に、審査・モニタリングを通じて蓄積された「定性情報」（数値化できない情報）や「ソフトな情報」（部外者の入手が難しい情報）を用いて融資などの取引を行います。こうした情報としては、決算書には表れないような借り手の経営実態や返済能力に関する情報や、中小企業においては経営を左右する経営者個人に関する情報などがあります。

　リレバンは、「地域密着型金融」とも言われ、地域金融機関（地方銀行、第二地方銀行、信用金庫、信用組合など）は、このモデルで取引先との取引関係を構築していくこととされています。中小企業では、このリレバンによる取引が中心であると考えておけばよいでしょう。

(2) トランザクションバンキングとは

①トランザクションバンキングの特徴

　リレバンに対抗する概念として、**トランザクションバンキング**があります。これは、個々の取引ごとの採算性を重視して借入れを行う手法です。つまり、1回の取引ごとに、複数の銀行に融資を打診し、最も融資条件（金額、金利な

ど）が良い先から借入れを行うという方法です。銀行サイドでは、借入れを希望する企業についての情報を長年蓄積しているわけではないので、①財務諸表の分析、②クレジット・スコアリングなどの「定量的情報」（ハード情報ともいいます）により、融資実行の可否や融資条件を判断することになります。「クレジット・スコアリング」とは、財務情報などを用いた統計的モデルによって、企業の信用度を点数化し、このスコアに基づいて融資の可否や貸出金利を決める手法です。

トランザクションバンキングは、貸し手が大手銀行、借り手が大企業といった場合が中心のビジネス・モデルであり、1回ごとに最も条件の良い先を選んで取引を行うというドライな世界となっています。

②クレジット・スコアリング融資

クレジット・スコアリングは、上述のような大企業向けの融資のほか、住宅ローンやクレジットカードなどの消費者金融の分野で利用されていましたが、最近では中小企業向けの融資に、クレジット・スコアリングを用いて、融資の可否や融資条件を決定する**クレジット・スコアリング融資**が出てきています。銀行側では、計量モデルの利用によって審査の多くが自動化されるというメリットがあり、審査コストの大幅な削減が可能となります。また、貸出案件は1件ごとにではなく、「ポートフォリオ」（貸出債権の集まり）全体としてリスク管理が行われます。また、企業サイドにとっても、スピーディな審査に加え、担保や第三者保証が不要といったメリットがあります。

この融資は、1件当たりの貸出が小口の案件が対象となっているため、小口の資金需要を持つ中小・零細企業向けに適しているものとされています。ただし、この融資を利用するためには、スコアリングに用いるための財務諸表のデータが整備されていることが前提となります。

本章のまとめ

- 借入れには、固定金利借入と変動金利借入がありますが、先行きの金利上昇が見込まれる場合には（ ① ）が、金利低下が見込まれる場合には（ ② ）が有利となります。
- スプレッド借入の基準となる金利としては、ロンドン市場の（ ③ ）や東京市場の（ ④ ）があります。
- 拘束預金がある場合には、借入れの表面金利よりも、実質的なコストである（ ⑤ ）が高くなります。
- メインバンクに準ずる位置づけの銀行を（ ⑥ ）、それ以外の融資残高が少ない銀行のことを（ ⑦ ）と呼びます。
- 企業が借入れの返済が困難になった場合に、返済時期を当初の契約より遅らせることを（ ⑧ ）といいます。
- 企業の再建支援策として、融資を行っている銀行が貸出債権を株式に転換することを（ ⑨ ）といい、英語の略語では（ ⑩ ）と呼びます。
- 金融機関が顧客との間で親密な関係を長く維持することにより、顧客に関する情報を蓄積し、この情報をもとに貸出などを行うビジネス・モデルのことを（ ⑪ ）といいます。

本章のキーワード

長期借入金利、短期借入金利、固定金利借入、変動金利借入、プライムレート、最優遇貸出金利、短期プライムレート、短プラ、長期プライムレート、長プラ、約定金利、スプレッド借入、LIBOR、TIBOR、拘束預金、歩積み預金、両建て預金、表面金利、実効金利、メインバンク、準メイン、ぶら下がり先、金利減免、返済繰り延べ、リスケジューリング、債務免除、債務の株式化、DES、コーポレート・ガバナンス、メインバンクによるガバナンス、並行メイン、リレーションシップバンキング、トランザクションバンキング、クレジット・スコアリング融資

第7章

借入金(3)
——担保

　企業が銀行から融資を受ける際には、多くの場合、担保や保証が必要とされます。銀行では、融資を行うにあたっては、その企業の財務状況が健全か、事業の将来は有望か、経営者はしっかりしているか、などについて調査を行い、安全であると判断した先にのみ貸出を行います。しかし、その後の経済環境の変化などにより、企業の業績が悪化して借入れの返済ができなくなるといったこともありえます。そうした場合にも、貸し出した資金が回収できるようにするため、銀行では担保や保証を取るのです。

　本章では、融資を受ける際に必要とされる担保についてみることとします。保証については、第8章で扱います。

1 担保の概要

(1) 担保とは

担保とは、企業が銀行から融資を受ける際に、借入金の返済を保証するための仕組みです。融資を受けた企業が借入金を返済できなくなった場合には、銀行は担保を処分することによって、融資した資金を回収することができます。

図表7-1の例でみると、A行が担保をとってB社に融資を行ったあとで、B社が借入金を返済できなくなった場合には、A行では、B社から受け入れた担保を市場で売却し、資金の回収を図ります。なお、貸し手である銀行のことを「返済を請求できる権利を持つ人」という意味で「債権者」、借り手である企業のことを「返済の義務を負う人」という意味で「債務者」といいます。

(2) 物的担保と人的担保

担保は、大きく、物的担保と人的担保に分けることができます。

①物的担保とは

物的担保とは、「モノの価値」によって、貸出が返済されない場合に備えるものです。貸し手が、一定の財産的な価値を確保しておくことによって、万が一の際にも貸出が回収できるようにする（これを「債権を保全する」といいます）ために行います。一般には、単に「担保」という場合には、この物的担保のことを指します。物的担保の種類としては、不動産（土地、建物）、有価証券（債券、株式）、預金、動産など、いくつかの種類があります（詳しくは後で述べます）。

②人的担保とは

これに対して、**人的担保**とは、「ヒトの信用」によって、貸出が返済されない場合に備えておくことであり、一般には**保証**といわれます。具体的には、債務者（借入れを行った人）が借入れを返済できなくなった場合には、保証人が

図表7-1　担保の仕組み

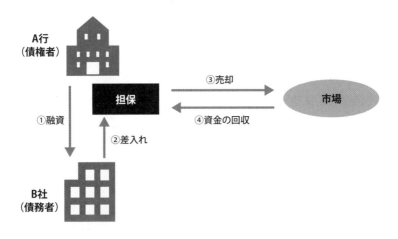

債務者に代わって返済を行う仕組みです（保証については、次章で詳しく述べます）。

(3) 担保の性格

担保には、以下のような性格があります。

①補完的な位置づけ

銀行では、貸出にあたっては、①企業の財務状況、②事業の将来性、③経営者の資質、④貸出の返済可能性、などをみたうえで、融資の可否を判断します。しかし、こうした「信用調査」に基づいて安全とみられる先に貸出を行った場合でも、融資の実行段階では予想できなかったような外部的なショック（たとえば、地震、金融危機、取引先の倒産など）によって、経営環境が急激に悪化し、その結果、借入金が返済できない状態になる可能性があります。担保は、こうした際にも銀行が資金を回収できるようにするための手段であり、いざというときの「補完的な位置づけ」にあります。したがって、あくまでも信用調査に基づく財務状況や返済可能性の判断が主であって、担保の有無は二次的な要因となります。融資にあたっては、安易に担保に頼るべきではありません（BOX 7-1）。

②担保の副次的効果

　銀行に担保を差し入れると、借り手に「この借入れを何としても返済しなければいけない」という気持ちを起こさせるという副次的な効果があります。これは、工場や経営者の自宅を担保に入れた場合には、借入金が返済できなくなって、それらが担保処分として売却されてしまえば、企業の生産や自分の生活にただちに支障を来すためです。借り手は、こうした事態を避けるために、借入金の返済に向けて必死に頑張ることになります。このように、担保には、債務者の債務返済に向けた努力へのインセンティブづけになるという副次的効果が期待されている面もあります。

 担保至上主義

　担保は、万が一、貸出が返済不能となった場合における銀行の「非常時の回収手段」といった性格のものです。このため、銀行は、担保さえあれば何でも貸し付けてよいというわけではありません。しかし、1980年代後半から90年代初頭のバブル期においては、わが国の銀行は、こうした**担保至上主義**に走ってしまったとされています。当時、銀行では、とにかく、土地や建物を持っている人には、それを担保にどんどん貸付けを行いました（当時は「提案型融資」と呼ばれて推奨されました）。企業サイドでも、担保があることを理由とするこうした銀行のアプローチに乗って、不要不急の投資を行ったり、運用のために資金を借り入れたりする風潮が広がりました。こうした積極的な融資は、結果的には、不良債権の山につながることとなり、その後10年以上にわたって、銀行は不良債権の処理に、企業は過剰債務の削減に苦しむこととなりました。

2 担保の法的区分

　債権（貸出など）の担保としての民法上の権利のことを**担保物権**といいます。民法では、4種類の担保物権（質権、抵当権、留置権、先取特権）が定められていますが、このうち、企業金融における担保に直接関係するのは、質権と抵当権です。以下では、この2つの担保物権についてみることとします。

(1) 質権

①質権とは

　質権とは、債権（貸出など）を保全するために、債権者（貸し手）が債務者（借り手）から財産的な価値のあるモノを受け取って、それを債務の弁済（借入れの返済）があるまで手元に置き、弁済がない場合には、そのモノを売却して、その売却代金から債権の弁済を受ける権利のことです。

　具体例でみてみることとしましょう（図表7-2）。AさんがBさんから50万円を借りて、この借入れの担保として高級腕時計を渡しておくこととします。返済時期が来て、50万円が無事返されれば、高級腕時計は、Aさんに返却されます。ところが、期限までに50万円が返却されない場合には、Bさんは預かっていた高級腕時計を売却して、その代金によって貸出を回収することになります。

②質権の特徴

　質権の特徴は、債権者（貸し手）への担保の引渡しが必要な点です。債権者は、担保を手元に置いて、それを占有したうえで、貸金が返ってこない場合には処分します。「占有」とは、「事実上、そのモノを支配している状態のこと」であり、「所有」とは異なります。担保に対する所有権は、あくまでも債務者にあります（上記の例でいえば、高級腕時計は借入期間中、Bさんが占有していますが、所有権はAさんにあります）。

　このようにモノに質権を設定することは、庶民金融の「質屋」で広く行われていますが、銀行においても、預金担保や有価証券担保を取得する際に利用さ

図表7-2　質権の仕組み

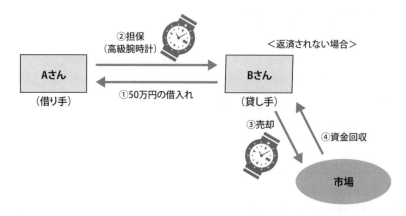

れます。このとき、銀行は、債務者から預金通帳や証書などを預かり、融資が返済されるまでの間、それらを保管（占有）します。

　また、銀行が不動産所有者に融資を行う場合に、その建物に対する火災保険金の請求権に対して、質権を設定することがあります。こうした権利に対する質権を「権利質（けんりじち）」といいます。万が一、不動産が火災になった場合、銀行は、この質権を行使して火災保険金を受取り、貸出の回収にあてることができます。

　なお、不動産（土地や建物）については、引渡しや占有に適さないことから、質権には不向きであり、後述の抵当権が利用されます。

（2）抵当権

①抵当権とは

　抵当権とは、債権を保全するために、債務者（または第三者）が担保として提供した担保の占有を債権者（銀行）に移さずに、それを利用させておき、もし返済が行われない場合には、担保を処分し、その代金により優先的に返済を受ける権利のことです。土地・建物などの不動産を担保に融資を受ける場合に利用されるケースが多く、「A社がB行から1000万円を借りることにし、A社の保有する土地を担保として差し出し、抵当権を設定した」といったかたちで用いられます。

　抵当権による担保を処分する場合には、**競売（けいばい）**という方法がとられます。これ

は、不動産を担保にした借入金が返済できなくなった場合に、債権者（銀行）が裁判所を通して不動産を差し押さえ、これをすみやかに売却し、借入金の返済にあてるための制度です。抵当権を有している銀行が、裁判所に申し立てを行って実施します。

②抵当権の特徴

抵当権の特徴の第1は、土地・建物など、質権における引渡しや占有に適していないものに対して利用されることです。第2に、抵当権を他の債権者（銀行など）に主張するためには**登記**が必要となることです。これは、抵当権では、質権とは異なり、当事者以外の人には担保となっているかどうかが確認できないためです。抵当権を設定するための登記には、日付、原因、債権額（借入額）、利息、債務者（借り手）、債権者（銀行）などが記載されます。第3に、担保となった土地・建物は、債務者（借り手）が引き続き、利用することができる点です。工場や経営者の自宅に抵当権を設定したとしても、借入金が焦げつかないかぎりは、自社の工場、自分の家として利用し続けることができます。

以上のように、引き渡せるもの（動産）については質権が用いられ、土地や建物（不動産）については抵当権が利用されます。

3 担保評価と掛け目

（1）時価評価額と担保価格の違い

現在の評価額が1億円の土地があったものとします。これは、1億円分の担保として認められるでしょうか。答えはノーです。その理由としては、以下の2つがあります。

①不動産価格の下落可能性

まず不動産は、将来、価格が下落する可能性があることです。時価評価額1

億円の土地を担保に1億円を融資したとします。しかし、数年後にこの融資が返済できなくなったので、担保の土地を処分しようとしたら、その時には土地の価格が8000万円に値下がりしていたといったことがありえます。このため、銀行としては、値下がりに備えた一定の余裕をみておく必要があります。

わが国の地価は、戦後50年の間、ずっと上がり続けました。このため人々（銀行も含めて）は、いつの間にか土地の価格は下がることはないものと思い込んでしまいました（これを「土地神話」といいます）。そして、銀行では、この上昇トレンドに基づいて甘めの基準で融資を行ってしまいました。しかし、バブルの崩壊後、地価は一転して下落に転じ、15年にもわたって下がり続けました。貸し手（銀行）では、こうした地価下落の可能性も考慮して、担保の価格を評価することが必要となっているのです。

②評価額と処分価格の違い

時価評価額というのは、じっくりと買い手を探したときの価格です。一方、借り手が借入金を返済できないときの担保処分は、いわば「叩き売り」の状態となります。前述のように、不動産の担保処分の際には、「競売」という方法がとられ、債権者（銀行）が裁判所に申し立てて、物件を売却してもらうことになります。このため、競売による処分価格（＝担保による回収額）は、時価評価額よりかなり低くなる可能性があります。このため、担保価格は、時価評価額より低めに見積もっておく必要があるのです。

（2）担保価格の決め方

このように、不動産価格の値下がりや処分時のディスカウントの可能性を見込んで、貸し手（銀行）では、担保価格を求める際に、一定の割引比率である**掛け目**（「担保掛目」ともいいます）をかけて、時価評価額より低めに見積もっておきます。

つまり、

$$担保価格 ＝ 時価評価額 × 掛け目$$

となります。

掛け目は、不動産で70〜80％、上場企業の株式で50〜80％など、価格変動のリスクを織り込んで設定されます。

たとえば、時価評価額1億円の土地で、掛け目が80％の時には、

担保価格 ＝ 1億円 × 80％ ＝ 8000万円

となります。

バブル期には、この掛け目が甘かったことが指摘されています。値下がりのリスクをまったく考えずに掛け目を100％とする例や、なかには将来の値上がり分まで織り込んで120％の掛け目にするといった例がみられました。このため、いったん不良債権が発生すると、担保で回収できない額が増えて、銀行の損失が拡大してしまいました。こうした反省から、近年、銀行では担保価格を厳正に設定するようになっています。

4 担保の種類

担保になる物件としては、不動産、有価証券、預金、動産、売掛金、知的財産権など、いくつかの種類があります。以下では、これらについてみます。

(1) 不動産担保

担保に求められる性質としては、①担保の価値を客観的に評価できること（担保評価の客観性）、②担保の価格が急に変動したりせずに安定していること（担保価値の安定性）、③担保を管理するのにあまり手間がかからないこと（担保管理の簡便性）、④処分が必要となった場合に確実に早く処分できること（担保処分の容易性）、などがあります。

こうした性質を最もよく兼ね備えているのが不動産であり、このため、担保として最も一般的に利用されています。

①不動産とは

不動産とは、民法上は「土地およびその定着物」とされています（それ以外は、「動産」とされます）。具体的には、土地と建物のことです（このほかに、その

土地に生えている樹木も含みますが、通常、担保としての価値はあまりありません）。不動産は、企業が銀行から借入れを行う際に、最もよく使われる担保です。

②**物件の審査**

銀行では、不動産を担保にとる場合には、以下のような審査を行います。

（a）登記簿のチェック

不動産は、見ただけでは、誰が持ち主になっているのか、あるいは、誰が担保にとっているのか等がわからないため、「不動産登記」という制度があり、登記所に備えた「登記簿」に所有権や抵当権などの権利関係を記録することになっています。

抵当権は、1つの不動産にいくつも設定することができますが、先に設定した方に優先権があります。優先度の高い順に、一番抵当権、二番抵当権、三番抵当権などと呼ばれます（BOX 7-2）。

BOX 7-2 抵当権の優先順位

企業X社が、A行から1500万円を借りて、所有する不動産に抵当権の登記を行ったものとします。このあと、次にB行から1000万円、さらにC行から500万円を借りて、それぞれ抵当権の登記を行ったものとします（図表7-3）。このとき、A行が一番抵当権者、B行が二番抵当権者、C行が三番抵当権者となります。

この状態でX社が借入金の返済ができなくなり、担保物件であった不動産が競売にかけられ、2000万円で売却されたとします。このとき、一番抵当権者であるA行では、最優先で弁済を受け、貸出額の全額にあたる1500万円を回収します。次に、二番抵当権者であるB行では、残りの500万円を受け取ります。三番抵当権者であるC行では、残余額がないため、1円も受け取ることができません。

このように、下位の抵当権では、あまり担保としての価値がない場合も少

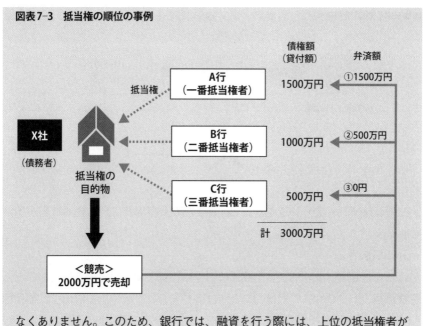

図表7-3 抵当権の順位の事例

なくありません。このため、銀行では、融資を行う際には、上位の抵当権者がいないかどうかについて登記簿をみてチェックすることになります。

(b) 現地の確認

不動産を担保にとる場合には、銀行では、登記簿をみるだけではなく、実際に現地に行って確認を行います。これを「担保実査」といいます。これは、登記上は更地になっているはずなのに、実際には未登記で建物が建っているなど、登記と現状が異なるケースがあるためです。

③普通抵当と根抵当

抵当権を設定する方法としては、普通抵当と根抵当の2種類があります。

(a) 普通抵当

普通抵当は、「特定の貸出」（たとえば、この1000万円の貸出）に対して、抵当権を設定するものです。この場合、対象となる貸出が返済されれば、抵当権も消滅することになります（図表7-4）。これに伴って、抵当権抹消の手続き

図表7-4　普通抵当の例

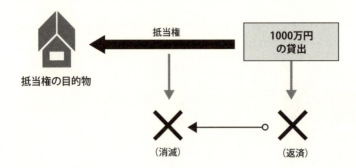

がとられます。住宅ローンなど、1回限りの取引の場合には、普通抵当が用いられます。

　(b) 根抵当

　これに対して、継続的な貸出関係に対する担保として設定する抵当権のことを**根抵当**といいます。これは、たとえばA行とB社との取引について、**極度額（上限）**を設定したうえで、抵当権を設定するもので、極度額の範囲内で、A行とB社との取引におけるすべての貸出が根抵当権によって担保されることになります（図表7-5）。

　企業と銀行との取引では、取引が反復・継続するため、多くの場合、根抵当が利用されます。根抵当では、借入れや返済を行うたびに、抵当権を設定したり、抹消したりするという手間がかからず、双方にとって利便性が高いためです。

④不動産担保の評価方法

　不動産を担保とする場合には、その評価額をどのように算定するのかが問題となります。不動産担保の評価方法には、大きく分けて、①地価統計を基準とする方法、②原価法、③取引事例比較法、④収益還元法、の4つがあります。

　(a) 地価統計を基準とする方法

　国や自治体が公表する公的な地価統計をもとに土地の価格を評価する方法です。地価統計には、①公示地価、②基準地価、③路線価、④固定資産税評価額の4つがあります（図表7-6）。

図表7-5　根抵当の概念

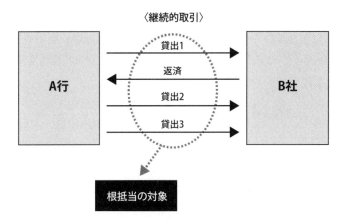

　「公示地価」は、国土交通省が、毎年1回、その年の1月1日時点における地価を公表するもので、土地取引価格の指標となっています。「基準地価」は、公示地価とほぼ同様なもので、基準日は毎年7月1日です。「路線価」は、相続税を計算するためのもので、国税庁が公表しており、公示地価の8割程度とされています。「固定資産税評価額」は、固定資産税を計算するためのもので、市町村が公表しており、公示地価の7割程度とされています。

　これらの地価統計を基準として不動産の担保価格を評価する場合には、基準日やそれぞれの地価統計の特徴を考慮に入れて利用します。

図表7-6　主な地価統計

地価統計名	主な特徴
公示地価	毎年1回、国土交通省が公表。1月1日が基準日。土地取引価格の指標とすることを目標としている。
基準地価	毎年1回、国土交通省が公表。7月1日が基準日。
路線価	相続税を計算するためのもの。国税庁が公表。公示地価の8割程度。
固定資産税評価額	固定資産税を計算するためのもの。市町村が公表。公示地価の7割程度。

（b）原価法

原価法は、主に建物の評価に使う方法であり、まず、対象となる建物をもう一度建設した場合にいくらかかるのかという「再調達原価」を求めます。次に、建築後の経過年数による価値の低下分を割り引いて、残りの価値を推計します。

計算式としては、

$$評価額（原価法）＝再調達原価 \times \frac{残存耐用年数}{耐用年数}$$

となります。

たとえば、もう一度建てると10億円を要するビルがあり、耐用年数50年のうち20年を経過しており、残りの耐用年数が30年とすると、

$$評価額 = 10億円 \times \frac{30年}{50年} = 6億円$$

となります。

（c）取引事例比較法

取引事例比較法は、実際に行われた不動産取引のうち、対象となる不動産と条件が近い物件の取引事例をもとに、対象物件の価格を推計する方法です。取引事例の比較にあたっては、近隣地域など類似の地域において、対象不動産と似た不動産の取引事例を選択したうえで、必要に応じて、事情補正（特殊事情を補正する）や時点修正（取引時点との時間差を補正する）を行って価格を評価します。この方法は、近隣地域や特性が似た地域において、対象不動産と比較できるような不動産の取引サンプルが多数ある場合に有効とされています。

（d）収益還元法

アパートや賃貸マンションなどのいわゆる収益物件（一定の賃貸収入のある不動産）の評価額を出すためには、**収益還元法**が用いられます。対象とする不動産が将来生み出すと期待される収益の「割引現在価値」を求め、これを合計することによって、対象不動産の評価額を推計する方法です。将来のキャッシュフローを現在価値に割り引く方法をとるため、「DCF法」（Discounted Cash Flow法）とも呼ばれます。やや複雑な計算が必要となりますが、その分、比較的厳密な評価額を算出する方法として利用が広まってきています。

たとえば、家賃10万円の部屋が10部屋あるアパートの評価額をDCF法で計

図表7-7　DCF法のイメージ

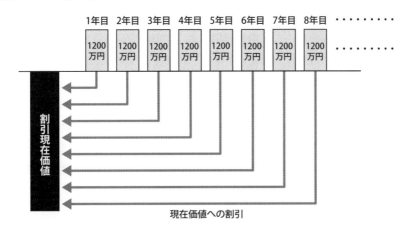

算するとします。このアパートが年間を通して満室であれば、年間1200万円（10万円×10部屋×12カ月）のキャッシュフローを生み出します。毎年のキャッシュフローをそれぞれ、現在価値に直したうえで合計したものが、このアパートの評価額です（厳密には、このほかに、経費、空室率、経年による賃料の低下などを計算に入れる必要があります）。この計算のイメージを示したものが、図表7-7です。

（2）有価証券担保

上述のような不動産担保に次いでよく使われるのが有価証券担保です。**有価証券担保**とは、株式や債券（国債、社債など）を担保とすることです。株式や債券は、日々、市場価格が変動するため、**掛け目**によって、担保価格を市場価格より低めにみておくのが一般的です。

株式の場合には、1部上場銘柄（60〜80％など）のほうが、2部上場銘柄（50〜60％など）より掛け目が高くなります。未上場株式については、価格が不透明で、売却が難しいことから、担保にはなりにくいのが実情です。

債券についても、国債（80〜90％など）のほうが、社債（60〜70％など）より掛け目が高くなります。なお、掛け目は、銀行によっても異なります。

(3) 預金担保

銀行預金を担保とするのが**預金担保**です。対象となる預金は、一般に「定期預金」であり、銀行では、質権を設定し、預金証書（通帳）を預かったうえで、融資を行います。融資を行う銀行に預け入れている預金の場合（「自行預金担保」）とそれ以外の銀行の預金の場合（「他行預金担保」）があります。また、借入れを受ける本人が預けている「本人預金」のケースと「第三者預金」のケースがありますが、第三者預金の場合には、預金者の意思を確認することが必要となります（預金者の了承を得ていない場合があるため）。第三者預金の例としては、経営者の個人名義の預金を担保にして、中小企業が借入れを行うといったケースがあります。

預金があるのにどうしてそれを解約せず、借入れを行うのか不思議に思うかもしれませんが、たとえば、3年定期で高い金利がついていて、資金繰り上、3カ月だけ資金が必要といったケースを考えればよいでしょう。こうした場合には、その定期を担保に借入れを行えば、借り手は高金利の定期預金を解約せずに済み、また必要な期間だけ資金を利用することができます。預金担保については、値下がりの可能性がないため、額面金額の100％が担保価値となります。

(4) 動産・売掛金担保

①動産・売掛金担保とは

動産・売掛金担保とは、企業が保有する在庫や売掛金などを担保とする融資手法であり、一般には**ABL**（Asset Based Lending）と呼ばれます。

ABLにおける担保としては、①商品担保（販売用の商品を担保とするもの：牛、豚、リンゴ、ワインなど）、②生産財担保（工場内の機械設備、特殊車両など）、③売掛債権担保（売掛金、工事の請負代金など）などがあります。これまで主流となっていた不動産担保が企業の「固定資産」に注目していたのに対し、ABLでは、企業が保有する売掛金や在庫といった「流動資産」を担保として活用しようとするものです。

ABLの利用にあたっては、企業は、まず融資申込みを行い、それに対して銀行は、売掛金や在庫の担保評価を行って、その評価額をもとに融資枠を決定

図表7-8　ABLの仕組み

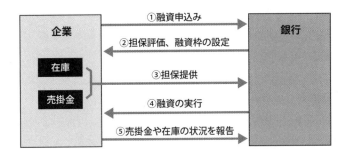

図表7-9　売掛金担保の仕組み

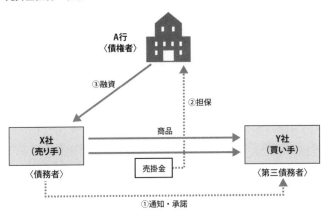

します。企業では、銀行に対して売掛金や在庫を担保として提供し、銀行では融資を実行します。こうしたかたちで、企業は、在庫や売掛金を担保とした融資枠の範囲内で運転資金の融資を受けることができます（図表7-8）。

　ABLでは、担保となっている在庫の量や売掛金の金額が日々変化するのが特徴であり、融資が始まると、企業では、定期的に（日次や週次で）売掛金や在庫の残高などを銀行に報告します。その報告をもとに、銀行では定期的に担保の評価替えを行い、評価替えによって担保金額が減少する場合には、融資枠の調整が行われることもあります。なお、売掛金を担保とする場合には、原則として、売掛金の支払義務を負う「第三債務者」への通知または承諾が必要となります（図表7-9）。

ABLにおける担保の差入れについては、「動産譲渡登記」や「債権譲渡登記」を行います。いずれも、動産や債権の譲渡を登記所に登記することにより、「第三者対抗要件」（譲渡の効果を第三者に主張できること）を備え、動産等の担保化を可能とする制度です。

②ABLの特徴

企業側からみたABLのメリットとしては、①従来は担保になりにくかったものを担保として運転資金の調達ができること、②モニタリング（売掛金や在庫の報告）のプロセスを通じて、銀行との関係強化を図ることができること、などがあります。一方、デメリットとしては、取引先などから資金繰りの苦しさを疑われる可能性が指摘されています。これは、不動産担保が主流となっている中で、動産や売掛金を担保として提供することにより、そこまでやらないと資金が調達できないのかとみられる可能性があるためです。しかし、今後、ABLが普及して、一般的な融資手法になれば、こうした誤解は解消されていくものとみられます。

ABLについては、これまでのところ普及は限定的であり、また主担保である不動産担保を補完するための「添え担保」としての扱いも多いようです。ただし、動産譲渡登記の制度が整備されたことや、金融庁がABLの積極的な活用を推進していることもあって注目度が高まっており、今後の利用拡大に向けて期待が高まっています。

BOX 7-3　動産担保融資の困難性

動産担保については、これまでに、食品、牛・豚、日本酒、ワイン、工作機械、中古車、トラック、衣料品、宝飾品、楽器、仏壇などさまざまなものが担保とされた実績があります。ただし、動産担保融資については、次のような難しさがあります。

第1に、担保の価値評価の困難性です。動産には、さまざまな種類・性質の動産があり、また同じ商品でも、売れ筋であるときと流行遅れとなってし

まったときでは、その価値が大きく変わります。第2に、担保管理の困難性です。在庫の量は、日々変動していくため、これを効率的に管理していくことが必要となります。第3に、転売先確保の困難性です。借入れが返済できなくなった場合には、銀行では、動産を売却して資金の回収を図ることになりますが、中古市場が存在しない商品もあり、担保物件の処分ルートをどう見つけるのかが課題となります。

　こうした動産担保の評価・管理・回収には専門的なノウハウが必要であり、これらをすべて銀行が担っていくことは難しいものとみられます。このため今後は、在庫評価、在庫の実地調査、担保処分などを担当する外部専門機関を育成し、活用していくことが必要です。ちなみに、ABLが発達している米国では、こうした外部専門機関が発達しており、ABLのサポートに大きな役割を果たしています。

(5) 知的財産権担保

①知的財産権担保とは

　知的財産権担保は、特許権、著作権、商標権、意匠権などの「知的財産権」を融資の担保として資金調達を行う仕組みです。知的財産権担保融資は、不動産などの物的資産を持たない中小企業やベンチャー企業が資金を調達する際の融資手法として注目されています。技術系の中小企業やベンチャー企業にとっては、実質的に価値のある財産といえるものは知的財産権しかないということも多く、こうした企業に資金調達の途を開く融資の手法です。

　銀行では、担保となる知的財産権が、将来にわたってどれだけの収入・収益を生み出すかを見積もる「インカム法」や、類似の知的財産権が取引された事例を参考にした「マーケット法」などの手法によって権利の価値を評価し、融資の限度額を決定します。

　知的財産権に対する担保の設定は、質権または譲渡担保によって行います。「質権」の場合、知的財産権の所有権は債務者（企業）が保持し、権利の利用を続けることになります。この場合、知的財産権のうえに成立するのは、「権利質」となります。一方、**譲渡担保**は、担保に対する所有権を担保権者（銀行）

に移転したうえで、債務者（企業）に担保物の利用を認める形態の担保です。企業が借金を返済すれば、担保に対する所有権は、再び債務者に戻ってきます。

②知的財産権担保の特徴

　知的財産権担保は、物的担保が乏しいベンチャー企業などに資金調達の途を開くものであり、今後、さらに普及していくことが望ましいものとされています。ただし、知的財産権としての特性から、担保とするうえでの難しさがあります。

　第1に、知的財産権の価値評価が困難であることです。これは、①技術特性が1件ごとに異なるため、画一的な方法による評価ができないこと、②他社の動向や環境変化によって経済的価値が大きく変化すること（新しい技術が開発されれば、古い技術に関する特許の価値は大幅に低下する）、③知的財産権の取引事例が少ないこと（取引されても価格が公表されないことが多い）、などによるものです。

　第2に、知的財産権の処分の困難性です。これは、①知的財産権の価値は、それを使った事業が成立していることが前提となっており、特定企業への依存度が高いこと、②知的財産権の流通市場が存在していないこと、などによるものです。

　わが国の知的財産権担保融資においては、これまで日本政策投資銀行が中心的な役割を果たしてきましたが、地方銀行などにも融資の実績が広がってきています。

本章のまとめ

- 担保には、モノの価値によって債権を保全する（　①　）とヒトの信用によって貸出の回収ができるようにする（　②　）とがあり、後者は一般には（　③　）といわれます。
- 民法に定められている担保物権のうち、担保の引渡しが必要な場合には（　④　）が、引渡しに適さない不動産の場合には（　⑤　）が用いられます。
- 抵当権を第三者に主張するためには（　⑥　）を行っておくことが必要であり、抵当権による担保を処分する場合には（　⑦　）という方法がとられます。
- 不動産の担保価格を決める際には、時価評価額に（　⑧　）をかけて低めに見積もるのが一般的です。
- 特定の貸出に対する抵当権の設定は（　⑨　）といわれるのに対して、極度額の範囲内で不特定の債権に対して設定する抵当権のことを（　⑩　）といいます。
- 企業が保有する在庫や売掛金を担保とする融資手法を、英語の略語で（　⑪　）といいます。
- 特許権、著作権などを融資の担保とすることを（　⑫　）と呼びます。

本章のキーワード

担保、物的担保、人的担保、保証、担保至上主義、担保物権、質権、抵当権、競売、登記、掛け目、不動産、不動産担保、普通抵当、根抵当、極度額、原価法、取引事例比較法、収益還元法、有価証券担保、預金担保、動産・売掛金担保、ABL、知的財産権担保、譲渡担保

第8章

借入金(4)
―――保証

　前章では、企業が銀行から融資を受ける際の担保についてみました。借入金が返済されない場合に備える仕組みとしては、物的担保のほかに、人的担保である「保証」があります。保証は、借入れを行った債務者が借入れを返済できなくなった場合に、保証人が債務者に代わって返済を行う仕組みです。
　本章では、前半で保証の仕組みや性質、種類などについてみたうえで、後半では、公的な保証の仕組みである「信用保証制度」についてみていきます。

1 保証の概要

(1) 保証とは

銀行が、不動産や有価証券などの財産的価値(モノの価値)によって、融資を保全する(返済されない場合にも資金を回収できるようにする)ことを「物的担保」(または担保)というのに対して、ヒトの信用によって貸出債権を保全するのが**保証**です。「人的担保」または「債務保証」とも呼ばれます。

すなわち、保証では、借入れを行った**主たる債務者**が債務を履行しない(借入金を返済しない)場合には、第三者である**保証人**が、その債務を履行することを、貸出を行う**債権者**(銀行)に約束します。このとき、借入人が銀行に対して負っている借入債務(借入金を返済する義務)のことを**主たる債務**といい、保証人の負う債務(主たる債務者が返済しない場合には、代わりに返済する義務)のことを**保証債務**と呼びます(図表8-1)。そして、保証人が主たる債務者に代わって返済することを**代位弁済**といいます。

図表8-1 保証の仕組み

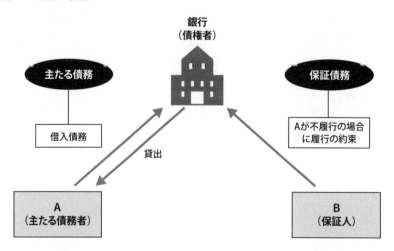

(2) 保証債務の性質

保証人が負う保証債務は、主たる債務との関係性において、以下の3つの性質を持っています。

①保証の付従性

保証においては、主たる債務の内容が変わると、それにつれて保証債務の内容も変更されます。これを**保証の付従性**といいます。たとえば、当初1000万円であった主たる債務が返済によって500万円に減った場合には、保証債務も500万円に減額されます。また、主たる債務がすべて返済されると、保証債務は消滅します。このため、保証債務は、主たる債務より重くなることは決してありません。たとえば、主たる債務が5000万円で、保証債務が1億円といったことはありません。

②保証の随伴性

保証債務は、主たる債務が移転した場合には、これとともに移転します。このことを**保証の随伴性**といいます。たとえば、A行がX社への貸出（保証付き）を行ったあとで、この貸出債権をB行に譲渡したものとします。この場合、X社への貸出に対する保証債務も、これに伴って移転して、B行向けのものとなります（図表8-2参照）。保証債務は、主たる債務と運命を共にするのです。

③保証の補充性

保証人は、主たる債務者が履行しない場合には、その補充として履行すべき責任を負います。このように、保証債務が二次的な債務であることを指して、**保証の補充性**といいます。第一義的に返済の義務を負うのは、あくまでも主たる債務者であり、保証は、信用を補完する手段なのです。

図表8-2 保証の随伴性

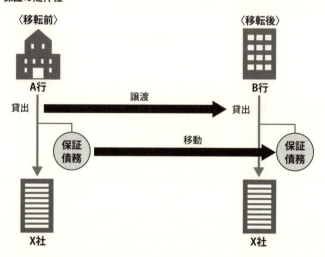

2 保証の類型

(1) 保証の種類

　保証は、大きく、①特定債務保証と②根保証とに分けることができます。また根保証は、保証の範囲によって、(a) 限定根保証と (b) 包括根保証に分かれます（図表8-3）。以下では、それぞれの保証の特徴について説明します。

①特定債務保証

　特定の債務（貸出）を保証するものを**特定債務保証**といいます。たとえば、A社がB行から借りる1000万円の借入れについて保証するといった場合が、このケースにあたります。

②根保証

　一方、継続的な取引から生ずる債務全般を保証の対象とするものを**根保証**と呼びます。担保のところで説明した「根担保」と同様な概念になります。A社

図表8-3　保証の種類

がB行との間で行う取引を一括して保証するといったケースが、根保証にあたります。根保証では、融資を行うたびに、保証の手続きをしなくてもよいという利便性があります。

(a) **限定根保証**

　根保証のうち、対象となる債務の範囲について、金額の限度（1億円までなど）、保証期間（3年以内など）、取引の種類（手形割引など）等について、保証債務の範囲を限定した根保証のことを**限定根保証**といいます。

(b) **包括根保証**

　一方、対象債務の保証金額、保証期間、取引の種類などを定めていない根保証のことを**包括根保証**といいます。この場合、保証人は、融資を受ける企業の将来にわたる「一切の債務」を保証することになります。

③3つの保証の比較

　特定債務保証であれば、A社がB行から借りる500万円について、保証人であるCが保証するというかたちになります。一方、根保証の場合には、この500万円だけではなく、A社が追加でB行から400万円を借り、さらに600万円を借りたという場合には、保証人Cは合計1500万円について保証を行うことになります。

　限定根保証の場合には、上限2000万円、3年以内などの限定がついていますが、包括根保証の場合には、こうした制限がありません。このため、主たる債務者の経営が悪化して借入金が膨れ上がると、保証人は、突如として、予想もしていなかったような金額（1億円など）の代位弁済を求められることがありえます。さらに、包括根保証では、保証期間も決められていないため、すっかり忘れていた何年も前の保証について、ある日突然、代位弁済を求められると

いったことがありえます。

このように、包括根保証は、あまりに強力すぎて問題があるため、現在では禁止されています。つまり、極度額を決めていない保証は無効とされており、保証期間についても5年以内で決めることが求められています。したがって、銀行と企業の取引においては、一般的には、限定根保証が利用されています。

(2) 単純保証と連帯保証

ここまで述べてきたように、主たる債務者が借入金の返済ができなくなった場合に、保証人が代わって弁済を行うというかたちの保証を**単純保証**といいます。これが保証の通常の形態ですが、これ以外に、やや特殊な形態の保証として**連帯保証**があります。連帯保証は、その名のとおり、保証人が主たる債務者と「連帯して債務を負う」ものであり、前述した「保証の補充性」がないのが特徴です。すなわち、保証人は主たる債務者と同じ返済義務を負い、いわば「自分が借金をしたのと同じ責任」を負うことになります。このため、連帯保証は、単純保証よりもかなり強い効力を持つ保証となります。

企業が銀行から融資を受ける場合には、銀行にとっては、連帯保証のほうが貸出債権を回収するうえで有利なため、連帯保証が原則となっています。

連帯保証には、単純保証と比べて、以下のような3つの特徴があります。

①催告の抗弁権

債権者（銀行）が保証人に対して、「貸した金を返してほしい」と、保証債務の履行を請求してきた場合に、まず主たる債務者に先に弁済の請求をするように反論する権利のことを**催告の抗弁権**といいます。つまり、「先に、借り主に請求しろ」と主張する権利のことです。連帯保証には、この催告の抗弁権が認められません。したがって連帯保証人は、いきなり銀行から返済の請求を受けても、文句はいえないのです（図表8-4）。

②検索の抗弁権

債権者（銀行）が保証人に対して、保証債務の履行を請求してきた場合に、保証人が、主たる債務者に一定の財産や返済能力があることを証明して、まず、

図表8-4 連帯保証と2つの抗弁権

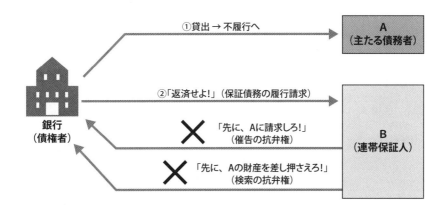

主たる債務者の財産に対して執行するように反論する権利のことを**検索の抗弁権**といいます。つまり、「先に、借り主の財産を差し押さえろ」と主張する権利のことです。連帯保証には、この検索の抗弁権がありません。したがって、主たる債務者の不履行が発生した場合に、先に連帯保証人の財産に差押えが来ても、文句はいえません（図表8-4）。

③分別の利益

主たる債務者Aが1500万円の債務を負っており、B、C、Dの3人が保証人になっているとします（図表8-5参照）。これがいずれも単純保証であれば、Aが債務不履行に陥った場合には、B、C、Dは、保証人の人数で平等に割った額（各500万円ずつ）を保証すればよいことになります。これを**分別の利益**といいます。しかし、連帯保証には、分別の利益が認められていません。このため、債務不履行が発生した場合に、連帯保証人であるB、C、Dのいずれかに1500万円全額の請求が行ったとしても、「自分の分担額以外を他の連帯保証人に請求せよ」と主張することはできません。

①〜③でわかったように、連帯保証人は、主たる債務者と同じ返済義務を負うことになります。つまり、自分が借金をしたのと同じ責任を負うことになるのです。したがって、連帯保証人を引き受ける場合にはそれなりの覚悟が必要

図表8-5 連帯保証と分別の利益

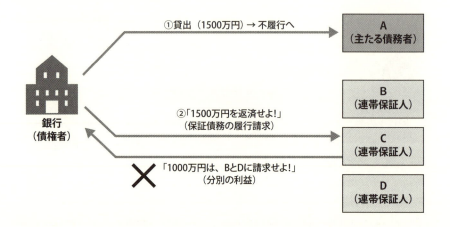

であり、一般には、安易に引き受けないほうがよいものとされています。

BOX 8-1 連帯保証による悲劇

「保証人」と「連帯保証人」は、よく似た言葉ですが、責任の度合いは大きく異なります。本文で述べたように、連帯保証人は、自分が借金をしたのと同じ責任を負うことになります。経営者が自分の会社の借入金に個人保証を行うといった「経営者保証」の場合にはやむをえない面もありますが、経営に直接の関係がない第三者（兄弟・親戚、友人など）の場合には、連帯保証人になることを頼まれた場合でも、勇気をもって断ることが望ましいでしょう。

「迷惑は掛けないから名前を貸して」などと頼まれて、断りきれずに連帯保証人になったばかりに、突然、払えないような多額の支払いを求められて、途方に暮れるといったケースは昔から少なくありません。連帯保証人になったことにより、個人破産、自殺、離婚、一家離散など、さまざまな悲劇がたくさん生じていることも事実です。こうしたケースのなかには、連帯保証人の責任についてきちんと認識せずに、いわれるままに署名・捺印をしてしまった場合もあるようです。しかし、当然のことながら、知らなかったでは済まされませ

ん。自分が巨額の借金を背負うのと同じ行為であることを肝に銘じて、義理や人情に流されずに、くれぐれも慎重に対処しましょう。

　また、友人から連帯保証人になることを頼まれる場合もあるかもしれませんが、友人としては頼りになるいい人でも、事業はうまくいかないかもしれません。もし、友人が事業に失敗して、借金の肩代わりをさせられるようなことになると、「お金も友だちも同時になくす」ことになります。あえて断る勇気を持つことが必要かもしれません。

(3) 保証人の種類

　保証人になるのは、どういうケースがあるのでしょうか。以下では、いくつかの例をみてみることとします。

①経営者による連帯保証

　中小企業が借入れを行う場合には、代表権のある経営者が連帯保証を求められることが多くなっています。中小企業の場合、経営者の約8割が個人保証を提供しています（図表8-6）。また、経営者の連帯保証が必要とされる比率は、従業員規模が小さい企業ほど高く、従業員300人以上の企業では約4割、100人以上の企業では約7割であるのに対し、20人以下の企業では約9割となっています（図表8-7）。

　経営者が連帯保証を行うと、会社として借入金の返済ができない場合には、保証人である社長が、会社に代わって保証の履行（代位弁済）を行うことが必要となります。こういった経営者の個人保証は、融資慣行として広く行われており、その分、経営者は重い責任を負っているといえます。

　なお、こうした経営者の保証に依存した中小企業の資金調達には見直しの機運が出てきており、全国銀行協会などから「経営者保証に関するガイドライン」（2013年12月）が出されています。これにより、①会社と経営者との資産の明確な分離、②財務基盤の強化、③財務状況についての適切な情報開示、などが確保された場合には、極力、経営者の個人保証を求めないこととされています（ただし、これは、できるだけ「経営者の個人保証を求めない融資」を広げて

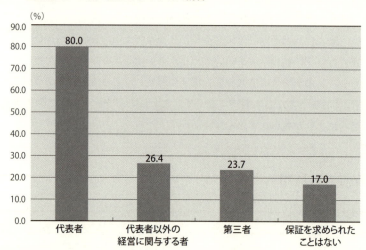

図表8-6 金融機関から個人保証を求められた割合

(出所)中小企業庁「借入に係る保証人等に関するアンケート」(2010年)。

いこうという努力目標であり、経営者による個人保証が全面的に禁止されているわけではありません)。

②企業による保証

「保証人」というと個人のように思われますが、企業が法人として、他社の債務を保証することもあります。親会社が、子会社の借入れに際して保証を行うといったケースが典型的な事例です。他社に保証を提供する場合には、自社の経営に影響を及ぼす可能性があるため、取締役会の承認が必要とされています。

③第三者による連帯保証

金融機関では、経営者以外の第三者に対して個人連帯保証を求める場合もあります。これは、経営者の個人保証では不十分な事態に備えるためです。しかし、連帯保証人になったばかりに、突然、巨額の支払いを求められて、個人破産、自殺、一家離散などが生じるなど、その弊害が指摘されてきました。

このため、金融庁では、2011年7月に、経営者以外の第三者による個人連帯

図表8-7　従業員規模別の保証提供割合

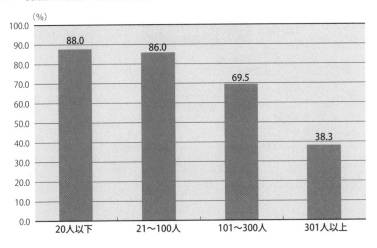

（出所）中小企業庁「企業金融環境実態調査」(2003年)。

保証は、原則求めないように要請する指針を出し、これに沿って金融機関を指導しています。これにより、金融庁の監督下にある金融機関では、経営者以外の第三者による連帯保証は少なくなってきています。ただし、中小零細企業向けの貸付を行っているノンバンク業者である「商工ローン」では、依然として、連帯保証人が必要とされることが多くなっています。

3 信用保証制度

（1）信用保証協会とは

信用保証制度とは、中小企業が金融機関から円滑に資金を借りられるようにするため、公的機関（公益法人）である**信用保証協会**が「保証」を行う仕組みであり、一般には、**マル保**と呼ばれます。中小企業は、担保が十分でないことが多く、また保証人を頼もうと思ってもなかなか引き受けてくれる人がいないため、金融機関からの借入れを行うことが困難なケースが少なくありません。

図表8-8 信用保証制度の手順

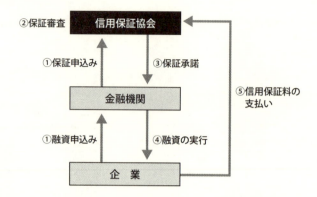

こうした場合に、公的機関が保証を提供することによって、信用を補完し、中小企業が金融機関から資金を借りやすくする仕組みです。

信用保証協会は、47都道府県と4市（横浜市、川崎市、名古屋市、岐阜市）にあり、全国に合わせて51の協会があります。

(2) 信用保証制度の手順

信用保証制度（マル保）を使った融資について、申し込みから融資の実行までの手順をみると、以下のとおりです（図表8-8）。

①保証申込み

まず中小企業が、取引金融機関に借入れの申込みを行います。この際に、金融機関が信用保証協会による保証が必要である（それ以外の担保や個人保証では不足）と判断すると、金融機関を通じて信用保証協会への保証申込みが行われます。運転資金と設備資金の両方が、保証の対象となります。

②保証審査

信用保証協会では、申込みを受けて、保証を提供するかどうかの審査を行います。この判断にあたっては、①経営意欲、②事業への取組み姿勢、③事業経歴、④資金の使途、⑤返済能力などが総合的に検討されます。ただし、中小企

業の支援のための制度という性格上、審査基準は、金融機関の審査基準よりは緩和されたものとなっています。

③保証承諾

保証をつけることになった場合には、融資を行う金融機関に対して、承諾を意味する「信用保証書」が送られます。

④融資の実行

信用保証協会による保証を受けて、金融機関では、融資を実行します。その後、企業では、返済条件に基づいて、金融機関への返済を進めていきます。

⑤信用保証料

借入れを行った企業では、保証を受けた対価として、信用保証協会に対して**信用保証料**を支払います。信用保証料は、財務内容等に応じて、原則として9段階の料率体系（年0.45～1.9％）となっています。たとえば、金融機関からの借入金利が2.0％で、信用保証料が0.8％とすると、企業の実質的な借入コストは、合わせて2.8％となります。

⑥連帯保証人

原則として、経営者本人のみが連帯保証人となります。経営者以外の第三者保証人は不要とされています。

(3) 融資実行後の仕組み

①代位弁済

万が一、企業が信用保証協会の保証が付いた借入れを返済できなくなった場合には、信用保証協会が借入企業に代わって、金融機関への返済を行います（図表8-9）。これを**代位弁済**といいます。信用保証協会の保証は、保険ではないため、返済を全面的に肩代わりしてくれるものではありません。この代位弁済は、あくまでも融資を行った金融機関に対する「一時的な立替払い」の性質を持つものです。

図表8-9　信用保証制度の仕組み（融資実行後）

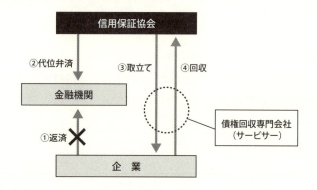

②取立て・回収

したがって、信用保証協会が代位弁済した分については、借入企業は、最終的には、信用保証協会に返済しなければなりません。信用保証協会では、回収業務を全国の信用保証協会が共同出資で設立した債権回収専門会社（サービサー）である「保証協会債権回収株式会社」に委託しており、同社が借入企業に対する取立てと回収の業務を行います（図表8-9）。

（4）信用保証制度を利用できる企業

信用保証協会の保証（マル保）を利用できる企業の条件は、以下のようになっています。

①企業規模

信用保証制度は、原則として中小企業を対象としており、業種ごとに定められている資本金または従業員数のいずれか一方が、図表8-10に該当している規模の企業であれば、利用することができます。

②対象外の業種

中小企業であっても、農林漁業、遊興娯楽業（パチンコ店など）、風俗業、金融業、学校法人、宗教法人、非営利団体（NPO法人を除く）、LLP（有限責任事業組合）などは、信用保証制度の対象外とされています。

図表8-10　信用保証制度の対象企業（企業規模）

(a) 原則

業種	資本金	従業員
製造業等	3億円以下	300人以下
卸売業	1億円以下	100人以下
小売業	5000万円以下	50人以下
サービス業	5000万円以下	100人以下
医療法人等	—	300人以下

(b) 特例業種

業種	資本金	従業員
ゴム製品製造業	3億円以下	900人以下
ソフトウェア業	3億円以下	300人以下
情報処理サービス業	3億円以下	300人以下
旅館業	5000万円以下	200人以下

③区域・業歴

　信用保証制度を利用するためには、原則として、各信用保証協会の管轄区域（都道府県や市）で事業を営んでいる必要があります。また、保証制度によっては、要件として一定以上の業歴（3年、5年など）が定められている場合があります。

(5) 信用保証制度の種類

　信用保証制度では、小規模企業サポート、経営安定サポート、創業サポートなど、多様な目的に合わせた保証制度があり、中小企業では、それぞれの資金ニーズに合った制度を利用することができます（図表8-11）。1つの企業に対する保証の限度額は、個別の保証制度の利用額の合計で2億8000万円となっています（ただし、無担保では8000万円まで、それ以上は担保が必要）。

　信用保証制度は、運転資金と設備資金の両方の借入れに利用することができますが、実際には、運転資金のための利用が9割以上を占めています。信用保証制度を利用して融資を行っている金融機関は、地方銀行、第二地方銀行、信

図表8-11　信用保証制度の種類（主なもの）

目　的	保証制度
資金繰りの円滑化	普通保証、小規模企業融資保証、小口資金融資保証、小口零細企業保証、借換保証
創業のため	創業関連保証
売掛金・担保の活用	流動資産担保融資保証（ABL保証）
経営の安定化	経営安定関連保証（セーフティネット保証） 経営力強化保証、事業再生保証
災害関連	災害関係保証、東日本大震災復旧緊急保証
社債の発行	特定社債保証

用金庫などが中心となっています。

（6）責任共有制度

　信用保証制度では、従来、信用保証協会が融資の全額（100％）に対して保証を行っていました。この仕組みでは、借入企業が返済できなくなった場合には、信用保証協会が融資額の全額を代位弁済してくれるため、金融機関にはまったくリスクがない融資の方法となっていました。このため、金融機関では、自らのリスクでは貸せない経営基盤の脆弱な企業を対象に、信用保証協会の保証を付けて積極的な貸出を進めました。その結果、信用保証協会の代位弁済が増えて、事業が赤字になるという傾向がみられました。

　こうした事態を改善するため、2007年から信用保証協会と金融機関が責任の共有を図る**責任共有制度**が導入されています。これは、信用保証協会の保証を融資額の80％にとどめ、代位弁済が発生した場合には、20％を金融機関の負担とする制度です（図表8-12）。金融機関にも一定の負担が発生するため、信用保証制度の安易な利用に歯止めがかけられるようになりました。なお、一部の保証制度（災害関係保証など）は、責任共有制度の対象外となっています。

（7）信用保証制度のメリット

　信用保証協会の保証を受けることによるメリットとしては、以下のようなものがあります。

図表8-12　責任共有制度

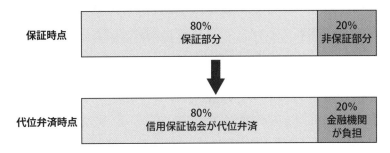

①融資の容易化

公的機関の保証がつくことにより、金融機関からの融資が受けやすくなります。これが、信用保証制度の最大のメリットといえるでしょう。

②長期融資の可能性

保証の期間は、最も一般的な普通保証の場合で10年です。また、長期経営資金保証（最長20年）など、さらに長期の制度も設けられています。こうした保証を用いることにより、安定した長期資金を調達することが可能となります。

③融資枠の拡大

金融機関の**プロパー融資**（信用保証協会の保証がつかない貸出）と**マル保融資**（信用保証協会の保証つきの貸出）の両方を使うことにより、借入枠の拡大が図れる可能性があります。

(8) 信用保証制度の利用動向

信用保証制度には、こうしたさまざまなメリットがあることから、幅広い中小企業が信用保証協会の保証を利用しています。最近では、全国の中小企業386万社のうち、約4割にあたる146万社がこの制度を利用しています（2013年3月末）。

本章のまとめ

- 保証とは、借入れを行った（ ① ）が借入金を返済しない場合に、第三者である保証人が債務を履行することを貸し手に約束することです。このとき、銀行からの借入債務のことを（ ② ）といい、保証人の負う債務のことを（ ③ ）と呼びます。
- 保証債務は、主たる債務の関係において、（ ④ ）（ ⑤ ）（ ⑥ ）という3つの性質を持っています。
- 保証のうち、特定の借入れを保証するものを（ ⑦ ）といい、継続的な取引から生ずる債務全般を保証するものを（ ⑧ ）といいます。後者は、対象とする債務の金額や期間を限定する（ ⑨ ）と特に限定をつけない（ ⑩ ）に分けられます。
- 保証のうち、保証人が主たる債務者と同様の返済義務を負うものを（ ⑪ ）といい、自分が借金をしたのと同じことになります。この保証については、保証人には（ ⑫ ）（ ⑬ ）（ ⑭ ）という3つの権利がありません。
- 信用保証制度とは、公的機関である（ ⑮ ）が保証を行う仕組みであり、一般に（ ⑯ ）と略称されます。

本章のキーワード

保証、主たる債務者、保証人、債権者、主たる債務、保証債務、代位弁済、保証の付従性、保証の随伴性、保証の補充性、特定債務保証、根保証、限定根保証、包括根保証、単純保証、連帯保証、催告の抗弁権、検索の抗弁権、分別の利益、信用保証制度、信用保証協会、マル保、信用保証料、責任共有制度、プロパー融資、マル保融資

第9章

社債（1）
——社債の種類

　本章では、社債についてみていきます。社債は、大企業や中堅企業が主として長期資金を調達する手段として利用されています。資本市場での調達が活発化するにつれて、社債の重要性は増大しています。

　社債には、普通社債のほか、コマーシャル・ペーパー、転換社債、ワラント債などの種類があります。また、通貨別にみても、円建て債、外貨建て債、二重通貨建て債などがあります。

　以下では、こうした社債の種類やそれぞれの特徴点についてみていくこととします。

1 社債の概要

(1) 社債とは

　社債とは、企業が資金調達のために発行する債券のことです。国が発行する債券が「国債」、地方公共団体の発行する債券が「地方債」、金融機関が発行する債券が「金融債」などと呼ばれるのに対して、会社（企業）が発行するものなので、社債と呼ばれます。「事業債」と呼ばれる場合もあります。社債は、主に返済期限が1年を超える長期資金を調達するために発行されます。

　社債は、資金の調達方法の分類でみると、投資家から直接、資金の調達を行う「直接金融」にあたり、また金利を支払う必要がある「デット・ファイナンス」（負債による調達）にあたります（図表2-6、43ページ）。

(2) 社債の特徴

　社債の特徴を銀行借入や株式による調達との比較でみると、以下のとおりです（図表9-1参照）。

　第1に、社債には、**償還期限**（3年、5年、10年など）が決まっており、期限になると、発行企業は元本を返済する必要があります。この点は、企業が継続する限り返済の必要がない株式との違いです。

　第2に、社債を保有しても、企業に対する「議決権」を持つことはできません。議決権を持てるのは株主のみであり、社債を保有する「社債権者」になっても、企業の経営には関与できません。

　第3に、社債の発行にあたっては、担保は必要がない場合が多く、これを「無担保社債」といいます。そもそも、一定以上の信用度がないと発行ができないため、担保は不要とされているのです。この点は、担保や保証を求められることが多い銀行借入との違いです。

　第4に、社債に対する利息の支払いについては、損金扱いとなることです。つまり、営業外費用においてコストに算入されます（第3章3節参照）。この点は、銀行借入の利子と同じです。

図表9-1　社債の特徴

	返済義務	議決権	担保の必要	利息の損金算入	その他
銀行借入	あり	なし	必要ある場合が多い	あり	分割返済が一般的
社債	あり	なし	必要ない場合が多い	あり	満期一括償還が多い
株式	なし	あり	必要なし	なし	自己資本の増強となる

　第5に、償還方法については、満期になった時点ですべての元本を一括して返済する**満期一括償還**が多いことです。この点は、「分割返済」が原則となっている銀行借入との違いになります。

2　社債の種類

　社債の種類は、大きく、①普通社債、②コマーシャル・ペーパー、③転換社債、④ワラント債などに分かれます（図表9-2）。

(1) 普通社債（SB）

　最も一般的な社債であり、単に「社債」という場合には、この**普通社債**を指します。一般には、企業が発行する固定金利の債券であり、発行時に約束した金利（**クーポン**といいます）が、償還までの期間、毎年支払われます。長期資金を調達するために発行され、償還期間は、3年、5年、10年などの長期になります。英語の名称（Straight Bond）の頭文字をとって、**SB**と略称されます。

　社債のクーポンは、企業の信用度によって異なり、信用度の高い（＝格付けの高い）企業ほど低い金利で社債を発行することができます（格付けについては第11章で後述します）。

　普通社債のキャッシュフローを、クーポン2％、元本100万円、3年ものの社債でみると、図表9-3のとおりです。発行企業は、発行時に100万円を調達した後、元本の2％にあたる2万円の金利を毎年支払います。そして、3年後の償還期限になると、元本100万円を投資家に返還します（満期一括償還）。

図表9-2　社債の種類

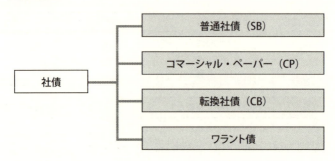

図表9-3　普通社債のキャッシュフロー

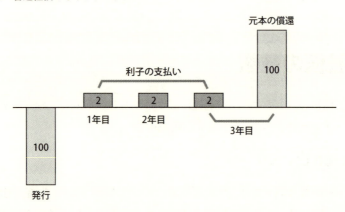

　企業にとっては、自らの信用力（格付け）が高いと、銀行からの融資よりも低金利で資金調達ができます。一方、投資家は、国債や預金で運用するよりも金利が高いというメリットがあります。

(2) コマーシャル・ペーパー（CP）

　コマーシャル・ペーパー（CP） は、信用力のある優良企業が無担保で短期資金を調達するために発行する社債の一種であり、**短期社債**ともいわれます。かつては約束手形（手形CP）として発行されていましたが、現在では、電子的に発行・売買が行われる「電子CP」として発行されています。

　上記の普通社債の償還期間が3年や5年などの長期であるのに対して、CPの

償還期間は、通常1年未満であり、とくに1ヵ月ものや3ヵ月ものが多くなっています。額面は1億円以上であり、まとまった短期資金の調達に使われます。付利方式は「割引方式」であり、金利分を差し引いた額で発行を行い、額面で償還を行います。たとえば、額面1億円のCPを9950万円で発行して、3ヵ月後の満期日に1億円で償還するといったかたちがとられます（この場合、差額の50万円が金利分になります）。

CPは運転資金の調達を目的として発行されるため、CPが満期を迎えたときには、再び次のCPを発行して借り換えを行うケースが多くなっています（たとえば、3ヵ月ごとにCPを継続して発行します）。しかし、市場の混乱などによって借り換えができない場合もありうるため、それに備えて**バックアップ・ライン**（銀行からの借入枠）を設定しておくのが一般的です。

なお、近年では、こうした無担保のCPのほかに、企業の売掛債権などを担保にして発行される**資産担保CP**（**ABCP**：Asset Backed CP）もみられます。ABCPは有担保であるため、優良企業でなくても発行が可能となっています。

(3) 転換社債（CB）

①転換社債とは

転換社債とは、社債の発行会社の株式に転換することができる権利がついた社債です。つまり、普通社債と同様に、クーポンや償還期限が定められている社債なのですが、これに、一定期間内に一定の条件で発行会社の株式に転換する権利がついています。英語の名称（Convertible Bond）の頭文字をとって、**CB**と略称されます。CBの保有者は、株価によって、株式に転換するかどうかを選ぶことができます。

②転換価格

CBは、株式に転換するときの価格を決めて発行されます。これを**転換価格**（convertible price）といいます。CBの保有者は、額面価格を転換価格で割った株数の株式をCBと交換に取得することができます。たとえば、額面が100万円で、転換価格が1000円のCBの場合には、100万円÷1000円で1000株の株式に転換できます。転換価格は、通常、市場価格よりも少し高めに設定され

ます（たとえば、CBを発行する前の一定期間における市場での平均価格が800円のときに、1000円に設定するなど）。

③投資家の選択

CBを購入した投資家は、その後、どのように行動すればよいのでしょうか。それは、CBを発行した企業の株価がどのように推移するかによって変わることになります。

（a）株価 > 転換価格の場合

CBの発行企業の株価が転換価格を上回った場合には、投資家は、転換権を行使して、CBを株式に転換し、その株式を市場で売却することによって、利益を得ることができます。

たとえば、額面100万円、転換価格が1000円のCB（1000株へ転換できる）を持っており、この企業の株価が1200円になったとします。このとき、投資家は、まず転換権を行使して、1000株の株式に転換します。次に、その1000株を株式市場において1200円で売却します。このとき、売却収入は120万円（1000株×1200円）となり、投資家は20万円（120万円－100万円）の利益を得ることができます。当初のCBへの投資額が100万円でしたので、この投資による利益率は20％（20万円÷100万円×100）となります（図表9-4）。

（b）株価 < 転換価格の場合

CBの発行企業の株価が転換価格を上回らない場合には、投資家は、転換権を行使せずに、CBを社債のまま保有して、利子を受け取ることになります。

たとえば、転換価格が1000円のCBを持っており、この企業の株価が900円にしかならなかったものとします。この場合、株式市場では900円で買えるものを、転換権を行使すると、発行企業から1000円で買うことになって損をすることになるため、転換を行わず、社債として持ち続けることになります。

④パリティ

CBは、株式に転換せずに、転換社債のままで売買することによっても、利益を得ることができます。CBの価格は、株価に連動して動きます。この場合のCBの理論価格のことを**パリティ**といいます。パリティは、額面を100円と

図表9-4 転換社債（CB）の転換による利益

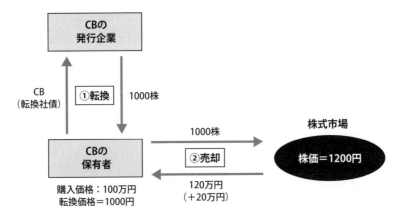

して表示し、次の式によって計算します。

$$パリティ（円）＝\frac{株価}{転換価格}×100$$

つまり、株式の時価と転換価格が等しいときには、パリティは100円です。また、転換価格が1000円で、株価が1200円になったときには、パリティは120円になります。これは、CBの額面100円に対して120円の価値を持っていることを意味しており、CBの額面が100万円であれば、120万円の価値があることを意味します。したがって、投資家は、このCBをそのまま（株式に転換せずに）、他の投資家に120万円で売ることによっても利益を得ることができます。

⑤ CBの性格

上記のように、CBは、投資家の立場からは「社債としての確実性」と「株式の値上がり期待」をあわせ持っています。このため、CBのクーポンは、普通社債に比べて低めに設定されます。したがってCBは、発行企業にとっては、金利負担の少ない資金調達手段となります。一方、転換が進めば株式数が増えるため、潜在的な株式発行としての性格もあります（将来の配当負担などにつながります）。

CBは、株価が右肩上がり（上昇傾向）にある時期には、投資家の人気が高

まりやすいため、発行しやすくなります。一方、株式に転換ができない場合には、CBはただの低クーポンの社債にすぎないため、株価が低迷しているような局面では、発行が難しくなります。CBは、社債と株式の中間的な性格を持ち、また、将来株式に転換される可能性がある証券であることから、その発行による資金調達は、後述のワラント債とともに、エクイティ・ファイナンスに分類されます。

(4) ワラント債

①ワラント債とは

ワラント債とは、一定の期間内に、一定の条件で新株の発行を発行企業に請求できる権利（これを「ワラント」といいます）がついた社債のことです。つまり、社債＋新株予約権（ワラント）です。ワラントを持っていると、その企業の株式を、あらかじめ定められた価格（「行使価格」といいます）で買い付けることができます。ワラントは、オプション（選択権）ですので、権利を行使するかどうかは、株価の動きをみて投資家が選択します。

②分離型と非分離型

ワラント債には、社債とワラントを一体として売買することが必要な**非分離型ワラント債**と社債とワラントを分離して売買することができる**分離型ワラント債**とがあり、分離型のほうが一般的です。

分離型ワラント債において、ワラントを切り離した社債部分のことを**エクスワラント**（エクスは、・を除いたの意味）または**ポンカス債**と呼びます。ワラントという権利がなくなったワラント債は、ただの低クーポンの債券にすぎないため、あまり役に立たない債券ということで、後者のように呼ばれます。

③ワラントの行使方法

ワラントが、行使価格1000円で1000株の新株を買える権利であったものとします。

(a) 株価 ＞ 行使価格の場合

この企業の株価が1200円になったとすると、投資家は、まずワラントを行

図表9-5　ワラントの行使による利益

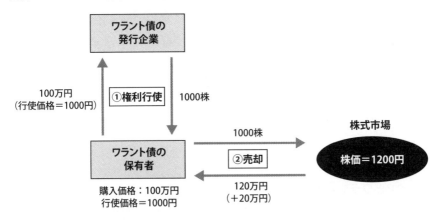

使して、発行企業に100万円を払い込んで、1000円で1000株を購入します。その後、この1000株を株式市場において1200円で売却すると、投資家は、20万円（200円×1000株）の利益を得ることができます（図表9-5）。

(b) **株価 ＜ 行使価格の場合**

　ワラント債の発行企業の株価がワラントの行使価格を上回らない場合には、投資家は、ワラントを行使せず、社債として持ち続けることになります。たとえば、この企業の株価が900円にしかならなかったとすると、株式市場では900円で買えるものを、ワラントを行使すると1000円で買うことになって損をすることになるため、ワラントは行使されません。

④**ワラント債の性格**

　ワラント債は、CBと同様に、「社債としての確実性」と「株式の値上がり期待」をあわせ持ち、社債と株式との中間的な性質を持ちます。ワラント債は、値上がり益を得られるメリットがある分、CBと同様に、普通社債に比べてクーポンが低めに設定されます。このため、発行企業にとっては、金利負担の少ない調達方法となります。また、投資家がワラントを行使すると、株式の発行に対する資金が払い込まれるため、ワラント債の発行時の資金調達に加えて、ワラントの行使時に追加的な資金が調達できることになります。このほか、ワ

図表9-6　転換社債とワラント債の違い

	転換社債（CB）	ワラント債
追加資金は必要か？	不要 （転換するため）	必要 （新株を購入するため）
社債が残るか？	残らない （転換するため）	残る （残るのはポンカス債）

ラントが行使されると新株が発行されることになるため、潜在的な株式の発行としての性格がある点は、CBと同様です。

⑤ CBとワラント債の違い

CBとワラント債は、両者とも債券と株式の中間的な性格を有しており、株価が上昇すると、投資家が利益を得られるという点でも共通しています。また、法律的には、いずれも「新株予約権付社債」として分類されています。しかし、CBとワラント債は、以下の2つの点で違いがあります（図表9-6）。

（a）追加資金の必要性

まず、株式を入手するために、追加的な資金（ニュー・マネー）が必要かどうかという点が異なります。CBの場合には、社債の価値が株式に転換されるため、追加的な資金は不要です。一方、ワラント債の場合、ワラントは新株の発行を請求できる権利ですので、この株式を買い取るための資金が追加的に必要となります。

（b）社債が残るか

株式を入手したあとに、社債が残るかどうかについても違いがあります。CBの場合には、社債は株式に転換されてしまうため、後に社債は残りません。一方、ワラント債の場合には、ワラント部分が行使されても、社債部分は残ることになります（残るのは、上述したポンカス債です）。

3 通貨による分類

社債は、発行される通貨によって、①円建て債、②外貨建て債、③二重通貨

図表 9-7　社債の通貨による分類

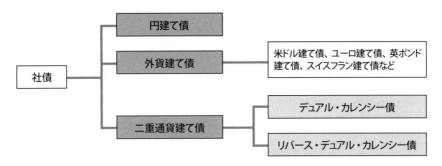

建て債などに分けられます（図表9-7）。

(1) 円建て債・外貨建て債

　円建て債とは、発行・償還と利払いがいずれも日本円で行われる債券です。わが国の企業の発行する社債の多くは、円建て債であり、国内の投資家にとっても、為替リスクがないため安心して投資ができるという利点があります。

　これに対して、日本円以外の外国通貨で元本を払込み、償還金や利息なども外国通貨で支払われる債券のことを**外貨建て債**といいます。通貨としては、米ドル建て債、ユーロ建て債、英ポンド建て債、スイスフラン建て債などがあります。海外に工場を建設するための資金調達や、決済通貨が外貨に決められているといった場合には、社債の発行企業にとっては、必要な外貨の調達から償還までを為替リスクなしで行えるというメリットがあります。

(2) 二重通貨建て債

　発行は円建てで行われるものの、利払いまたは償還のどちらか一方が外貨建てで行われる債券のことを**二重通貨建て債**といいます。どちらが外貨で行われるかによって、①デュアル・カレンシー債と②リバース・デュアル・カレンシー債に分かれます。

　①デュアル・カレンシー債
　デュアル・カレンシー債は、発行時の払込みと利払いは円建てで行われます

図表9-8　デュアル・カレンシー債の例

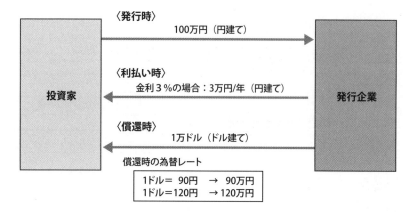

が、償還が外貨建てで行われる債券です。つまり、発行時に払い込む通貨と満期時に返却される通貨が違うというのが特徴であり、投資家は、その分の為替リスクを負うことになります。

たとえば、発行時の払込みが100万円で、満期になると1万ドルで償還されるというデュアル・カレンシー債があったとします（図表9-8）。償還時に為替レートが120円/ドルとなっていた場合には、投資家は1万ドルを円に転換して120万円（＋20万円の差益）を受け取ることができますが、為替レートが90円/ドルになっていた場合には、投資家が得られるのは90万円で、10万円の損失を被ります。

②リバース・デュアル・カレンシー債

リバース・デュアル・カレンシー債は、払込みと償還は円建てですが、利払いのみが外貨建てで行われる債券です。投資家は、利払いの部分についてのみ、為替リスクを負います。社内ルールなどで元本保証の商品にしか投資を行うことができない投資家は、デュアル・カレンシー債への投資ができないため、こうした商品が開発されたものです。この債券は、為替レートによって利払い部分のみが変動するため、一種の変動利付債券とみることができます。

以上をまとめると、外貨建て債は、発行、償還、利払いがいずれも外貨建てであるのに対し、デュアル・カレンシー債は、償還のみが外貨建てであり、リ

図表9-9 外貨建て債と二重通貨建て債の比較

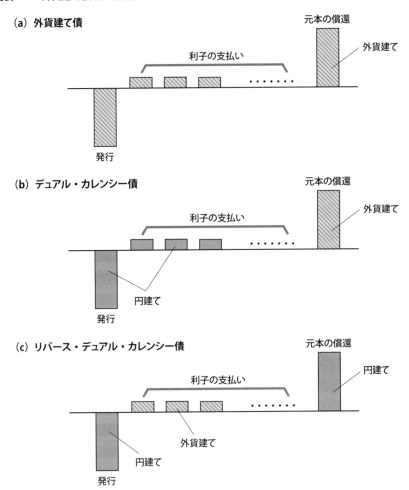

バース・デュアル・カレンシー債は、利払いのみが外貨建てです（図表9-9）。

4 発行対象による区分

社債は、ターゲットとする投資家層によって、①機関投資家向け社債と、②

個人向け社債に分けることができます。

（1）機関投資家向け社債

　社債は通常、上場企業などが資金調達に用いるものであり、発行規模が数百億〜数千億円と大きいため、一般には、機関投資家向けのものが多くなっています。この場合、社債の最低購入単位は、1億円程度が一般的であり、個人投資家にはあまり縁がありません。

（2）個人向け社債

　一方、最近では、個人投資家向けに発行される社債も出てきています。この場合は、購入単位が10万円や100万円など、小口で購入できるように設定されます。個人投資家にとっては、銀行預金や国債より利回りが高めであるため、魅力的な投資対象となります。また、企業でも、資金調達先を個人に広げられるほか、消費者との接点が多い業種では、資金調達を通じたファンづくりにもつながるというメリットがあります。

5 非居住者の発行する債券

　ここで、非居住者（海外の企業、政府や国際機関）が日本国内で発行する債券について触れておくこととしましょう。一般に、債券発行者の国外で発行される債券のことは、**外債**と呼ばれます。

（1）サムライ債

　サムライ債とは、海外の政府や企業が日本国内で発行する「円建て外債」のことです。ここでポイントとなるのは、「円建て」であるという点であり、発行、償還、利払いのすべてが円建てで行われます。このため、発行体にとっては、円で資金調達ができるという点に加えて、円の金利水準（外貨の金利より低いケースが多い）で調達ができるというメリットがあります。また、国内の投資家にとっても、為替リスクを負わないため、投資がしやすいという利点があり

ます。

(2) ダイミョー債

ダイミョー債とは、サムライ債の一種であり、世界銀行、アジア開発銀行などの国際機関が発行する債券のことです。

(3) ショーグン債

ショーグン債は、非居住者（海外の発行体）が、日本の投資家を対象に日本国内で発行する「外貨建て債券」のことです。海外の発行者にとっては、当初から使いたい通貨で調達でき、また為替リスクを負わないというメリットがありますが、逆に国内の投資家にとっては、為替リスクを負うというデメリットがあります。

BOX 9-1　債券の愛称

上述のように、海外の発行体が日本で発行する円建て債のことを「サムライ債」といいますが、これと同様な言い方が、海外で発行される債券についてもみられます。たとえば、非居住者が米国で発行する米ドル建ての債券のことは「ヤンキー債」と呼びます。また、非居住者が中国（本土）で発行する人民元建ての債券を「パンダ債」、非居住者が香港で発行する人民元建ての債券を「点心債」と呼びます。このほか、「カンガルー債」（非居住者によるオーストラリア国内の豪ドル建て債）、「メープル債」（非居住者によるカナダ国内のカナダドル建て債）といった言い方もあります。それぞれの国のイメージを表した呼び方となっているのは興味深いところです。

本章のまとめ

- 社債は、償還期限になった時点で元本の全額を一括して返済する（ ① ）がとられることが多くなっています。
- （ ② ）は、英語の略称で（ ③ ）とも呼ばれる固定金利の社債であり、満期までの間、債券を保有している投資家に対して発行時に約束した金利である（ ④ ）が支払われます
- （ ⑤ ）は、優良企業が無担保で短期資金の調達を行うために発行する社債の一種であり、償還期間が1年未満であることから（ ⑥ ）ともよばれます。
- 転換社債は、株式に転換することのできる社債のことであり、英語の略称で（ ⑦ ）と呼ばれます。株式に転換するときの値段のことを（ ⑧ ）といいます。転換社債の理論価格のことを（ ⑨ ）と呼びます。
- 分離型ワラント債において、ワラントが切り離された社債部分のことを（ ⑩ ）、またはあまり役に立たない債券という意味で（ ⑪ ）といいます。
- 転換社債とワラント債はよく似た性格を有していますが、（ ⑫ ）では株式を入手するために追加的な資金が必要であるのに対し、（ ⑬ ）では株式を入手したあとには社債が残らないという点が相違点となります。
- 二重通貨建て債のうち、発行と償還が円建てで行われ、利払いが外貨で行われる債券のことを（ ⑭ ）といいます。
- 日本国内で発行される円建て外債のことを（ ⑮ ）といいますが、このうち、国際機関が発行するものを（ ⑯ ）と呼びます。

本章のキーワード

社債、償還期限、満期一括償還、普通社債、クーポン、SB、コマーシャ

ル・ペーパー、CP、短期社債、バックアップ・ライン、資産担保CP、ABCP、転換社債、CB、転換価格、パリティ、ワラント債、非分離型ワラント債、分離型ワラント債、エクスワラント、ポンカス債、円建て債、外貨建て債、二重通貨建て債、デュアル・カレンシー債、リバース・デュアル・カレンシー債、機関投資家向け社債、個人向け社債、外債、サムライ債、ダイミョー債、ショーグン債

第10章

社債(2)
——公募債と私募債

　社債は、募集の方法によって、大きく「公募債」と「私募債」に分かれます。公募債は、不特定多数の投資家を対象に発行される社債であり、私募債は、特定または少数の投資家を対象として発行される社債です。

　私募債は、発行資格がさほど厳格ではなく、また企業内容等を開示する「ディスクロージャー」の必要がないことから、発行企業にとっては負担の少ない発行方法です。このため、公募債は、情報開示の負担を負っても大規模な資金調達を行いたい大企業向けであり、私募債は、少ない負担で資金調達を行いたい中堅・中小企業向けということができます。

　本章では、公募債と私募債のそれぞれの発行方法や特徴についてみていきましょう。

1 公募債と私募債

社債は、募集の仕方によって、大きく公募債と私募債に分かれます。また、私募債は、さらに、プロ私募債と少人数私募債に分かれます（図表10-1）。

(1) 公募債とは

公募債は、不特定多数の投資家を対象として発行される社債のことです。広く不特定多数の投資家を対象として募集・勧誘を行うため、格付けの取得や届出書類の作成が必要であるなど、発行の資格や手続きが厳格となっているのが特徴であり、このため上場企業による発行が中心となっています。

(2) 私募債とは

私募債とは、①特定の投資家、または②少数の投資家のみを対象として発行される債券のことであり、発行体と特定の関係にある者を対象として発行されるという意味で「縁故債」とも呼ばれます。

このうち、銀行、証券会社、保険会社などの**適格機関投資家**のみを対象とする私募債を**プロ私募債**といいます。また、50人未満を対象とする私募債のことを**少人数私募債**と呼びます。

私募債は、引き受ける投資家が少数または特定の投資家に限定されていることから、発行企業の資格要件が緩和されているほか、経営内容を開示するディスクロージャーの義務が免除されており、また発行の手続きも簡素化されています。このため、中堅・中小企業に適した発行の形態となっています。

図表10-1　募集方法による分類

2 中堅・中小企業にとっての私募債

(1) 中堅・中小企業の社債発行

上述のように、社債の発行（募集）の仕方には、公募債、プロ私募債、少人数私募債の3つがあります。このうち、中堅・中小企業の資金調達として、現実的な選択肢となるのは、プロ私募または少人数私募です。このうちプロ私募債については、銀行が引き受け手となって発行されるケースが多く、一般に**銀行引受私募債**と呼ばれます。

(2) 発行の制約

3つの発行方法について、それぞれ発行の制約条件をみると、以下のとおりです。

まず公募債については、事前に「格付け」を取得することが必要とされており、また証券会社の審査をパスすることも必要です。これらによって、不特定多数の投資家に対する信用力を確保しているのです。このように高い信用力が必要とされるため、公募債を発行できるのは、上場企業に限定されているのが実情です。

次に、銀行引受私募債については、銀行が設定する一定の資格要件を満たす必要がありますが、その条件は、公募債ほどハードルが高くありません。一方、少人数私募債については、財務上の資格要件などはとくになく、引き受けてくれる投資家がいれば発行ができます。このため、発行の制約条件は、「公募債 ＞ 銀行引受私募債 ＞ 少人数私募債」という順になっています。

企業の成長ステージと社債の発行方法の関係をみると、まず、成長初期の中小企業の段階では、少人数私募債を発行して資金の調達を行い、株式公開が展望できるようになった時期には、銀行引受私募債が適しています。そして、上場企業になると、公募債の発行が可能となります（図表10-2）。

図表10–2　企業の成長ステージと社債の発行方法

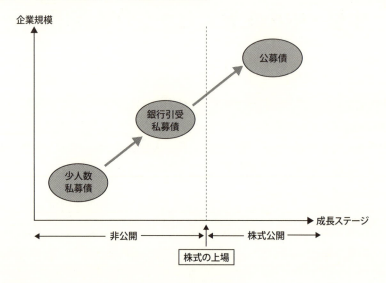

(3) 銀行引受私募債と少人数私募債の違い

　銀行引受私募債と少人数私募債の共通点・違いについてみると、以下のとおりです（図表10–3）。

①公募・私募
　まず、公募・私募の分類でいうと、いずれも私募債にあたり、特定の投資家に対して発行することになります。投資家については、銀行引受私募債は、全額を1つの金融機関が引き受けます。これに対して、少人数私募債は、50人未満の「縁故者」（自社に身近な人たち）が引き受けます。

②届出書類
　財務局への届出書類については、いずれも有価証券届出書などの提出義務が免除されており、手続きが簡略化されています。

③発行額
　発行額については、銀行引受私募債は、数千万～数億円の間で発行されることが多いのに対して、少人数私募債では、多くは数千万円の規模で発行されます。

④手数料
　銀行引受私募債では、引受銀行に対して財務代理人や引受けの手数料を支払う必要がありますが、少人数私募では、基本的に銀行が関与しないため、手数料はとくに必要ありません。

⑤償還期間
　償還期間については、いずれも5年前後が多くなっています。

⑥発行企業
　発行企業は、いずれも未公開企業ですが、銀行引受私募債では、引受銀行が設定した財務上の資格要件をクリアすることが必要であるのに対して、少人数私募については、社債を引き受けてくれる縁故者がいれば、どのような企業でも発行は可能です。

⑦資金ニーズ
　資金ニーズについては、銀行引受私募債では、財務体質がある程度健全な企業が、それを活用して、長期的な資金を調達するのに適するものとされます。一方、少人数私募債の場合には、銀行の資格要件を充足できるほど財務体質が良くない企業が、銀行借入以外に資金調達の多様化を図るのに適しているものとされています。

　以下では、これら2つの私募債について、もう少し詳しくみていきます。

図表10-3　銀行引受私募債と少人数私募債の比較

	銀行引受私募債	少人数私募債
公募・私募	私募債	私募債
投資家	金融機関	50人未満の縁故者
財務局への届出	不要	不要
発行金額	数千万～数億円	数千万円（1億円以下）
手数料	引受銀行に対する財務代理人や引受手数料が必要	特に必要なし
償還期間	5年前後が多い	5年前後が多い
発行企業	未公開企業	未公開企業
資金ニーズ	健全な財務体質を活用して、長期安定資金を調達したい	銀行借入以外の資金調達の多様化が必要

3　銀行引受私募債

(1) 適格機関投資家とは

　プロ私募債では、**適格機関投資家**のみを対象として発行されることが要件とされています。この適格機関投資家には、銀行のほか、証券会社、保険会社、信用金庫、信用組合など幅広い金融機関を含みますが、一般には銀行が引き受け手となるケースが多いため、前述のように**銀行引受私募債**と呼ばれます。

(2) 保証

　銀行引受私募債は、保証がついた「保証付私募債」が主流となっています。これは、発行企業が中堅・中小企業であるため、発行企業が元本や利子の返済ができなくなった場合に備えておくことが必要なためです。これには、銀行が保証を行うケースと信用保証協会が保証するケースの2つがあります。

　①銀行による保証
　社債を引き受ける銀行が保証も行うケースです。この場合、引受銀行は、発

行や支払の事務を行う「財務代理人」と保証人を兼ねることにより、手数料収入を得ることができます。また社債そのものは無担保ですが、保証に対して担保や連帯保証人をつけることにより、事実上の有担化を行うこともあります。

②信用保証協会による保証

信用保証協会（第8章参照）が保証を行うもので、「特定社債保証制度」により、信用保証協会が発行額の8割を保証します。この場合、信用保証協会の財務要件を満たしていることが必要とされます。

(3) 発行企業のメリット

銀行引受私募債の発行企業には、以下のようなメリットがあります。

第1に、優良企業としてのステータスを得られることです。銀行引受私募債の発行は、一定の適債基準をクリアした優良企業に限られるため、私募債を発行することにより、自社の財務の健全性を対外的にアピールすることができます。

第2に、資金調達の多様化が図れることです。銀行借入だけに依存しないで資金調達方法を多様化することができます。

第3に、長期安定資金の調達ができることです。私募債の償還期間は、2～7年程度のことが多く、設備投資や長期運転資金のための長期資金の調達ができます。また私募債の利率は固定金利であるため、金利上昇リスクを回避できるというメリットもあります。

(4) 引受銀行のメリット

一方、引受銀行のサイドでも以下のようなメリットがあり、多くの銀行が、私募債の引受けには積極姿勢で臨んでいます。

第1に、発行企業との取引関係の緊密化が図れることです。私募債の引受銀行となることにより、メインバンクとしてのステータスを獲得することができ、実績づくりとしての側面もあります。このため、受託実績については、「○○社の銀行引受私募債を受託しました」といったかたちで、銀行のウェブサイトで公表することが多くなっています。

第2に、手数料収入の増強につながることです。銀行では全体として、手数料収入につながる「フィー・ビジネス」を強化する方向に動いており、私募債受託による手数料収入の増加はこうした方向性に沿ったものとなります。

　第3に、私募債は、分割返済や繰上返済がなく、満期一括返済のケースが多いため、引受銀行では、長期にわたって優良資産を維持することができます（貸出は分割返済のため、貸出残高は年々減少します）。

4 少人数私募債

（1）少人数私募債とは

　少人数私募債とは、親族、従業員、取引先など、自社にとって身近な人たち（「縁故者」といいます）を対象として発行される社債のことです。銀行・証券会社などの審査の必要がないため、社債を引き受けてくれる縁故者さえいれば、発行が可能となります。上記の銀行引受私募債が発行できるほど、財務体質が強固でない企業にとっては、有効な資金調達手段となります。

（2）少人数私募債の要件

　少人数私募債では、以下の3点が発行の要件となります。

①勧誘対象が50人未満

　「50人未満」であることが必要なのは、最終的に「引き受けた投資家」の数ではなく、社債の引受けを勧めた「勧誘者」の数である点には注意が必要です。このため、たとえば、60人の縁故者に声をかけて、結果的に引き受けてもらったのが40人であったという場合には、少人数私募債に該当しません。

②譲渡制限付き

　当初の引受者が50人未満であったとしても、この私募債が分割して譲渡されると、社債権者が、いつの間にか70～80人になっていたということがあり

えます。このため、一括譲渡以外は禁止するという「譲渡制限」をつけておくのが一般的です。

③発行総額が最低券面額の50倍未満

これは、言い換えると、発行できる総額は、最低券面額の49倍までということです。たとえば、私募債の最低券面額が100万円であったとすると、発行総額は4900万円までとなります。

(3) 少人数私募債のメリット

少人数私募債のメリットとしては、以下のような点を挙げることができます。

①担保が不要

少人数私募債は、無担保で発行することができます。これは、日頃から発行企業のことをよく理解している縁故者との信頼関係に基づいて発行されることによるものです。この点は、担保となるような資産が限られている中小企業にとっては、大きなメリットとなります。

②償還期間や金利を自由に設定

少人数私募債の発行には、銀行・証券会社などは関与しないため、償還期間や金利は、発行企業の判断で自由に決めることができます。ただし、金利については、引受人への配慮から、銀行の預金金利よりは多少高めに設定するのが一般的です。

③資格要件が不要

銀行引受私募債では、銀行が設定する財務条件などの資格要件を満たしていないと発行することはできませんが、少人数私募債では、身近に引き受けてくれる縁故者がいれば、資格要件に関係なく、発行することができます。

(4) 少人数私募債発行の注意点

このように、少人数私募債は、引き受けてくれる縁故者さえいれば、比較的

簡単に発行することができます。ただし、軽い気持ちで発行し、万が一、償還時期に返済できなくなった場合には、自社にとって最も親しい縁故者・関係者などの信頼を裏切り、また迷惑をかけてしまう結果となります。このため、いったん発行した場合には、満期日に約束どおり償還できるように、事前に償還に備えた積立てを行うなど、細心の注意を払うことが必要でしょう。

5 公募債

(1) 公募債の発行企業

わが国では、以前には、公募債を発行するためには、クリアしなければならない厳しい**適債基準**があり、長年にわたり、一部の超優良企業しか発行することができませんでした。1996年にこの適債基準が撤廃されて、株式会社であれば、どのような企業でも社債を発行できるようになりました。しかし、実際には、公募債を発行しているのは、株式市場の上場企業に限られているのが現状です。これは、①格付けが必要であるなど、一定レベルの信用力が必要であること、②書類作成や発行手数料など、発行には相当な手間とコストが必要であること、などによるものです。

(2) 公募債の発行方法

①証券会社の役割

公募債の発行にあたっては、証券会社が大きな役割を果たします。具体的には、引受審査（発行できるかどうかの審査）、発行条件の決定、投資家の募集、社債の引受けなどを行います。

このなかでも中心的な役割を果たすのが、**主幹事証券会社**であり、複数の「幹事証券会社」とともに、**引受シンジケート団**を組織します（これを「シンジケート団方式」または「シ団引受方式」といいます）。シンジケート団に参加する証券会社では、公募債を引き受けて、投資家への販売を行います。この「引受け業務」では、もし、売れ残りが生じた場合には、**残額引受け**の責任を

図表10-4　公募債の発行方式（シンジケート団方式）

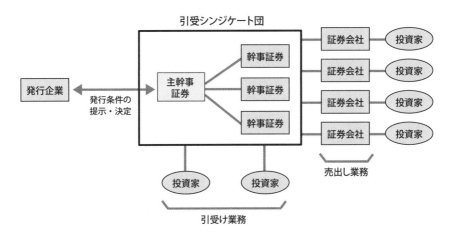

負います。また、シンジケート団の証券会社では、他の証券会社にも、それぞれの顧客である投資家へ公募債を販売してもらうように依頼します。ただし、この「売出し業務」を行う証券会社では、売れ残りの責任は負いません（図表10-4）。

②発行条件の決まり方

公募債の発行条件を決めるにあたっては、**ブックビルディング方式**がとられることが多くなっています。これは、「需要積み上げ方式」とも呼ばれ、以下の手順で行われます。

まず、主要な投資家の意見をもとに**仮条件**（償還期間、クーポン、発行額など）を決定します。次に、その仮条件を多くの投資家に提示し、投資家の需要状況（いくら買いたいか）をみたうえで、微調整を行い、最終的な発行条件を決めます。

発行条件の微調整は、発行価格の変更によって行われるのが一般的です。需要がほぼ予想の範囲内であれば、**パー発行**（額面100円に対して100円で発行）が行われます。一方、人気が高い場合には、**オーバー・パー発行**（たとえば、額面100円に対して101円で発行）が行われます（101円で発行された社債であっても、最終的な償還は額面の100円で行われるため、投資家には1円の

「償還差損」が発生します)。また、人気が低い場合には、**アンダー・パー発行**(たとえば、額面100円に対して99円で発行)が行われます(この場合には、償還時に「償還差益」が発生します)。

(3) 社債の管理者

公募債が発行されたあとは、社債管理会社や財務代理人が社債の管理を行います。

①社債管理会社

社債管理会社とは、社債を発行する際に、発行企業からの委託を受けて、社債の管理を行う会社のことです。通常、銀行や信託会社がこの業務を行います。

社債管理会社では、①社債の管理事務(社債の発行事務、元利金の支払事務など)を行うほか、②発行企業が予定どおりに償還を行うことができない**デフォルト**(債務不履行)が発生した場合には、裁判の手続きを進めるなど、社債権者を保護する義務を負っています。社債管理会社では、こうした業務に対する対価として、手数料を徴収するため、発行企業にとっては、コスト要因となります。

②財務代理人

社債権者が50人未満の場合(上記の少人数私募債)や、社債の券面が1億円以上(つまり、機関投資家向けの発行)の場合には、社債管理会社の設置は免除されます。この場合、代わりに**財務代理人**(FA:Fiscal Agent)が置かれます。財務代理人は、社債の管理事務(元利払いなど)は行いますが、社債権者保護のための義務は負っておらず、発行者の事務代行という位置づけになります。財務代理人のほうが、機能が事務代行に限定されている分、社債管理会社よりコストが安くなります。財務代理人を置いて発行した社債のことを**FA債**と呼びますが、発行コスト削減の観点から、最近ではFA債の発行が一般的となっています。

(4) 公募債における投資家保護の仕組み

　社債は、長期にわたって資金調達を行う手段であるため、その期間中に発行企業の経営が悪化して、利子が払えなくなったり、償還時期に元本が返済できなくなったりといった「デフォルト」（債務不履行）のケースがありえます。わが国でも、かつて大手スーパーの社債がデフォルトして、多くの個人投資家に影響が出て社会問題となったことがあります（BOX 10-1）。

　公募債については、投資家のすそ野が広いことから、デフォルトが発生すると社会的な影響が大きくなります。このため、こうしたことが起きないように、いろいろな投資家保護の仕組みが組み込まれています。主な投資家保護の仕組みとしては、①ディスクロージャー、②格付け、③担保、④財務上の特約などがあります。以下では、これらについて説明します。

①ディスクロージャー

　公募債の発行企業に、社債の内容や企業の経営状態などについて、情報開示を義務づけることを**ディスクロージャー**といいます。投資家は、この情報をもとに投資判断を行います。主なディスクロージャーの対象としては、以下のようなものがあります。これらは、社債の発行企業にとっては、いずれもコストを要するものですが、多くの投資家に自社の社債を安心して購入・保有してもらうためには必要な仕組みであり、必要なコストであるといえます。

(a) 有価証券届出書

　1億円以上の有価証券の発行を行う際には、証券の発行条件や、発行企業の事業や経営状態についての情報を含む**有価証券届出書**を財務局に提出しなければなりません。

(b) 目論見書

　証券会社では、投資家に社債等の有価証券を販売するにあたっては、証券の内容等を説明した書類である**目論見書**を交付することが義務づけられています。目論見書には、社債等の発行条件（発行価格、金利、申込期間、利息の支払い方法、償還の方法など）や、発行企業に関する情報（事業内容の概要、財務諸表等）が記載されています。

図表10-5 主な財務上の特約（コベナンツ）

財務上の特約	内容
純資産維持	純資産額を一定以上に維持する
利益維持	一定期間、連続して赤字になった場合には、期限前の償還を義務付ける
配当制限	一定以上の高配当を制限する
担保提供制限	他の債務者に対して担保を提供することを制限する

（c）有価証券報告書

公募債の発行企業では、年度ごとの事業内容（事業の状況、財務状況など）を**有価証券報告書**として開示することが求められています。

②**格付け**

格付けとは、社債などの債券の元利払いの確実性（つまり、元本や利息が約束通りに支払われるか）の安全度合を等級で示したものです。公募債を発行する場合には、必ず格付けを取得することが必要とされています（格付けについては、次章で説明します）。

③**担保**

公募債には、担保のついた「担保付社債」と、担保のない**無担保社債**があり、担保付社債にしておけば、発行会社がデフォルトに陥った場合には、その担保を処分して、投資家への利払いや償還を行うことができます。もっとも、多数の投資家が担保を処分することは困難なので、そのためには、担保の管理・処分を行ってくれる「担保の受託会社」（上述した社債管理会社が兼ねる）が必要であり、その分、発行企業にとってはコスト高となります。このため、最近では、無担保社債の発行が主流となっています。

④**財務上の特約**

社債権者を保護するために、発行企業の財務内容について、一定の事項を守ることを社債の条件としておき、この条件を維持できない場合には、①償還期限前に償還を行う、②担保の差入れを義務づける、などを規定しておくことが

あります。これを**コベナンツ**（財務上の特約）と呼びます。

主な社債のコベナンツとしては、①純資産維持、②利益維持、③配当制限、④担保提供制限などがあります（図表10-5）。

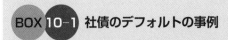
BOX 10-1 社債のデフォルトの事例

公募債には、上記のようなさまざまな投資家保護の仕組みが導入されていますが、それでも社債を発行した後に経営が悪化して、社債がデフォルト（債務不履行）となったケースもみられます。戦後に初めてデフォルトとなったのは、1997年のヤオハンジャパン（小売業）でした。また、2001年にはマイカル（大手スーパー）の社債3500億円がデフォルトとなりました。これは、わが国で過去最大の社債のデフォルトであり、個人投資家の保有が多かったこともあり、大きな社会問題となりました。

その後7年間、デフォルトはみられませんでしたが、2008年にスルガコーポレーション（建設業）の債務不履行が発生しました。その後も、日本航空、武富士、エルピーダメモリ（半導体製造）などのデフォルト事例が発生しています。エルピーダメモリのデフォルトは、マイカルに次ぐ過去2番目の規模であり、製造業ではこれまでで最大のデフォルトとなっています。

図表10-6　社債のデフォルトの主な事例

発生年	企業名	社債の発行残高
1997年	ヤオハンジャパン	374億円
2001年	マイカル	3500億円
2008年	スルガコーポレーション	210億円
2010年	日本航空	670億円
2010年	武富士	926億円
2012年	エルピーダメモリ	1385億円

本章のまとめ

- 私募債には、銀行などの（　①　）のみを対象とする（　②　）と少数の投資家のみを対象として発行される（　③　）があります。
- 公募債では、複数の証券会社による（　④　）を組織して販売を行うことが多いのですが、この中でも中心となる（　⑤　）が重要な役割を果たします。
- 公募債の発行条件を決めるためには、（　⑥　）という方法がとられ、（　⑦　）を決めたうえで、投資家の需要の強さによって発行価格を微調整します。人気が高く、額面を上回る価格で発行することを（　⑧　）発行といいます。
- 公募債の発行後の管理を行う主体としては、（　⑨　）と（　⑩　）があります。後者では、社債権者の保護の機能を持たないため、その分、コストが安くなっています。後者を置いて発行した社債のことを（　⑪　）といいます。
- 公募債を販売する際には、証券会社は、証券の内容等を説明した（　⑫　）という書類を投資家に交付することが義務づけられています。

本章のキーワード

公募債、私募債、適格機関投資家、プロ私募債、少人数私募債、銀行引受私募債、適債基準、主幹事証券会社、引受シンジケート団、残額引受け、ブックビルディング方式、仮条件、パー発行、オーバー・パー発行、アンダー・パー発行、社債管理会社、デフォルト、財務代理人、FA債、ディスクロージャー、有価証券届出書、目論見書、有価証券報告書、格付け、無担保社債、コベナンツ

第11章

社債(3)
——格付け

　前章では、公募債と私募債についてみました。このうち、公募債を発行するためには、格付機関から「格付け」を取得することが必要とされています。投資家が、社債を発行する数多くの企業について、みずから1社ごとに財務諸表などを詳細に分析することはきわめて困難です。このため、格付機関の格付けによって、社債の元利払いがどの程度確実に行われるかとその利回りをみて、投資すべきかどうかの判断を行います。その意味で格付機関は、社債市場において重要な役割を果たしています。

　本章では、この格付機関と格付けについてみていきます。

1 格付けとは

　格付け（rating）とは、債券（国債や社債など）への投資を行う投資家向けに、将来の元利払い（元本や利息の支払い）がどの程度、確実に行われるかを、AAA、BB、Cなどの記号で示したものです。つまり、債券の「デフォルト・リスク」（債務不履行のリスク）を示す指標です。より詳しくみると、以下のとおりです。

　第1に、格付けとは「投資情報」です。投資家が、市場で発行される膨大な数の債券の信用度を、1銘柄ごとにみずから調べて審査することは、ほぼ不可能です。しかし、投資を行うかどうかを決めるためには、何らかの指標が必要です。このために、格付けを参考にして投資を行うのです。

　第2に、格付けは、「信用リスクに関する情報」です。格付けは、債券の「発行体」が元本や利息を期日どおりに支払う能力が高いか低いかを示しています。つまり、発行体がデフォルトするリスクである**信用リスク**についての判断であり、このため「信用格付け」ともいわれます。したがって、高い格付けを得た場合でも、その企業が「将来性がある」とか「技術力が高い」ということを保証したものではなく、単に、社債の元利をきちんと返済できる可能性が高いということを表しているのです。

　第3に、格付けは、「格付機関の意見」です。格付けを行うのは、格付機関です。格付機関では、専門家である格付アナリストが財務諸表の分析や発行体からの情報をもとに、それぞれの手法や独自の尺度などによって格付けを行います。しかし、これはあくまでも「格付機関の意見」であって、絶対的な予測や社債の売り・買いを推奨するものではありません。同じ社債に対する格付けが、格付機関によって違うこともあります。

　第4に、格付けは、社債の発行条件に影響します。格付けが低いということは、その分、その社債のリスクが高いことを意味しますので、その社債には、高い利息（クーポン）が求められます。逆に、高い格付けを得られれば、低い金利で社債を発行することができます。その意味で、格付けは、企業の資金調達コストに直結しています。

2 格付機関

上記のような格付けを行っているのが、**格付機関**（rating agency）であり、「格付会社」とも呼ばれます。

(1) 国際的な格付機関

国際的な格付機関としては、以下の3社が有名です。

①ムーディーズ社

ムーディーズ社（Moody's Investors Service）は、ジョン・ムーディー氏が1900年に米国で設立した世界最古の格付機関であり、また現在、最大手の格付会社となっています。米国のほか、欧州や日本などで世界的に格付けを行っています。

②スタンダード・アンド・プアーズ社（S&P）

スタンダード・アンド・プアーズ社は、やはり米国の大手格付機関であり、世界的に格付けを行っています。正式の社名が長いことから、しばしば**S&P社**と略称されます。ムーディーズ社とS&P社は、世界の二大格付機関とされています。

③フィッチ・レーティングス社

ロンドンとニューヨークに本社を置く大手の格付機関です。欧州に比較的強みを持っています。

(2) 日本の格付機関

わが国にも、日本市場向けの格付機関があります。

①格付投資情報センター（R&I）

1998年に2つの格付機関（日本公社債研究所、日本インベスターズサービ

ス）が合併してできた格付機関です。現在は、日本経済新聞社の子会社となっています。

②日本格付研究所（JCR）

1985年に設立された格付機関です。金融や流通などの業界に強みを持っています。

③外資系格付機関

上記のムーディーズ社、S&P社、フィッチ・レーティングス社は、それぞれ日本法人を設立して、日本市場において格付けを行っています。

3 格付け記号

格付機関では、元利払いの確実性を格付け記号で表しています。**格付け記号**は、ムーディーズ社とそれ以外の格付機関では若干異なっています（図表11-1）。以下では、S&P社などが採用している一般的な格付け記号について説明します。

（1）格付け記号の読み方

最上級の格付けは「AAA」であり、「トリプル・エー」と読みます。これに次ぐ格付けが「AA」であり、「ダブル・エー」と読みます。その下が「A」で、「シングル・エー」となります。

この下のB格についても、同様に、「BBB」（トリプル・ビー）、「BB」（ダブル・ビー）、「B」（シングル・ビー）の順となります（C格についても同様です）。

（2）格付け記号の定義

格付け記号は、「債務履行の確実性」に応じて定義されています。「債務履行」とは、社債の発行会社が、元本や利子の支払いを期日どおりに行うことを指しています。

図表11-1 格付け記号

S&P R&I、JCR	Moody's	定義
AAA	Aaa	債務履行の確実性が最も高い
AA	Aa	債務履行の確実性はきわめて高い
A	A	債務履行の確実性は高い
BBB	Baa	債務履行の確実性は高いが、将来確実とはいえない
BB	Ba	債務履行に当面問題はないが、将来確実とはいえない
B	B	債務履行の確実性に問題がある
CCC	Caa	現時点で不安定な要素がある
CC	Ca	債務不履行（デフォルト）となる可能性が高い
C	C	債務不履行（デフォルト）となる可能性がきわめて高い

①A格の意味

A格（AAA～A）は、「債務履行の確実性が高い」ことを意味しています。このなかでも、AAAは「最も高い」、AAは「きわめて高い」、Aは「高い」という差が設けられています。

②B格の意味

次のB格（BBB～B）は、「確実性にやや難がある」ことを意味しています。このなかでも、BBBは「確実性は高いが、将来確実とはいえない」、BBは「当面問題はないが、将来確実とはいえない」、Bは「確実性に問題がある」という差があります。

③C格の意味

C格（CCC～C）は、「債務不履行（デフォルト）となる可能性がある」ことを意味しています。このなかでも、CCCは「不安定な要素がある」、CCは「デフォルトとなる可能性が高い」、Cは「デフォルトとなる可能性がきわめて高い」という違いが設けられています。

(3) プラス記号とマイナス記号

格付け記号には、プラス記号（＋）やマイナス記号（－）がつく場合があります。これは、同じ格付けのなかにおける相対的な優劣を表しています。たとえば、BB＋は、BBよりも格付けがやや高いことを意味しており、BBB－は、BBBよりやや低い格付けを表しています。こうした記号を使うことにより、格付けを細分化して示すことが可能となっています。

4 格付機関のビジネスモデル

(1) 営利事業としての格付け

格付けは、多くの投資家や市場参加者が利用しています。したがって、公平かつ中立的な立場で格付けを行うことが求められています。このため、格付機関は公的な機関のように思われますが、実は純粋な民間企業です。格付けは、純然たる営利事業として行われており、収益を上げることが目的となっています。

(2) 格付機関の収入源

①2つの収入源

格付機関には、2つの収入源があります。1つは「格付け手数料」であり、社債発行のために格付けを依頼する発行体から手数料を受け取ります。もう1つは「レポート購読料」であり、格付けリストの詳細なレポートを作成し、これを投資情報として利用する投資家から購読料を受け取るものです。

②2つのビジネスモデル

格付機関には、上記の2つの収入源のうち、どちらが主な収入となっているかによって、2つのビジネスモデルがあります（図表11-2）。

1つは、**発行者支払モデル**（Issuer Pays Model）といい、発行体からの格付

図表11-2　格付機関のビジネスモデル

ビジネスモデル	主たる収入	時期
発行者支払モデル (Issuer Pays Model)	格付け手数料に依存	現在
投資家支払モデル (Subscriber Pays Model)	レポート購読料に依存	格付けの初期

け手数料に依存するタイプです。もう1つは、**投資家支払モデル**（Subscriber Pays Model）と呼ばれ、レポート購読料を中心とするタイプです。

　格付機関が格付けを始めた当初は、投資家支払モデルによって事業を行っていましたが、途中からビジネスモデルが変わり、現在では、発行者支払モデルが主となっています。この点は、「お金を支払ってくれる企業に対して、厳しい格付けができるのか」という利益相反の問題を潜在的に有していることになります。

(3) 格付け手数料の水準

　格付け手数料を社債の場合についてみると、①新たな格付けの取得に対して、200万～500万円、②格付けを維持するための手数料として年間100万円、③社債の発行時に、発行額に最大25ベーシス・ポイント（1bp＝0.01％）を乗じたもの、が必要とされています（日本格付研究所の場合）。発行時の手数料は、100億円の社債を発行する場合で、最大2500万円となります。

　公募債を発行する場合には、格付けが必須とされていますので、こうした格

図表11-3　格付け手数料の水準

手数料の項目	手数料の水準
①新たな格付けの取得のため	200万～500万円
②格付けの維持のため	年間100万円
③社債の発行時	発行額×25bp(注)（最大）

（注）　1bp＝0.01％。
（出所）　日本格付研究所ウェブサイト。

付け手数料は、社債発行のためには必ず支払わなければならないコストです。このため、公募債を発行できるのは、こうしたコストを支払っても大規模な資金調達を行いたい上場企業に事実上、限定されることになります。

5 格付け格差とリスク

(1) 格付け別のデフォルト率

　格付けが、どの程度適切に行われているのかをみるために、格付け別にデフォルトに陥った比率がどれくらいかをみてみます。図表11-4は、格付け別の広義デフォルト率をみたものです（対象は2000～2013年、日本格付研究所の公表分）。これは、5年間の**累積デフォルト率**であり、格付けを行ってから5年以内に債務不履行になった比率を表しています。「広義デフォルト」には、破産などの法的な倒産手続きによりデフォルトに陥った場合のほか、銀行の債権放棄や債務の株式化（DES）などによって救済された事実上の破綻（救済策がなければ破綻）のケースを含みます。

　これをみると、AAA格とAA格では、デフォルト率はゼロ％となっており、A格とBBB格でも1～3％程度にとどまっています。ところがBB格では、15％へとデフォルト率が急激にジャンプしており、10社に1社以上の割合でデフォルトが発生しています。また、B格以下では、デフォルト率は約60％であり、10社に6社はデフォルトしています（これには、B格以下の格付先数がきわめて少ないことも影響しています）。

　この表からは、①格付けが高いほど、累積デフォルト率が低くなっていること、②BBB格とBB格の間で、デフォルト率に大きなギャップがあること、がわかります。

(2) 投資適格格付けと投機的格付け

①投資適格格付け

　上記の累積デフォルト率でみると、BBB格以上の社債ではデフォルト率が

図表11-4　格付別の累積デフォルト率

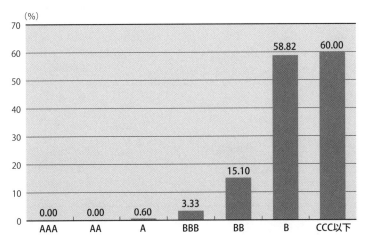

（注）対象期間は2000～2013年。5年間の累積。広義デフォルトを対象。
（出所）日本格付研究所（JCR）。

約3％以下と低くなっています。このようにBBB格以上はデフォルトの確率が低く、相対的に安全であるとみられるため、**投資適格格付け**（インベストメント・グレード）といいます。また、BBB格以上の社債を**投資適格債**と呼びます。

②投機的格付け

一方、BB格以下は、満期までにデフォルトとなる確率が高く、相対的にリスクが高いため、**投機的格付け**（スペキュラティブ・グレード）といいます。またBB格以下の社債のことを**ジャンク・ボンド**（ジャンク債）と呼びます。ジャンクとは、「くず」や「がらくた」という意味です（ちなみに、駄菓子は「ジャンクフード」、迷惑メールは「ジャンクメール」と呼ばれます）。

ジャンク債は、リスクが高いため、それに応じて高い金利（クーポン）がつけられます。このため、ジャンク債のことを高利回りであるという意味で**ハイ・イールド債**と呼ぶこともあります（リスクと金利のどちらの面からみるかによって、まったくイメージの違う正反対のネーミングになります）。

図表11-5　投資適格格付けと投機的格付け

格付け	格付けの名称	債券の名称
AAA	投資適格格付け （インベストメント・グレード）	投資適格債
AA		
A		
BBB		
BB	投機的格付け （スペキュラティブ・グレード）	ジャンク債 ハイ・イールド債
B		
CCC		
CC		
C		

6　格付けの種類

格付けには、その対象や方法などによって、いくつかの種類があります。

(1) 債券格付けと発行体格付け

　社債を発行する際に、個別の社債ごとの元利払いの確実性に対して付与されるのが**債券格付け**です。「個別格付け」と呼ばれることもあり、同じ企業が発行する社債でも、発行する時期や償還までの期間などによって異なる格付けになることもあります。

　これに対して、発行体の債務全体に対する元利払いの確実性に対して付与されるのが**発行体格付け**です。企業の信用リスクが全体として評価されます。

　社債を発行する場合には、「債券格付け」を利用するのが一般的であり、銀行や保険会社の信用度をみるうえでは、「発行体格付け」が用いられます。

（2）依頼格付けと勝手格付け

①依頼格付け

社債の発行などのため、企業から依頼を受けて格付けを行うことを**依頼格付け**といいます。これが、格付けを行う通常のかたちです。依頼した企業（発行体）では、格付作業のために資料やデータを提出するほか、ヒアリング調査や役員との面談などを設定して、格付機関に協力します。つまり、格付機関では、公表情報以外にも内部情報を得たうえで、格付けを行うことができます。

②勝手格付け

これに対して、企業からの依頼を受けずに、格付機関が勝手に格付けを行うことを**勝手格付け**と呼びます。「非依頼格付け」ともいいます。勝手格付けについては、格付機関によって、①勝手格付けであることを示す符号（op、pなど）を付けて区別する場合、②格付けレポートの注記事項に表示する場合、③区別を表示しない場合、などがあります。

勝手格付けの場合には、企業の協力が得られないため、公開情報のみに基づいて格付けを行うことになります。当然、企業から格付け手数料を受け取ることはできません。

では、格付機関は、何故こうした勝手格付けを行うのでしょうか。1つは、投資家がなるべく全体の銘柄を網羅した格付けのリストを求める傾向があるため、これへの対応という面があります（格付けがあったりなかったりすると、投資家としては使いにくいためです）。もう1つは、格付機関の営業戦略であるとされています。あえて低い勝手格付けを付与することにより、発行体を有料での依頼格付けに誘導しているものとみられています。勝手格付けに対しては、

図表11-6　依頼格付けと勝手格付け

格付けの種類	企業からの依頼	企業の協力	格付け手数料
依頼格付け	あり	あり	あり
勝手格付け （非依頼格付け）	なし	なし	なし

格付けの公平・中立性に問題があることや、企業から十分な情報提供を受けておらず、格付けの信ぴょう性に疑いがあることなどから、批判的な見方が強くなっています。

(3) ソブリン格付け

①ソブリン格付けとは

英語の「ソブリン」（sovereign）とは、国王、君主、統治者などを意味しています。金融で、この言葉が使われる場合には、「政府」を意味するのが一般的です。したがって、**ソブリン格付け**とは、その国の政府の債務の返済能力を意味しています。つまり、その国の「国債」に対する格付けのことです。

②ソブリン・シーリングとは

格付けの原則として、「ある国の企業が発行する債券の格付けは、その国のソブリン格付けを上限とする」というルールがあります。これを**ソブリン・シーリング**といいます（シーリングは、天井や上限という意味です）。たとえば、ある国のソブリン格付けがBBBの場合、その国の企業は、A以上の格付を取ることはできません。

これは、A国にあるB社がいくら優良企業であったとしても、A国の外貨繰りが悪化した場合には、海外への外貨の支払いを制限するといった規制を導入する（B社が払えても、A国として払えない）場合があり、国内企業はこうした政府の規制を受ける可能性があるためです。このため、国内企業の社債の格付けの上限は、国の返済能力であるソブリン格付けとすることとされているのです。したがって、ソブリン格付けが引き下げられた場合には、その国の企業の社債の格付けも、それに伴ってソブリン格付け以下に引き下げられることになります。

(4) 格付け対象の拡大

格付けは、もともとは償還期限の長い社債を対象にしていましたが、次第に、その対象を拡大してきています。現在、格付機関が行っている格付けの対象としては、以下のようなものがあります。

①長期債格付け
　長期の社債に対する格付けです。もともとは、これが主たる格付けの対象でした。

②短期債格付け
　コマーシャル・ペーパー（CP）など、1年以下の債券に対する格付けです。長期債格付けと区別するため、異なる格付け記号を使っています。ムーディーズ社の場合には、P-1、P-2、P-3、NPの4段階の記号を付与しています。

③債務者格付け
　企業そのものの信用力を評価する格付けであり、上述した「発行体格付け」にあたります。金融取引などの取引相手の信用度を評価するという意味で**カウンターパーティ格付け**と呼ばれることもあります。

④ソブリン格付け
　国（政府）や政府機関の債務を対象とした格付けです。

⑤銀行預金格付け
　銀行の預金に対する支払能力に関する格付けです。

⑥保険金支払能力格付け
　生保や損保が、保険契約通りに保険金を支払う能力があるかどうかについて評価した格付けです。

⑦ストラクチャード・ファイナンス格付け
　証券化によって発行される証券（証券化商品）に対する格付けです。証券化市場の拡大により、米系の格付機関では、主要なビジネスになってきています（証券化については、第14章で取り扱います）。

7 格付けの変更

　格付けは、社債の発行時に1回限りの評価を行って、それで終わりというものではなく、その後も、環境変化に応じて見直しを行っていく必要があります。たとえば、社債の発行時には健全な財務体質であったとしても、その後、景気の低迷や災害の発生などにより、経営が悪化して元利払いが困難になるといったことがありえます。格付けの見直しや変更は、以下のようなプロセスで行われます。

(1) アウトルックの公表

　格付けが変更される可能性が出てきた場合には、格付機関では、まず、そのことを公表します。いきなり格付けを変更すると、投資家が動揺して、市場が混乱する可能性があるためです。

図表11-7　格付け変更のプロセス

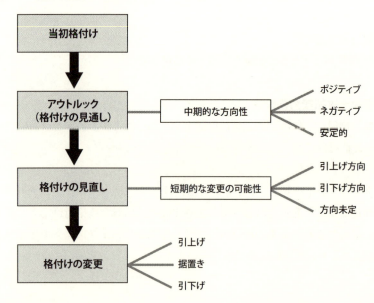

格付けを変更する可能性が出てきた場合、格付機関では、まず第1段階として、中期的な方向性（6カ月〜2年程度）として、**アウトルック**（見通し）を公表します。アウトルックには、「ポジティブ」（格付けの引上げの可能性あり）、「ネガティブ」（格付けの引下げの可能性あり）、「安定的」（ステイブル）の3つのケースがあります。

(2) 格付けの見直し

第2段階として、**格付けの見直し**の作業を行うことを公表します。これは、3カ月以内に格付けが変更される可能性があることを意味します。格付けの見直し作業は、通常は「引上げ方向で見直し」または「引下げ方向で見直し」となります（まれに「方向未定で見直し」の場合もあります）。

見直し作業中の格付けは、「ウォッチリスト」、「クレジット・ウォッチ」、ウォッチ中などと呼ばれます。見直し作業に入った格付けのうち、約3分の2のケースで実際に格付けが変更されています（ムーディーズ社の場合）。見直しを行った結果、最終的に格付けが変更されなかった場合にも、格付けの「据置き」が公表されます。

こうした2段階のプロセスを経て、実際に格付けの変更が行われます。

BOX 11-1　格付けの歴史

(1) 米国

米国における格付けは、1900年にジョン・ムーディーがムーディーズ社を設立したのが、その始まりです。ムーディーズ社では、1909年に正式な格付けを開始しました。格付けの対象は、その当時、250社以上もあった鉄道会社が発行していた社債でした。その後、1929年に大恐慌が発生し、その結果、多くの鉄道会社の経営が悪化して、社債の発行残高のうち、約3分の1がデフォルトとなりました。このときに、ムーディーズ社の格付けの低かった社債の多くがデフォルトとなった一方、高い格付けを受けていた社債には、ほとんどデフォルトが発生しませんでした。これにより、米国の投資家の間で格付

けに対する信頼が一気に高まり、投資家による格付けの利用が定着したのです。したがって、米国の格付けは、100年以上の歴史を有しています。

(2) 日本

これに対して、わが国では、格付けの発展が遅れました。これは、**適債基準**が存在していたためです。適債基準は、社債を発行するための基準であり、非常に厳しい基準であったため、一部の超優良企業しか社債を発行することができませんでした。いわば「通信簿でオール5の優等生」の企業しか発行が認められなかったため、そのなかでランクづけを行ってもあまり意味がなかったのです。1996年に適債基準が廃止され、起債の自由化が行われました。わが国で、格付けが普及するようになったのは、事実上この時点からであり、日本における格付けは、まだ20年ほどの歴史しかありません。社債市場の発達とともに、格付けは定着してきています。

BOX 11-2　サブプライムローン問題と格付け

　世界金融危機の原因となったサブプライムローン問題では、証券化商品に対する甘い格付けが問題を悪化させたものとして、格付機関が批判を浴びました。サブプライムローンは、普通の住宅ローン（プライム・ローン）を借りられない低所得者向けの住宅ローンであり、借り手は、信用状態に難のあるBB以下の層です。ところが、それをまとめて証券化を行った証券化商品（MBS、CDOなど）には、8割以上にAAAの格付けが付与されていました。このため、安全で高利回りの証券として、世界中の投資家がこれらの証券化商品を購入し、これが世界的な金融危機につながることとなりました。しかし、BB格のローンをまとめたら、AAA格の証券ができるというのは、何かおかしくないでしょうか。その原因としては、以下の2つが挙げられています。

①住宅価格データの問題

　サブプライムローンという仕組みができたのが2000年ごろであり、その時

期から住宅価格は上昇を続けていました。こうした時期には、当然、住宅ローンのデフォルト率は低くなります。格付機関では、精緻なモデルを使ってデフォルト率を推計し、格付けを付与していましたが、住宅価格の上昇期のデータのみを使ったため、格付けが甘くなってしまったものと指摘されています。

②利益相反問題

サブプライムローン問題が発生する前の時期には、証券化商品の格付けによる収入が、格付機関の収入の4～5割を占めるようになっていました。しかも、証券化商品の格付けを依頼してくるのは、大手投資銀行の数社にすぎませんでした。こういう状況の下で、もし厳しい格付けをつけて、得意先を1社でも失うと、格付会社の経営には大きな痛手となります。このため、意図的に格付けをやや甘めにしていたのではないかとの批判があります。手数料を支払ってくれる相手に対して格付けを付与するという「発行者支払モデル」の欠点が露呈してしまったものとみられています。

こうした反省を受けて、格付機関に対する規制・監督の強化が進められています。

本章のまとめ

- 国際的な格付機関としては、（ ① ）、（ ② ）、フィッチ・レーティングス社があります。
- 格付機関のビジネスモデルとしては、格付け手数料を主とする（ ③ ）モデルと、レポート購読料を中心とする（ ④ ）モデルの2つがありますが、現在では、（ ⑤ ）モデルが主となっています。
- BBB格以上の社債はデフォルトの確率が低いため、（ ⑥ ）と呼ばれるのに対して、BB格以下の社債は危険性が高いため（ ⑦ ）と呼ばれます。後者は、リスクが高い分、高い金利が付けられているため（ ⑧ ）と呼ばれることもあります。
- 各国の国債に対する格付けのことを（ ⑨ ）といいます。また、国内の企業が発行する社債の格付けは、国債の格付けを上限とするというルールを（ ⑩ ）といいます。
- 証券化によって発行された資産担保証券に対する格付けのことを（ ⑪ ）といいます。

本章のキーワード

格付け、信用リスク、格付機関、格付会社、ムーディーズ社、スタンダード・アンド・プアーズ社、S&P社、フィッチ・レーティングス社、格付投資情報センター、日本格付研究所、格付け記号、発行者支払モデル、投資家支払モデル、累積デフォルト率、投資適格格付け、投資適格債、投機的格付け、ジャンク・ボンド、ハイ・イールド債、債券格付け、発行体格付け、依頼格付け、勝手格付け、ソブリン格付け、ソブリン・シーリング、カウンターパーティ格付け、ストラクチャード・ファイナンス格付け、アウトルック、格付けの見直し、適債基準

第12章

株式（1）
──株式による資金調達

　株式の発行は、借入金や社債と並んで、企業にとって重要な資金調達の手段です。ただし、株式は、自己資本の調達となるため、「負債による調達」である借入金や社債とは異なった性格を持っています。また、株式を保有することにより、経営参加権が得られるため、純粋に資金調達だけに止まらない面もあります。
　本章では、株式の基礎知識や株式による資金調達についてみていきます。

1 株式とは

(1) 3つの呼び方

　株式は、株式会社が自己資本を調達するために発行する有価証券です。株式によって調達した資金は、3つの名称で呼ばれます。

　1つは、**自己資本**という呼び方です。これは、借入金や社債などを「負債」と呼ぶのに対する呼び方になります。もう1つは、**株主資本**という呼び方です。これは、負債のことを「他人資本」と呼ぶのに対比して使われます。自己資本というと、経営者が自分のカネであると勘違いしてしまうので、それを避けるためには、株主から集めた資金という意味で株主資本と呼んだほうがよいという考え方があります。さらに、資産から負債を引いた部分という意味で、**純資産**と呼ばれることもあります。

　自己資本、株主資本、純資産は、細かくみると、会計的な定義はそれぞれ若干違うのですが、ここでは、おおまかに同じものを指すと考えておけばよいでしょう（図表12-1）。

(2) 株式の特徴

　株式には、以下のような特徴があります。

①有限責任

　株主の責任は、あくまで出資金の範囲にとどまります。これを**株主の有限責任**といいます。株主であることを理由に、企業の借金について無限責任を負うことはありません。この有限責任の原則によって、株式は、幅広い投資家から資金を集めることを可能にしているのです（序章2節を参照）。

②返済期限がない

　株式によって調達した資金は、企業が存続するかぎり、利用することができます。この点が、返済の期限がある借入金や社債との大きな違いです（図表

図表12-1 株式による調達部分

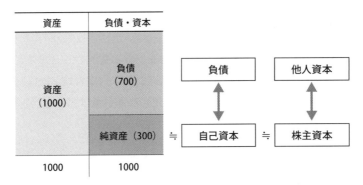

図表12-2 株式と借入金・社債との違い

調達手段	性格	返済の期限	資金のコスト
株式	自己資本 （株主資本）	なし	配当 （利益に応じる）
借入金 社債	負債 （他人資本）	あり	金利 （当初の約定分）

12-2)。

③配当の支払い

株式に対しては、企業は、利益に応じて**配当**を支払います。収益が好調なときには配当を増やす「増配」を行い、業績が不振なときには配当を減らす「減配」を行います。また、赤字の際には、まったく配当を行わない「無配」のこともあります。この点も、あらかじめ決められた金利を支払う借入金や社債との違いとなっています。

2 株主の権利

株式を保有する**株主**には、以下の3つの権利があります。これらにより、株

式の発行は、ただの資金調達ではない面があります。

（1）利益配当請求権

利益配当請求権とは、株主が「配当」を受け取る権利のことです。配当は、株主に対する利益の分配の性格を持つため、このように呼ばれます。経営への参加を目指さない一般の投資家（小口の株主）にとっては、最も重要な権利であるといえます。

（2）残余財産分配請求権

残余財産分配請求権とは、株式を発行した企業が解散することになった場合に、株主が残った財産を受け取ることができる権利のことです。企業を解散する場合には、企業の保有する資産をすべて処分して、それですべての負債を返済し、それでもなお財産が残る場合には、株主は持ち株数に応じて残った財産の分配を受けることができます。

たとえば、資産5億円と負債4億円を持っている企業を解散する場合には、5億円の資産をすべて処分して、それで4億円の負債を返済し、残額の1億円を株主に株式数に応じて配分します。この企業の100分の1の株式を持っていた株主は、1億円の100分の1にあたる100万円の配分を受けることになります（図表12-3）。

企業は、基本的には「継続的な事業体」（「ゴーイング・コンサーン」と呼ばれます）として経営を継続していくことが前提となっています。この原則のもとでもなお企業が解散されるような事態とは、どういう状況でしょうか。それは、経営が行き詰って赤字が続き、事業が継続できない、すなわち破綻状態にあることを意味します。破綻状態にある企業の場合には、通常、残余財産はほとんど残っておらず、株主が分配を受ける余地はあまり残っていません。また場合によっては、負債のほうが資産を上回っている**債務超過**という状態になっています。たとえば、資産が5億円に対して負債が6億円になっていれば、この企業は、1億円の債務超過となっており、財務的にはかなり危険な状態です（図表12-4）。債務超過ということは、残余財産がマイナスであることを意味するため、株主への分配を行うことはできません。

図表12-3 残余財産分配請求権の概念

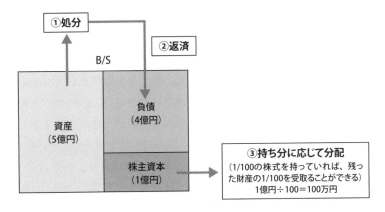

図表12-4 債務超過の企業のバランスシート

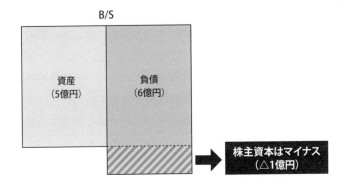

　このように残余財産分配請求権は、理論的には株主の3つの権利のうちの1つとして重要ですが、この権利の行使が問題となるような状況では、実際には権利の対象となる財産的な価値が残っていないことが多いため、実質的にはあまり意味がない権利であるものといえます。

(3) 経営参加権

　株式会社の最高意思決定機関は、**株主総会**です。社長や取締役などの経営陣を誰にするのか、合併・買収を受け入れるのか、配当を増やすのかなど、企業

経営の重要な事柄はすべて株主総会において決められます。株主は、ここに出席して、議案に対して賛成・反対の議決を行う権利を有しており、これを**経営参加権**または**議決権**といいます。

通常、学校のクラスでの投票は、1人1票制で行われます。これに対して、株主総会での議決は、持ち株数に応じて行われ、多くの株式を持っている株主は多くの議決権を持ち、多数決によって決定されます。このため、大株主は大きな発言権を持ち、さらに過半数の株式を保有すれば、すべての議決を自分の思うとおりにすることができます。また、大株主は、株主総会に自分の提案を提出することもできます。

このように、多くの株式を保有することによって、企業の経営に影響を及ぼすことができるため、株主の経営参加権は重要な意味を持ちます。

(4) 自益権と共益権

株主には、以上のような3つの権利がありますが、これは、自益権と共益権に分類されます。

自益権とは、その株主だけに関係する権利のことです。すなわち、利益配当請求権と残余財産分配請求権が、自益権にあたります。

共益権とは、権利を行使した結果が、すべての株主に影響する権利のことです。すなわち、経営参加権(議決権)が共益権になります。

3 株式の種類

「会社法」では、権利内容の異なる複数の種類の株式の発行をすることが可能とされています。権利内容にとくに制限や特典がない標準的な株式のことを**普通株式**というのに対して、普通株式とは内容の異なる株式のことを**種類株式**と呼びます。以下では、いくつかの代表的な株式の種類についてみていきます。

(1) 普通株式

株主としての権利に、何の特典も制限も付いていない標準的な株式のことを

普通株式といいます。株式市場で流通している株式は、この普通株式です。

(2) 優先株式

　利益の配当および残余財産の分配について、普通株式より優先的に受け取ることができる株式のことを**優先株式**といいます。配当などの優先性という特典がついている一方で、無議決権株式（後述）として議決権の行使が制限される形で発行されるのが一般的です。

　優先株式には、あらかじめ「優先配当率」（払込み金額に対する配当の割合）が決められており、優先株式にそれだけの配当を支払ったあとでなければ、普通株式に配当ができないことになっています。たとえば、優先株式が1株100万円で引き受けられ、年率5％の優先配当率が定められていたとすると、この株式には、5万円の配当が優先的に行われます。このため、収益の状況によっては、優先株式には配当が行われるが、普通株式には配当がない（無配）といったケースがありえます。優先株式は、普通株式での資金調達が難しい（誰も引き受けてくれない）、経営再建中の企業などで発行されるケースが多くなっています。

(3) 劣後株式

　劣後株式は、優先株式とは反対に、利益の配当や残余財産の分配について、普通株式の後に受け取る株式です。一定の株主に、普通株主よりも、劣後した地位で少なく配当したい場合に発行されます。引き受ける投資家にとっては、不利な株式になります。既存の普通株式の株主の利益を損ないたくないが、資金調達を行わなければならない企業などで発行されます。

　劣後株では、優先株とは逆に、配当などを受け取る権利を制限して、議決権を与えることになります。企業の利益が十分でないときに、普通株や優先株を発行すると配当を受け取る株主が増えて、既存株主にとって株の価値が下がるおそれがあります。こうした場合に、既存株主に迷惑をかけずに資金を調達する手段として用いられます。

　配当の優先順位は、優先株式 → 普通株式 → 劣後株式の順となります（図表12-5）。

図表12-5 配当の優先順位

(4) 無議決権株式

無議決権株式は、経営参加権（議決権）のない株式です。前述のように、多くの場合は優先株式との組み合わせで、「無議決権株式かつ優先株式」として発行されます。企業の経営者にとっては、経営に口出しされないで、資金調達ができるというメリットがあります。ただし、乱用を防ぐため、発行済み株式の2分の1を超えて発行することはできないといった制約がつけられています。

(5) 複数議決権株式

複数議決権株式とは、複数の議決権を持つ株式のことです。通常、1株（または1単元株）には1つの議決権が付与されますが、複数議決権株式には、複数の議決権が与えられます。たとえば、普通株式の10倍の議決権を持つ複数議決権株式を設定し、これを創業者や経営者が保有すれば、上場によって株主が分散しても、多くの議決権を確保しておくことができます。ただし、普通株式の株主との間で格差が生じてしまうため、株式平等の原則から問題視する見方もあります。

> **BOX 12-1 トラッキング・ストック**
>
> やや特殊な株式として、**トラッキング・ストック**があります。これは、特定の事業部門の業績にリンクした株式のことです。たとえば、企業の主力業務は低成長であるが、高い成長が期待できる新分野の事業部門を有しているといった場合に、その事業部門向けの資金調達を行うケースに利用されます（図表12-6）。

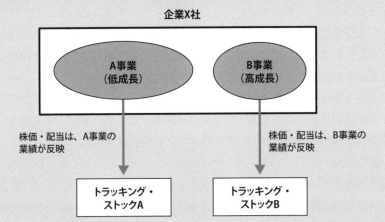

図表12-6 トラッキング・ストックの概要

トラッキング・ストックでは、配当は、対象となる事業の業績に連動して支払いが行われます。また、議決権については、企業全体の時価総額に占める同事業部門の時価総額の割合（たとえば、全体の2割のウエイトなど）に応じて付与されます。トラッキング・ストックは、会社分割を行わずに、新分野の高い成長力を活かした資金調達が行えるというメリットがあります。

4 株式による資金調達

株式会社を設立する際の株式発行のことを「新規発行」といい、2回目以降に株式を追加で発行することを**増資**といいます。企業の資金調達という面では、増資が圧倒的に重要な役割を果たします。

（1）募集の方法

株式による資金調達（増資）では、誰に新株を割り当てるかによって、①株主割当、②第三者割当、③公募の3つの形態があります。

①株主割当

株主割当とは、既存の株主に、新株式の割当てを受ける権利を与えて行う増資の方法です。この場合、株主は持ち株数に応じて、新株の割当てを受ける権利を与えられます（ただし、引き受ける義務はなく、申し込みをしなければ権利は失権します）。

株主割当では、①増資後の株主構成に大きな変化が生じないこと、②資金調達の確実性が比較的高いこと、などがメリットとなっています。株主割当では、時価（市場価格）よりも有利な発行価格で、新株が株主に割り当てられるのが一般的です。

株主割当増資の一種として、**ライツ・イシュー**があります。これは「新株予約権無償割当」とも呼ばれ、既存の株主に対して、保有株式数に応じて新株を買う権利である「新株予約権」（これをライツといいます）を無償で割り当てるものです。株主は、この権利を行使して新株を購入することもできますし、増資に応じたくない場合には、新株予約権を市場で売却することができるのが特徴です。

ライツ・イシューには、株主がライツを行使しなかった場合には証券会社がそれを買い取って行使する「コミットメント型」と、未行使の場合には権利が失権する「ノンコミットメント型」があります。コミットメント型では、予定どおりの調達額を得ることができますが、証券会社の事前審査が必要となります。一方、ノンコミットメント型では、調達額が未達となる可能性がありますが、一方で、事前審査が必要なく、手続きが簡単であるというメリットがあり、こちらの手法が多くなっています。

②第三者割当

第三者割当とは、特定の者（第三者）を対象に新株の割当てを行う方法です。第三者とは、取引先、金融機関、親会社、発行会社の役員・従業員などを指します。この方法は、純粋な資金調達を目的とするというよりも、資本関係の強化や変更を目的として新株が発行されるというケースに多く用いられます。具体的には、①合併・買収（M&A）を行うため、②仕掛けられた敵対的な買収に対抗するため、③業務提携先との関係強化のため、などに実施されます。

③公募

公募とは、広く一般の投資家から、新株を買いたいとの申し込みを受け付ける方法です。最も一般的な増資の方法であり、証券会社を通じて、投資家を募ります。

上記の3つの方法のうち、第三者割当と公募のウエイトが高くなっています。

(2) 発行価格

増資は、一般に**時価発行**によって行われます。これは、新株の発行時点におけるその株式の市場価格（＝時価）に近い価格で新株の発行を行う方法です。以前には、額面を基準とした「額面発行」（株式を額面で発行する方法）や「中間発行」（時価と額面価額の中間で発行する方法）といった方法もありましたが、現在では、株式には額面はなくなり、すべて**無額面株式**となっているため、こうした方法はなくなっています。

ただし、実際には、時価より少し割り引いて発行価格が決定されることが多く、これを「ディスカウント率」といいます。ディスカウント率は、通常2～4％程度であり、これは、価格の決定日から払込み日までの株価変動のリスクを見込むためです。

(3) 増資の影響

増資は、企業にとっては、新たに資金を調達できることであり、企業経営にとって望ましいことです。しかし、既存の株主にとっては、良いことばかりではありません。よく問題となるのが、発行株式数が増えることによって、**1株当たり利益**（EPS：Earnings Per Share）が少なくなってしまうことです。1株当たり利益は、税引後当期利益を発行済株式数で割って算出します。

たとえば、これまでは10人で分けていたピザ（企業の配当総額）を、株主の数が増えたために、15人で分けることにします。利益の水準が変わらないものとすると、当然、1人がもらえるピザの一切れ（配当）は少なくなることになります。

このように株式の数が増えることで、1株当たりの価値が下がることを**株式の希薄化**（または「ダイリューション」）といいます。増資の発表に対して、株

式の希薄化が市場で嫌気されると、株価が下落することになります。

5 株式公開

　増資によって、株式市場で一般の投資家から資金を調達するためには、「株式公開」を行っておくことが必要です。

(1) 株式公開とは

　株式公開とは、未上場企業の株式を株式市場において売買可能にすることであり、「株式の上場」ともいいます。証券取引所が、その企業の株式が株式市場で売買されることを認めることであり、上場企業になるためには、証券取引所が定める「上場基準」（株式数、時価総額、総資産額、利益額など）をクリアすることが必要です。なお、ここで**時価総額**とは、「株価×発行株式数」によって算出するもので、株価が300円で発行済株式数が1億株の企業の場合には、時価総額は300億円となります。これは、株式市場がつけた「その企業の価値」を表します。

　株式公開により、企業は「未公開企業」（プライベート・カンパニー）から「公開企業」（パブリック・カンパニー）になります。未公開企業では、創業者や経営陣が主要な株主であるのに対して、公開企業（「上場企業」ともいう）では、不特定多数の投資家が株主となります。新規に株式を上場することを、**IPO** (Initial Public Offering) または**新規株式公開**と呼びます。

(2) 株式公開時に行われること

　IPO株式を上場するときの価格（「公開価格」といいます）は、まず機関投資家などに聞いた「仮条件」（1200〜1400円など）をもとに、投資家の需要を積み上げて行う「ブックビルディング」を経て決まります。この株式の人気が高ければ、公開価格は仮条件の上限近くに、投資家の需要が低ければ仮条件の下限に近いところで決まります。

　株式の公開時には、募集と売出しの2つが行われます。「募集」とは、企業が

新株を発行して、株式市場から新たな資金調達を行うことです。一方、「売出し」とは、創業者など既存の株主が保有株式の一部を売却することを指します。創業者にとっては、創業以来、苦労して育ててきた企業が上場することにより、「創業者利得」を得られる機会となります。

(3) 株式公開のメリット

企業が株式を公開することによるメリットとしては、以下のようなものがあります。

①資金調達能力の向上

株式市場への上場により、増資によって、株式市場から直接、資金を調達することができるようになるため、資金調達の能力が大幅に高まります。

②社会的な信用力と知名度の向上

上場基準をクリアすることによって、上場企業としてのステイタスが得られ、取引先や金融機関、顧客などからの信用力が高まります。また、上場企業になると、新聞の株式市況欄に毎日、株価が掲載されるほか、マスコミで報道される機会も増え、企業の知名度が格段にアップすることになります。

③優秀な人材の確保

上場企業になると、将来性のある、安定した職場として評価されるため、優秀な人材が獲得しやすくなることもメリットの1つです。

(4) 株式公開に伴う負担

一方で、株式公開には、負担の増加も伴います。

①株主に対する経営責任

幅広い投資家から資金を集める以上、それらの投資家に対して、きちんと経営を行う責任を負うことになります。すなわち、継続的に利益をあげて、配当を行っていく責任を負うのです。

②経営支配権の低下

　株式の公開前は、多くの場合、創業者や経営陣が100％の経営支配権を有していますが、公開により新株を発行すると、経営陣の保有する持ち株比率は大きく低下することになります。株式が市場で自由に売買されるようになり、敵対的な買収のターゲットとされる可能性も出てきます。このため、長期的・安定的に株式を保有してくれる「安定株主対策」が必要となります。

③経営情報の開示義務

　上場企業になると、投資家や株式市場に対して、事業内容、収益の状況などを適宜開示していくことが求められます。こうした「ディスクロージャー」の義務を果たすためには、一定のコストが必要となります。

(5) 株式の上場先

　株式を公開する場合には、証券取引所に株式を上場します。また、新興企業向けの市場も設けられています。

①証券取引所

　証券取引所とは、一定の上場基準を満たした上場銘柄の取引を行う市場です。わが国には、東京証券取引所（東証）、名古屋証券取引所（名証）、福岡証券取引所（福証）、札幌証券取引所（札証）の4つがあります。このほかに、大阪証券取引所（大証）がありましたが、東証と大証は、持ち株会社（日本取引所グループ）の下で経営統合され、現物株の取引は東証に統合されています。

　東証と名証は、「一部市場」と「二部市場」に分かれています。上場企業数は、東証の約2400社に対して、名証が約300社、福証が約100社、札証が約50社となっています（2014年9月末）。これらの4つの証券取引所のうち、売買高では東証が99％を占めており、東証への一極集中が進んでいます。

②新興企業向け市場

　上記の4つの取引所には、設立して間もない新興企業の株式を取引するための特別な市場（**新興企業向け市場**または「**新興市場**」）が設けられています。

図表12-7　証券取引所の上場企業数

	東証	名証	福証	札証
本則市場	1部　　1830社 2部　　 542社	1部　　186社 2部　　 97社	104社	53社
新興市場	ジャスダック　853社 マザーズ　　　194社	セントレックス 12社	Qボード 10社	アンビシャス 5社

(注) 2014年9月末。

　これらの新興市場では、成長性はあるが実績が十分ではないベンチャー企業などに資金調達の場を提供するために、上場基準が緩やかに設定されています。東証が**マザーズ**と**ジャスダック**の2つの市場を運営しており、合わせて1000社以上が上場しています。このほか、名証に「セントレックス」、札証に「アンビシャス」、福証に「Qボード」が設けられていますが、上場企業はいずれも10社前後にとどまっています（図表12-7）。

(6) 上場基準

　各証券取引所では、企業が上場するための要件である**上場基準**を定めています。これには、時価総額、利益、純資産総額、株主数などが含まれます。ジャスダック、マザーズなどの新興市場では、将来性のある企業を早期に上場させることができるようにするため、基準が緩和されています。たとえば、マザーズでは、設立後の経過年数についてはとくに規定がないため、設立後間もない企業でも上場が可能となっています（図表12-8）。また、利益の額についても決まりがなく、赤字であっても将来性があれば上場が可能です。

　未上場企業の場合、まずはマザーズやジャスダックなどの新興市場への上場を目指すことになります。さらに企業が発展すると2部市場へ上場し、最終的には1部市場に上場するというのが、企業の発展に沿った、一般的な道筋です。

図表12-8　上場基準の比較（マザーズと東証2部）

	マザーズ	東証2部
設立後の経過年数	とくになし	3年以上
上場時価総額	10億円	20億円
株主資本（純資産）の額	とくになし	10億円以上
利益の額	とくになし	最近2年間の利益の総額が5億円以上
株主数	上場時に300人以上の株主をつくること	最低800人以上

（7）上場廃止

　せっかく上場しても、一定の基準に抵触すると、上場が廃止されます。こうした上場廃止の条件としては、①株主数が一定以下になる、②債務超過が2年以上続く、③時価総額が一定以下になる、などのケースがあります。また、有価証券報告書に「虚偽記載」を行い、その影響が重大であった場合にも、上場廃止となることがあります（西武鉄道、ライブドアなどの事例があります）。

6　株式関連のキーワード

　以下では、株式に関連するキーワードについてみていくこととします。

（1）ストックオプション

①ストックオプションとは

　ストックオプションとは、一定期間内に、あらかじめ決められた価格で、自社株を購入することができる権利のことで、「自社株購入権」ともいわれます。企業が自社の役員や従業員に付与します。あらかじめ決められた価格のことを「権利行使価格」といいます。

　ストックオプションを持つ人は、自社の株価が権利行使価格より高くなった

図表12-9 ストックオプションによる利益

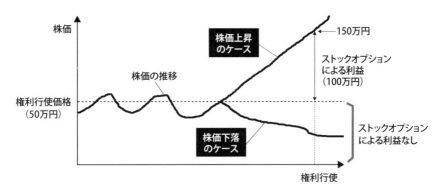

場合には、権利を行使して自社株を購入し、それを株式市場で売却すれば、キャピタル・ゲイン（値上がり益）を得ることができます。たとえば、1株を50万円で買えるストックオプションを付与されて、行使期間内に株価が150万円になったものとします。この場合、権利行使を行い、購入した自社株を市場で売却することにより、1株当たり100万円（150万円－50万円）を得ることができます（図表12-9）。この権利を100株分持っていたとすると、得られる利益は1億円（100万円×100株）となります。一方、株価が権利行使価格を下回って低迷した場合には、ストックオプションによる利益を得ることはできません。

②ストックオプションの意味

企業が、役員や従業員にストックオプションを付与する意味は、以下のようなものです。

(a) 当面の人件費の節減

設立から間もない立ち上げ期の企業は、資金があまりなく、優秀な人材に来てもらおうとしても、大企業のような高い給料やボーナスを支払うことはできません。このため、ストックオプションという将来の希望を渡すことによって、当面は安い給料やボーナスで働いてもらうようにするのです。つまり、報酬の後払いにより、優秀な人材の確保を可能とする仕組みです。

(b) インセンティブづけ

ストックオプションでは、将来の会社の業績（≒株価）次第で、権利行使によって得られる金額が大きく変わってきます。つまり、企業の業績が大幅に向上して、株価が上がるほど、ストックオプションを付与された人の得られる利益は大きくなります。逆に、株価が権利行使価格以下で低迷した場合には、このストックオプションには、まったく価値がありません（この場合、ストックオプションは行使されません）。

このため、ストックオプションは、付与された人に対して、企業の業績向上のために頑張ろうとする強いインセンティブを与える効果があります。事実、米国のIT企業やベンチャー企業では、ストックオプションが起爆剤となって大きな成長を遂げた例が少なくありません。

以上のような効果から、わが国でもストックオプションが普及しつつあります。また、役員のみでなく、一般の従業員に付与する例もみられています。

③株式の付与方法

ストックオプションが行使された場合の企業の株式の付与方法としては、以下の2つがあります。

（a）市場買入れ方式

企業が権利行使に備えて、あらかじめ市場から買入れ（自社株買い）を行って、自社株を保有しておき、それをストックオプションの行使者に渡す方法です。この場合、権利行使に伴って、発行株式数が増えることはありません。

（b）新株発行方式

ストックオプションの保有者の権利行使に応じて、新株を発行して付与する方法です。この場合、権利行使に伴って、発行株式数が増えることになります。

BOX 12-2　1円ストックオプション

従来みられたような通常型のストックオプションでは、権利を行使するにあたっては、ある程度の権利行使価格を支払う必要がありますが、最近では、

オプションの権利行使価格を極端に低く設定したストックオプションが増加しています。こうしたタイプでは、通常、権利行使価格を1円に設定することから、**1円ストックオプション**と呼ばれます。また、株式の価値とほぼ等しい利益を付与者に与えることになるため、「株式報酬型ストックオプション」ともいわれます。

1円ストックオプションは、従来の「役員退職慰労金」を廃止するかわりに導入されるのが一般的です。算定基準が不透明で年功色が強い役員退職慰労金にかえて、1円ストックオプションにすることによって、成果重視の業績連動型報酬とすることができます。また、役員に対して、最後まで業績向上に向けたインセンティブを持たせるという側面があります。1円ストックオプションでは、権利行使期間が「役員退任後10日以内」など短期間に設定されることが多く、役員は、任期のぎりぎり最後まで株価の上昇を目指した努力を続けることになります。

(2) 自社株買い

①自社株買いとは

自社株買い（stock buyback）とは、企業が自社の株式を市場から買い戻すことです。これにより、市場に出回っている株式数を減らすことができます。

②株主への利益配分としての自社株買い

自社株買いを行う目的の1つとして、株主への利益配分があります。これは、自社株買いを行うと**1株当たり利益**が増加するためです。1株当たり利益は「当期純利益 ÷ （発行済株式数－自己株式数）」によって計算しますが、このうち、分母の部分が減少することにより、この値が増加します。なお、自己保有の株式（自己株式）には、配当は行われません。

このことは、ピザの例で考えると、よくわかります（図表12-10）。今まで8人の株主がいたものとすると、ピザ（企業の配当総額）を8人で分けることになります。ところが、このうち2人分を自社株買いしたものとすると、配当を受ける株主は6人に減り、次の決算期からはピザを6人で分けることになりま

図表12-10　ピザの切り分けと自社株買い

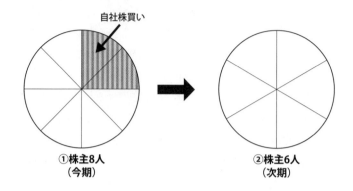

す。ピザの大きさ（企業の配当総額）が変わらないものとすると、当然、6人で分けた一切れは、8人で分けた一切れより大きくなります。このため、自社株買いは、株主の配当にとっては好影響を与え、増配と並んで、株主への利益配分としての側面を持つのです。

　当期純利益（税引後当期利益）のうち、配当による株主への利益還元の比率を**配当性向**といいますが、配当に自社株買いの金額も加えた合計額が当期純利益に占める比率のことを**総配分性向**（または「総還元性向」）と呼び、最近では、重視されることが増えています。当期純利益100億円の企業において、30億円の配当を行えば配当性向は30％ですが、これに加えて20億円の自社株買いを行えば総配分性向は50％となり、利益の50％が株主に配分されたことになります（図表12-11）。最近では、配当性向よりも総配分性向を重視する傾向にあります。

　こうした利益配分としての自社株買いは、手許に豊富な資金があっても、それを投下すべき有望な投資案件が見当たらないといった場合に行われます。当面使わない資金がある場合には、株主に返すべきとの考え方が強まっていることによるものです。

③株価対策としての自社株買い

　自社株買いのもう1つの目的として、株価対策があります。これは、自社の株価が低迷しており、経営陣が、自社の経営状況からみて株価が低すぎると判

図表12-11 配当性向と総配分性向

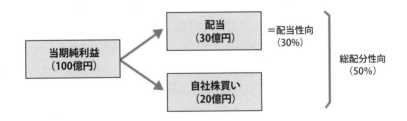

断した場合に行われます。こうした自社株買いは、自社の経営内容について最もよく知っている経営陣が、「株価が割安である」というシグナルを株式市場に発することになるため、これをきっかけに株価が上昇するケースが多くみられます。これを自社株買いの**シグナリング効果**といいます。

自社の株安を放置しておくと、安値で企業買収のターゲットとされる危険性もあるため、自社株買いにより株価対策を行うのです。

④自社株の処理方法

自社株買いによって買い入れた自社株の処理方法には、①株式消却、②金庫株、③再売出しの3通りの方法があります。

(a) 株式消却

株式消却とは、企業が取得した自社株を「消却」する（帳簿から消し去る）ことであり、発行済株式数を減らすことになります。漢字は「焼却」ではないのですが、株券を焼いてなくしてしまうというイメージになります。

株式消却の効果としては、以下のようなものがあります。第1に、発行済株式数が減るため、1株当たりの資産価値が上昇し、株主にとってはメリットになります。たとえば、100万株を発行している企業が10万株の自社株買いを行い、これをすべて消却したとすると、発行株式数は90万株となり、1株当たりの価値が高くなります。第2に、消却した株式には、配当する必要がなくなるため、企業にとっては配当負担の軽減につながります。第3に、財務指標の改善につながります。財務指標として、1株当たり純資産、1株当たり当期純利益など、1株当たりの指標をみることが多いためです。

(b) **金庫株**

　企業が買い入れた自社株を消却しないで、保有し続ける場合、これを**金庫株**といいます。あたかも、取得した株券を自社の金庫に保管しておくイメージであるため、このように呼ばれます（実際には、株券の電子化により、現物の株券は姿を消しています）。金庫株には配当は行われず、議決権もないため、1株当たり利益などを算定する際の発行済み株式数からは除外されます。

　企業が金庫株を持つ目的としては、大きく2つがあります。第1に、ストックオプションの行使に備えた保有です。役員や従業員にストックオプションを付与すると、その権利が行使された場合には、自社株を交付する必要があり、そのために、あらかじめ自社株を保有しておくことがあります。第2に、M&A（合併・買収）において「株式交換」に利用するための保有です。M&Aでは、現金による買収のほか、自社株と買収先企業の株式を交換する「株式交換」という手法があり、現金を必要とせずに買収を行うことができます（次章を参照）。このため、戦略的に自社株を保有しておくことがあります。

(c) **再売出し**

　金庫株を保有する企業が、資金が必要になった場合に、手持ちの株式を再び市場で売り出す**再売出し**を行うこともあります。株価が低迷していた時期に自社株買いを行っていた場合には、それを高い価格で売却することができます。一方、金庫株が放出されると、自社株買いと反対の効果が生ずるため、1株当たりの利益などを押し下げることになります。

⑤**自社株買いの利用**

　自社株買いは、従来、株価操縦につながるなどの理由で、株式消却やストックオプションの付与などに目的が制限されていました。しかし、敵対的買収への対抗策や持合い株式解消の受け皿などとするため、2001年に、目的を定めずに金庫株として取得することが解禁されました。その後、取締役会で自社株買いの時期などを決めることができるように手続きも簡素化され、利用が増加してきています。中には、自社が筆頭株主となっているような企業もみられます。

(3) 企業の収益性の指標

　企業の収益性を表す代表的な指標として、ROAとROEがあります。新聞等の報道でもよく用いられますので、ここで触れておくこととします。

①ROA（総資産利益率）

　ROA（Return on Asset：総資産利益率）とは、企業が総資産に対して、何％の利益を生み出しているのかという指標です。

　ROAは、以下の式によって算出します。

$$ROA（\%）= \frac{当期純利益}{総資産} \times 100$$

　たとえば、総資産が100億円で、当期純利益が5億円の企業のROAは、5億円/100億円×100で、5％となります。ROAは、事業に投下されている資産全体（＝調達した資金全体）によってどれだけ利益をあげることができたかを示す総合的な収益性の指標として利用されます。

②ROE（株主資本利益率）

　ROE（Return on Equity：株主資本利益率）とは、株主資本に対して何％の利益を生み出しているかをみる指標です。

　ROEは、以下の式によって算出します。

$$ROE（\%）= \frac{当期純利益}{株主資本} \times 100$$

　たとえば、株主資本が10億円で、当期純利益が2億円の企業のROEは、$\frac{2億円}{10億円}\times 100$で、20％となります。ROEは、株主資本を使ってどれだけ利益をあげたかをみるために用いられ、株主の立場からみた収益性の指標として注目されます。一般に、15〜20％程度の高いROEを保っている企業は、優良企業とされます。

　ROEを上げるためには、分子である当期純利益を増やすか、分母である株主資本を減らせばよいことになります。このため、ROEの水準は「高ければ高

いほど良いとはいえない」という点には注意が必要です。これは、株主資本が小さければ、見た目のROEは高くなるためです。つまり、企業の規模に比して株主資本の規模が小さい過小資本の企業（＝資本が脆弱で倒産しやすい企業）が、高いROEを示すことがあるのです。

　したがって、ROAとROEのバランスをよくみることが必要となります。また、ROEの場合には、自己資本比率と一緒にチェックする必要があります。

本章のまとめ

- 株式の発行により調達した資金は、負債のことを他人資本と呼ぶ場合には、これに対比して（ ① ）と呼ばれます。また、資産から負債を引いた部分という意味で（ ② ）と呼ばれることもあります。
- 株主の権利のうち、（ ③ ）とは、企業が解散することになった場合に株主が残った財産を受取る権利のことです。株主の権利のうち、共益権にあたるのは（ ④ ）です。
- 配当金を受取る優先順位が普通株式よりも高い株式のことを（ ⑤ ）、逆に優先順位が低い株式のことを（ ⑥ ）といいます。
- 増資は、割り当てる相手によって、株主割当、（ ⑦ ）（ ⑧ ）の3つの形態があります。
- 増資により、発行株式数が増えることによって（ ⑨ ）が減ることを（ ⑩ ）と呼びます。
- 新規の株式公開のことを、英語の略語で（ ⑪ ）と呼びます。
- 新興企業向け市場として、東証では（ ⑫ ）と（ ⑬ ）の2つの市場を運営しています。
- 将来に、一定の価格で自社株を購入できる権利のことを（ ⑭ ）といい、わが国でも普及してきています。

本章のキーワード

株式、自己資本、株主資本、純資産、株主の有限責任、配当、株主、利益配当請求権、残余財産分配請求権、債務超過、株主総会、経営参加権、議決権、自益権、共益権、普通株式、種類株式、優先株式、劣後株式、無議決権株式、複数議決権株式、トラッキング・ストック、増資、株主割当、ライツ・イシュー、第三者割当、公募、時価発行、無額面株式、1株当たり利益、株式の希薄化、株式公開、上場基準、時価総額、IPO、新規株式公開、証券取引所、新興企業向け市場、マザーズ、ジャスダック、ストッ

クオプション、1円ストックオプション、自社株買い、配当性向、総配分性向、シグナリング効果、株式消却、金庫株、再売出し、ROA、ROE

第13章

株式（2）
──企業の合併・買収

　前章では、企業の資金調達手段としての株式についてみました。本章では、株式に関連する事項として、企業の合併・買収（M&A）についてみることとします。

　わが国でも、近年、企業間のM&Aが増えてきており、日本企業同士によるM&A（インイン型）のほか、日本企業による海外企業のM&A（インアウト型）や海外企業による日本企業のM&A（アウトイン型）もみられています。敵対的な買収の場合には、さまざまな買収への対抗策がとられ、マスコミで騒がれるケースもあります。

　本章では、M&Aの目的や形態、手法などについてみたうえで、敵対的な買収やそれに対する買収防衛策についてみていきます。

1 M&Aの概要

(1) M&Aとは

M&Aとは、**企業の合併・買収**のことであり、英語のMerger（合併）とAcquisition（買収）の頭文字をとって、このように呼ばれます。

(2) M&Aの目的

企業がM&Aを行う目的としては、以下のようなものが挙げられます。

①水平統合

同じ業種の企業が規模を拡大させるために行うM&Aは、一般的に**水平統合**と呼ばれます。この統合では、事業規模を拡大してスケールメリットによるコスト優位を得たり、市場シェアを高めることなどが目指されます。自動車メーカー同士や弱電メーカー同士が合併するケースがこうした統合にあたります。

②垂直統合

一方、自社の事業領域を拡大するために、仕入先や販売先の事業を統合・吸収するM&Aは、**垂直統合**と呼ばれます。部品や原材料の仕入先の事業に進出する「川上統合」のケースと、自社の販売先の事業に進出する「川下統合」のケースがあります。いずれも、原材料の調達から製造・販売までの一貫体制の確立やその効率化を目的として行われます。

③新規分野への進出

事業の多角化のために、新規分野に進出する手法として、M&Aが行われる場合もあります。たとえば、化学会社が薬品事業へ進出しようとする場合に、ゼロから始めようとすると、事業が成長して収益が上げられるようになるまでにはかなりの時間を要します。こうした場合には、すでに薬品事業を行っている企業を買収する方が効率的に事業を拡大することができます。こうした

M&Aは、しばしば「時間を買うためのM&A」と呼ばれます。

④救済合併
経営不振の企業を救済するために行われるのが**救済合併**です。業績不振に陥っている企業を、経営が健全な別の企業が吸収合併する形で行われます。

これらのうち、①～③のケースでは、事業規模を拡大する、新規分野に参入するといった企業戦略がまず初めにあって、その戦略を達成するための手法としてM&Aが選ばれます。

(3) 友好的なM&Aと敵対的なM&A

M&Aには、友好的なケースと敵対的なケースとがあります。

①友好的なM&A
買収される側の企業の経営陣が、その買収に合意（賛成）している場合の買収のことを**友好的なM&A**と呼びます。わが国で行われるM&Aのほとんどは、友好的なM&Aです。

②敵対的なM&A
買収される側の企業の経営陣が、その買収に反対している場合の買収のことを**敵対的なM&A**と呼びます。買収者が、対象企業の経営陣の同意を得ることなく、市場で株式を買い占めるといったかたちで進められます。わが国では、これまで敵対的なM&Aの事例はあまり見られませんでしたが、最近では、海外の買収ファンドによる敵対的なM&Aの事例が散見されるようになっています。こうした場合には、さまざまな買収への対抗策がとられます（詳細は後述します）。

(4) デュー・ディリジェンス

M&Aを行う企業が、買収先の企業の内容について詳しく調べることを**デュー・ディリジェンス**（Due Diligence）と言います。これは、直訳すると

「相当な注意義務」という意味であり、「デュー・ディリ」や「デュー・デリ」などと略して呼ばれる場合もあります。調査する内容は、買収先企業の商品・サービス、経営面、財務面、人事面などあらゆる面に及びます。消費者が高額な商品を買う前に入念に材質や品質をチェックするのと同じで、企業という高い買い物をするうえでは、綿密な調査は欠かせません。

なお、M&Aを行う場合には、「M&Aアドバイザー」がつくことが多くなっています。アドバイザーは、買収する側と買収される側の双方につくことが多く、交渉の進め方、企業価値の見積もり、買収資金の調達方法などについてアドバイスを行います。一般に、こうした知識が豊富な大手の銀行や証券会社が、M&Aアドバイザーを務めます。

2 M&Aの形態

M&Aの形態の主なものとしては、以下のようなものがあります（図表13-1）。

(1) 合併の形態

合併は、2つ以上の会社が、1つの企業に合体する手法です。合併の形態には、吸収合併と新設合併があります（図表13-2）。

①吸収合併

A社とB社が合併する場合に、A社が**存続会社**となり、B社は吸収されて消滅する形態を**吸収合併**といいます。この場合、B社の行っていたビジネスや権利・義務は、A社が継承します。

②新設合併

A社とB社が合併する場合に、A社とB社がともに消滅会社となって解散し、新会社であるC社を設立する形態を**新設合併**といいます。新設会社であるC社が、A社とB社の事業やそれに関する権利・義務などを包括的に継承します。

このように合併には2つの形態がありますが、実際には、吸収合併の形態が

図表13-1　M&Aの主な形態

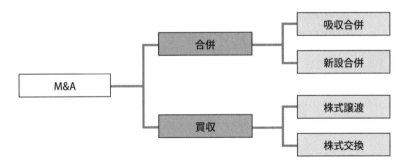

図表13-2　吸収合併と新設合併

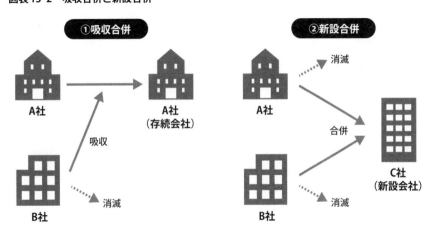

とられる場合が圧倒的に多くなっています。これは、新設合併の場合には、業務のための許認可（会社の登記、上場手続き、事業免許など）を新たに取り直す必要があり、手続きが非常に煩雑となるためです。

(2) 買収の形態

買収とは、買収を行う企業（買い手企業）が、買収先企業（売り手企業）の株式を一定割合以上保有することにより、買収先企業の経営支配権を得ることです。取得する株式の比率は、基本的には、発行済株式数の50％超です。株式の取得には、①現金を支払う方法と②自社株と交換する方法とがあります。

図表13-3　株式譲渡の事例

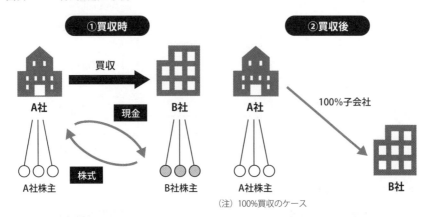

(注) 100％買収のケース

①株式譲渡

　買い手企業が、売り手企業の既存株主からその保有株式を買い取り、その対価として現金を支払うことにより買収を行うことを**株式譲渡**といいます（図表13-3）。いわば、「現金による買収」であり、M&Aの手法のなかでも手続きが簡単なことから、比較的多く利用されています。

　株式の買い取りの方法としては、株式市場で買い付ける方法と株式市場外で買い集める方法があります。後者としては、大株主から直接買い取る方法（相対取引）と公開買い付け（TOB、後述します）を用いる方法とがあります。株式譲渡では、買収先企業の株主が変わるだけであり、買収によって買収先企業の社名や取引先との契約関係などには、とくに変化は生じないという特徴があります。

②株式交換

　企業を買収する際に、買い手企業が、自社の株式を売り手企業の株式と交換することによって経営支配権を得て、売り手企業を完全子会社（100％子会社）にする方法を**株式交換**といいます。株式交換では、現金のかわりに自社株式で支払うことによって売り手企業の株式を取得します。

　A社が株式交換によってB社を買収する場合には、B社の株主は、B社の株式を渡す対価としてA社の株式を受け取ります（図表13-4）。つまり買収後は、

図表13-4　株式交換の事例

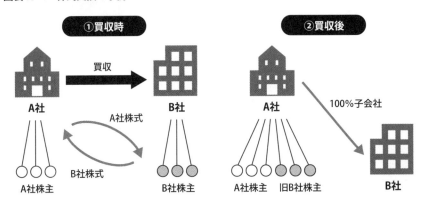

B社の株主は、買い手企業であるA社の株主になります。

このとき、A社株式とB社株式との交換比率を**株式交換比率**といいます。株式交換比率は、両社の1株当たりの価値（一定期間の平均株価）によって決められます。B社の株式1株に対してA社株0.5株が交付された場合には、株式交換比率は1対0.5です（このことは、A社の株式がB社の株式の2倍の価値を持っていることを意味します）。A社は、株式を新規に発行するか、または金庫株として保有していた株式を使って株式交換を行います。

株式交換による買収では、買い手企業が、買収のために多額の現金を準備する必要がないというメリットがあります（つまり、「キャッシュレス買収」が可能です）。また、買い手企業では、自社の株価が高ければ、それを活用して有利な交換比率で買収を進めることができます。

3　M&Aの手法

以下では、M&Aで使われる手法である①TOB、②LBO、③MBOについて説明します。

(1) TOB

①TOBとは

TOBとは、「Takeover Bid」の略であり、M&Aのために用いられる「株式の公開買い付け」のことを指します。TOBを行うのは、買収を仕掛ける買い手企業であり、一定の価格(**TOB価格**)で一定の期間に一定の株式を買い取ることを表明して、一挙に大量の株式の買い付けを進めます。TOBは、株式市場(証券取引所)の外での買い付けであり、株主に対して、市場外で直接、株式の買い付けを申し入れます。TOBは、買収先企業の株式を短期間のうちに大量に取得したい場合に利用されます。株式の所有割合が3分の1超となるなど、一定比率以上の株式を取得しようとする場合には、TOBを利用することが義務づけられています。

②TOBのメリット

TOBは、買収サイドと既存株主の双方にとってメリットがあります。まず、買収サイドにとっては、株式市場で大量の株式を買い集めようとすると、その過程で株価が上昇し、買収コストが予想外に高くなってしまう可能性があります。しかし、TOBであれば、公表したTOB価格で買い付けるため、こうした予想外の価格上昇を避けることができます。

一方、TOB価格は、TOBに応じる株主を増やすために、市場価格よりも高めに設定されるのが一般的です。このため、既存の株主にとっても、市場価格よりも高い価格で株式を買い取ってもらえるというメリットがあります。

③友好的なTOBと敵対的なTOB

TOBについても、買収される企業の経営陣の同意を得て実施される**友好的なTOB**(Friendly TOB)と、そうした同意を得ずに買収側が勝手に行う**敵対的なTOB**(Hostile TOB)とがあります。

(2) LBO

LBOとは、「Leveraged Buyout」(直訳すると「梃子を使った買収」)の略

であり、買収先の資産（または将来キャッシュフロー）を担保に資金を借入れて、その資金で企業を買収することをいいます。通常、担保に入れるのは、自社が保有している資産（不動産など）ですが、まだ自社のものとはなっていない買収先企業の資産などを担保に入れるという点が、LBOの特徴となっています。

この手法では、少ない自己資金で相対的に大きな企業の買収が可能となることから、「梃子の原理」（小さな力で重いものを持ち上げられる）になぞらえてこのように呼ばれます。また、少ない自己資金により高い投資効率が実現できるため、主として買収ファンドなどが用いる手法です。

LBOでは、買収した企業の資産を売却したり、事業の収益力を高めて利益を増加させることによって借入れを返済していきます。ただし、買収先企業の業績が予想外に悪化した場合などには、買収資金（借入金）の返済ができなくなるリスクもあります。したがって、比較的業績の安定した企業や、処分が容易な資産を多く持つ企業などを買収する際に用いられることが多くなっています。LBOの例としては、ソフトバンクによるボーダフォンの買収が有名です（BOX 13-1を参照）。

BOX 13-1　ソフトバンクによるLBO

　皆さんのなかには、ソフトバンクモバイルの携帯電話を使っている人も多いことと思います。実は、この携帯電話事業は、ソフトバンクが英国の携帯電話会社であるボーダフォンから2006年に買収したものです。この買収の際には、LBOの手法が使われました。このときの買収総額は約1兆7000億円でしたが、ソフトバンクでは、このうち約8割にあたる1兆3000億円を、ボーダフォン（日本法人）の将来のキャッシュフローを担保として、銀行団（17行）からの協調融資によって調達しました。ソフトバンクが、この買収に投じた自己資金は2000億円であり、少ない自己資金で巨額の買収を行うというLBOの典型のような買収案件でした。なお、この買収は、これまでにおけるわが国で最大のLBO案件となっています。

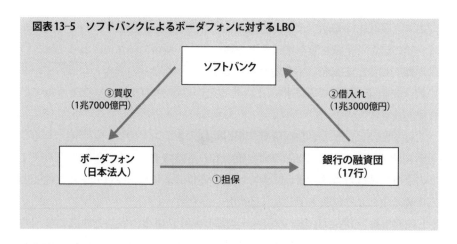

図表13-5 ソフトバンクによるボーダフォンに対するLBO

(3) MBO

①MBOとは

MBOとは、「Management Buyout」の略であり、経営陣による自社の買収のことです。企業は本来、株主が所有者であり、経営陣はその経営を任されている存在ですが、MBOでは、その経営陣が株主から株式を買い取って、自分たちが会社の所有者となったうえで経営を行っていくことになります。つまり、「雇われ社長」が「オーナー社長」となるわけです。

しかし、実際には上場企業を買収する場合には、経営陣の自己資金のみで巨額の買収資金をすべて賄うことは難しく、投資ファンドなどから出資を受けるケースが多くなっています。このため、実際にはMBOは「経営陣が参加する買収」であるというのが実態です。

②MBOの目的

経営陣が自社の買収を行うのは、以下のような目的によるものです。

(a) 子会社の独立

親会社のもとで業務を行っていた子会社が、親会社の経営戦略の変更（本業への集中など）により、業務を取りやめたり、グループ外に売却されたりすることになる場合があり、そのままでは、これまでのかたちで事業が継続できなくなります。こうした場合に、これまで経営を担ってきた経営陣が中心となっ

て、親会社から株式を買い取る形でMBOを行うことがあります。これにより、親会社から独立したかたちで、自分たちが育ててきた事業を続けていくことができます。長年仕えた店から屋号やのれんをもらって独立する「のれん分け」に似ていることから、「のれん分け型MBO」ともいわれます。

(b) 非公開会社化

一方、経営の自由度を高めるために、企業の上場廃止（**株式の非公開化**）を行うことを目的にMBOが行われる場合もあります。株式を上場していると、株主に対する責任から、安定した収益をあげていくことが求められます。しかし、大胆な経営改革を進める必要がある場合には、短期的には業績が悪化して赤字になるといったこともありえます。こうした場合に、いったん非公開会社にすることによって、株価の動向や株主の要求などを気にせずに、大胆な事業再編や合理化を進めるために、経営陣によるMBOが実施されることがあります。

こうした例としては、ファミリーレストランのすかいらーくの創業者一族によるMBO（2006年）、DVDレンタルのTSUTAYAを運営するカルチュア・コンビニエンス・クラブ（CCC）の創業者によるMBO（2011年）、米国パソコン大手のデルに対する創業者マイケル・デル氏を中心とするMBO（2013年）などが有名です。こうしたケースでは、再建が軌道に乗ってきたところで再上場するケースもみられます（2014年のすかいらーくの再上場など）。

4 敵対的買収

M&Aでとくに問題となるのが、**敵対的買収**のケースです。買収される側の合意を得ずに勝手に買収を仕掛けるため、ターゲットとなった企業ではなんとか買収を防止しようとさまざまな対策を講じ、マスコミ等でも大きく報道されます。では、誰がこうした敵対的な買収を仕掛けるのでしょうか。

(1) 同業他社による買収

まず、同業他社が敵対的な買収を仕掛ける場合があります。業界の大手が下

図表13-6　企業買収ファンドの仕組み

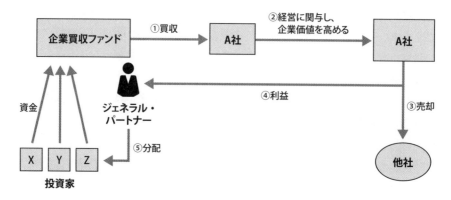

位の先を吸収して規模拡大やシェア拡大を目指すケースが多くみられます。下位の先が買収に合意する場合には問題はありませんが、大手に飲み込まれたくない場合には、経営の独立性を維持するために必死に抵抗することになります。

(2) 企業買収ファンド

次に、企業買収を専門に行うファンドである**企業買収ファンド**が敵対的な買収を仕掛ける場合があります。こうしたファンドは、一般に**バイアウト・ファンド**と呼ばれます。

①企業買収ファンドのビジネスモデル

まず、ファンドの管理・運営を行う「ジェネラル・パートナー」が中心となって、投資家から資金を集めて企業買収ファンドをつくり、そのファンドの資金で企業の買収を行います。次に、買収した企業に経営陣を送り込んで、経営改革やリストラなどを実施し、企業価値を高めます。3～5年程度で企業価値を高めたうえで、買収した企業を買収したときより高い価格で売却し、利益を得ます。そして、こうして得られた利益を投資家に配分します（図表13-6）。このように、企業買収ファンドでは、企業を安く買収し、経営改善を行ったうえで高く売却することによって利益を得るというビジネスモデルとなっています。

②企業買収ファンドの別の呼び方

企業買収ファンド（バイアウト・ファンド）は、以下のように、別の名称で呼ばれることがあります。いずれも、企業を安値で買収し、その企業を再生・育成したうえで高値で売却しようとする点では共通していますが、名称ごとに強調する面が異なっています。

(a) プライベート・エクイティ・ファンド

主に、未公開企業（つまり、上場していない企業）を買収対象とする企業買収ファンドのことを**プライベート・エクイティ・ファンド**といい、英語の頭文字をとって「PEファンド」とも呼ばれます。買収対象となる未公開企業は、株式を上場していないため、市場で株式を買い占めることは困難であり、原則として経営陣の同意を得た友好的な買収となります。PEファンドでは、過半数の株式を取得して経営権を得たうえで、役員派遣を行い、経営をサポートして企業価値を高めます。そして最終的には、株式公開などによって、保有株式の売却を行います。

(b) 企業再生ファンド

経営不振に陥った企業を買収し、3〜5年をかけて事業を再生させるファンドのことを**企業再生ファンド**といいます。同ファンドでは、対象企業に対して事業再生に必要な資金援助を行うとともに、役員派遣などにより直接経営に関与し、事業再生のノウハウを活かして企業の立て直しを目指します。この場合にも、最終的には、再建された企業の株式を売却して、投資利益を実現します。

(c) ハゲタカ・ファンド

経営危機に陥っている企業の株式を買い取って、経営権を握り、企業を再生させて、企業価値を高めたうえで株式を高値で売り、利益を上げるファンドのことを**ハゲタカ・ファンド**と呼びます。企業再生ファンドが「企業を再生させる」という肯定的なニュアンスで使われるのに対して、ハゲタカ・ファンドは、「大きな利益を得るために儲かることならなんでもやる」という貪欲で冷徹なイメージで使われます。たとえば、資産の切り売りや部門ごとに分割して売却するなどの「企業解体型」の投資を行うことで知られます。

(3) グリーンメーラー

標的にした企業の株式を買い占めたうえで、その企業に高値で株式の買い戻しを迫る買収者のことを**グリーンメーラー**と呼びます。敵対的なM&Aを仕掛けて株式を買い集めておき、それを高値で買い取ってもらうことで儲けをねらいます。「乗っ取り屋」とも呼ばれ、「乗っ取られたくなかったら、高値で株を買い取れ」と要求します。グリーンメーラーは、多くの株式を取得しても、初めから経営に参加する意思はなく、この点が経営権を握って経営改革を行う企業買収ファンドとの違いになります。

英語では、脅迫者のことを「ブラックメーラー」といい、ドル紙幣のことを「グリーンバック」(お札の裏が緑色をしているため)と呼びますが、グリーンメーラーは、この2つの言葉を合体させて作った造語です。

グリーンメーラーの典型的な例としては、2000年代前半に活発な動きを行った「村上ファンド」があります。同ファンドでは、2005年に阪神電鉄の株式のほぼ半数を買い占めたうえで、会社側に無理難題(甲子園球場の売却、阪神球団の上場など)を突き付け、株式の買い取りを迫りました(その後、村上代表がインサイダー取引で逮捕されたため、最終的には、要求を断念して株式を売却しました)。

5 買収防衛策

敵対的な買収に対して、標的となった企業が買収されたくない場合には、さまざまな買収防衛策がとられます。買収防衛策には、①具体的な買収提案がある前の「平常時の予防策」と、②敵対的な買収を仕掛けられてから行う「非常時の防衛策」とがあります。

(1) 平常時の予防策

事前に行っておく平常時の予防策としては、以下のようなものがあります。

①ライツプラン

　既存の株主にあらかじめ「新株予約権」（これを「ライツ」と呼びます）を発行しておくことで買収を防止する方法のことを**ライツプラン**といいます。一定以上の株式の買付を行った買収者が現れた場合には、その他の既存株主が、市場価格より安い価格で株式を取得できる権利（ライツ）をあらかじめ株主に付与しておきます。実際にこうした買収者が出現すると、新株予約権が行使されて新株が大量に発行され、その結果、買収者の持株比率が大幅に低下して企業買収が困難となります。たとえば、発行株式数が100万株のときに買収者が株式の20％を買い占めたとしても、新株の発行により発行株式数が200万株に増えれば、買収者の持株比率は10％に低下することになります。ライツプランは、毒薬を仕込んでおくという意味で**ポイズンピル**（「毒薬条項」）と呼ばれることもあります。

　ライツは、一定以上の割合を保有する株主については権利行使を制限する（つまり買収者のみが行使できない）という条件をつけて、あらかじめ全株主に割り当てられ、買収者が一定以上の株式を取得した時点で発動されます。ライツは予約権であるため、発動されるまでは発行企業には配当などの負担は発生しません。

　なお、わが国では「事前警告型ライツプラン」が主流となっています。これは、買収者が従うべきルール（買収後の経営方針の開示、検討時間の確保など）を事前に公表しておき、買収者がこのルールを守らないときには、新株予約権の発行を行い、ライツプランを発動するものです。このタイプでは、買収者が登場するまでは、新株予約権そのものも発行されないのが特徴です。

②黄金株

　黄金株とは、「拒否権付株式」のことであり、特定の事項（合併・買収など）について、特定の株主に拒否権を与える株式のことです。黄金株は、1株であっても、株主総会において重要議案を否決できる権利（拒否権）があり、敵対的買収者が出した買収提案をこの1株で否決することができます。経営者は、友好関係にある株主に黄金株を割り当てておけば、敵対的な買収者が現れても買収提案を否決してもらい、買収を防ぐことができます（図表13-7）。した

図表13-7　黄金株の事例

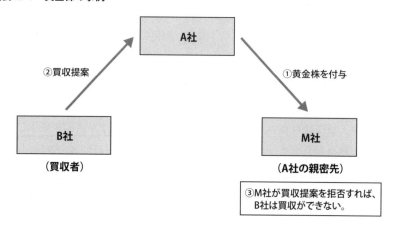

がって、黄金株は、他の防衛策に比べても、きわめて強力な買収防衛策であるといえます。

　ただし黄金株には、経営者の保身のために使われる可能性があるという問題点があります。買収者の提案が企業価値を高めるような「良い買収」である場合には、株主にとっては買収提案を受け入れた方が望ましいこともあります。しかし、黄金株が経営者の親密先に発行されていると、経営者の地位を守ることが最優先となり、良い買収であっても実現されないことになります。このため、東京証券取引所では、上場企業の黄金株発行については、条件付き容認としており、安易な黄金株の発行には歯止めがかけられています。

③ゴールデンパラシュート

　買収が行われた後に、役員が解任された場合に、通常の退職金と比べて非常に高額な退職金を支払う仕組みにしておくことを**ゴールデンパラシュート**といいます。敵対的買収が行われた場合には、経営陣が入れ替えられ、それまでの役員は解任されるケースが一般的です。この仕組みは、買収を行って経営陣の入れ替えを行うと、巨額の退職金により多額の資金が流出することを明らかにしておくことによって、相手の買収意欲を削ぐというねらいがあります。

　役員の場合には「黄金のパラシュートで乗っ取られた企業から脱出する」と

図表13-8　ゴールデンパラシュートとティンパラシュート

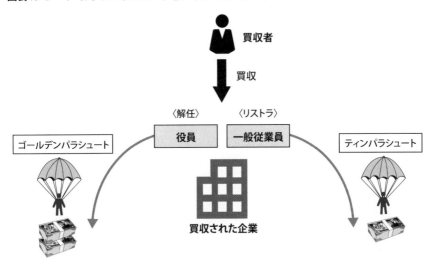

いう意味で、ゴールデンパラシュートというのに対して、一般従業員について、同じように高額な退職金を支払う仕組みにしておくことを「ティンパラシュート」（ブリキの落下傘）といいます（図表13-8）。

④チェンジ・オブ・コントロール条項

チェンジ・オブ・コントロール条項とは、ビジネス上の重要な契約（ライセンス契約、代理店契約など）を結ぶのにあたって、M&Aなどにより企業の支配権が変わった（これを「チェンジ・オブ・コントロール」といいます）場合には、契約の相手方が契約の破棄・見直しを行うことができるという条項を入れておくことです。つまり、契約の実質的な当事者が変更したことをきっかけとして契約を解除できるようにしておくことです。

こうした条項があると、たとえ買収が成功しても、それにより重要な契約が破棄されてしまえば、買収企業の価値が大きく低下することになるため、敵対的買収者にとっては、この企業を買収する意味が大幅に低下することになります。このため、主要な契約にこうした条項を盛り込んでおくことは、買収防衛策としての効果があります。

⑤株式の非公開化

上場企業が、上場を取り止めて株式を非公開にすることを**株式の非公開化**といい、英語では「ゴーイング・プライベート」といいます。株式が非公開化されると、市場でその企業の株式を買い集めたり、TOBをかけたりすることができなくなるため、敵対的買収を仕掛けることがきわめて困難になります。このため、これは「究極の買収防衛策」であるともいわれます。もっとも、非公開企業になると、株式による資金調達や知名度の向上といった上場企業としてのメリットを失うことになります。株式の非公開化を行う際には、前述したTOB、MBOなどの手法が用いられます。

(2) 非常時の防衛策

以上は、敵対的買収を仕掛けられる前に、平常時の防衛策として事前にやっておく対応策です。一方で、実際に敵対的な買収を仕掛けられてしまってから行う非常時の防衛策としては、以下のようなものがあります。

①ホワイトナイト

ホワイトナイトとは、敵対的な買収を仕掛けられた企業に友好的な企業であり、敵対的な買収者による買収を防衛してくれる企業のことです。ホワイトナイト（white knight）とは、直訳すると「白馬の騎士」という意味であり、おとぎ話のなかで、困っているお姫様を助けに白馬に乗って颯爽と現れる正義の騎士のことです。同様なイメージで、敵対的な買収を仕掛けられて困っている企業を助けてくれるため、このように呼ばれます。

ホワイトナイトが、敵対的買収の標的となった企業を救済する方法としては、以下のようなものがあります。

(a) 第三者割当増資

1つめは、敵対的買収の対象となった企業が、ホワイトナイト（友好的な事業パートナー）に対して、**第三者割当増資**のかたちで、大量の新規株式を発行する方法です。発行株式数が増加することにより、買収者の持株比率が低下し、敵対的な買収を阻止することができます（BOX 13-2）。

BOX 13-2　第三者割当増資によるホワイトナイトの事例

　2006年に、製紙業界のトップであった王子製紙が、業界第5位であった北越製紙に敵対的TOBを仕掛けました。このとき、トップ企業に吸収されてしまうことを嫌った北越製紙では、買収防衛策として、親密な取引先であった三菱商事に対して、第三者割当によって大量の新株を発行しました。これにより、王子製紙のTOBは不成立となり、敵対的な買収は失敗に終わりました。この事例においては、三菱商事が、典型的なホワイトナイトとしての役割を果たしました（図表13-9）。

図表13-9　北越製紙の買収におけるホワイトナイト

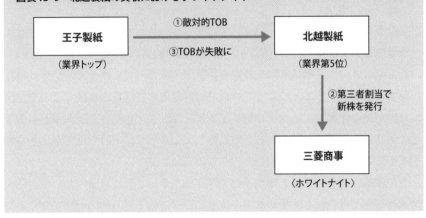

(b) カウンター TOB

　もう1つの方法が、敵対的TOBを仕掛けた買収者の提示する価格を上回る価格で、ホワイトナイトが**カウンター TOB**（対抗TOB）を行うことです。たとえば、敵対的買収者が、1株当たり800円でTOBをかけてきた場合に、ホワイトナイトが1株1000円でTOBをかけることによって、買収者の株式の買い取りを阻止します（図表13-10）。ただし、これを受けて、買収者がさらにTOB価格を引き上げる場合には、お互いにTOB価格を引き上げあう「TOB合戦」になってしまう可能性もあります。

図表13-10　カウンターTOBの事例

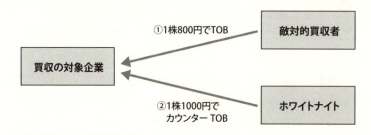

　実例としては、2006年に企業買収ファンドであるスティール・パートナーズが明星食品に対して敵対的TOBを実施した際に、即席めん業界トップの日清食品が友好的TOBを実施して、これを防衛した例があります。

②クラウンジュエル

　クラウンジュエル（crown jewel）とは、敵対的買収を仕掛けられた企業が、自社で最も魅力ある事業部門や資産を第三者に売却してしまうことです。自社の魅力を低下させることによって、敵対的買収者の買収意欲を削ぐことを意図した捨て身の作戦です。クラウンジュエルとは、もともと「王冠の宝石」のことであり、王冠から肝心の宝石を取り外してしまうと、王冠の価値が大きく低下することになぞらえています。

　この戦略は、別名「焦土作戦」とも呼ばれます。これは戦争において、防衛側が攻撃側に奪われる建物や食料を焼き払い、その土地の利用価値をなくして、攻撃側に役に立つものを渡さない作戦のことです。しかし、この焦土作戦では、仮に買収を防げたとしても、自社の企業価値が大きく下がってしまうことになるため、実際にはあまり行われません。ただし、敵対的買収者に対しては、「いざとなったらやるぞ」という構えをみせておくことが、買収防衛上は重要であるとされています。

③パックマン・ディフェンス（逆買収）

　買収を仕掛けられた企業（またはその関連企業）が、逆に買収者の企業に対して買収を仕掛けることを**パックマン・ディフェンス**（または「逆買収」）と

図表13-11　パックマン・ディフェンスの事例

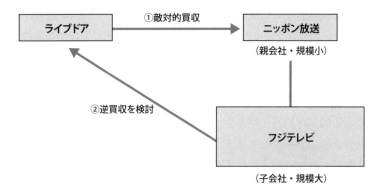

いいます。有名なテレビゲームの「パックマン」で、いつもはモンスターに追いかけられているパックマンが、パワークッキーを食べるとパワーを得てモンスターを逆襲して食べてしまうことから、このように名づけられています。実際の利用例は多くありませんが、ニッポン放送がライブドアから敵対的買収を仕掛けられた際に、子会社のフジテレビがライブドアの逆買収を検討した案件（2005年）が、典型的な事例として有名です（図表13-11）。

6　M&Aの功罪

(1) M&A増加の背景

　M&Aは、わが国においても、年々、活発に行われるようになっています。こうした背景としては、いくつかの要因を挙げることができます。第1には、経営環境が厳しさを増しているなかで、即効性のある収益拡大策や企業価値の向上策としてM&Aを利用する動きが広がっていることです。第2には、法制度（商法、会社法、会計基準など）の整備により、M&Aがやりやすくなってきたことがあります。第3に、**株式の持合い**が減少してきていることです。わが国の企業では、安定株主をつくるために、企業同士で、または企業と銀行との間で、相互に株式を保有する株式の持合いが広範に行われてきました。しか

し、時価会計の下では、保有株式の株価下落は損失につながるため、持合いを継続することは経営上のリスクであるとの認識が広がり、持合いを解消する動きが進んできています。このため、市場で自由に売買されている**浮動株**が増加してきており、このことも買収の活発化につながっています。

(2) 敵対的買収は悪か

　敵対的な買収が行われた場合に、マスコミでは、敵対的な買収を仕掛ける側を悪者扱いする論調が目立ちますが、果たしてそれは正しいのでしょうか。経営者が非効率な経営を行っている場合や、株主の利益に反する経営を行っている場合には、買収を受け入れて経営陣の入れ替えを行い、経営改革を行った方が企業価値を高めるうえでは望ましい場合もあります。つまり、経営陣が合意していなくても、「良い買収」というケースはありうるのです。

　敵対的に買収される可能性があるということになると、経営者は「いい加減な経営をしていると、いつ買収を仕掛けられるかもしれない」という心理的な脅威を持つことになります。このことは、経営者を規律づけて、効率的な経営に向かわせる効果があります。このことを**敵対的買収のガバナンス効果**と呼びます。つまり、M&Aが活発に行われることは、コーポレートガバナンス（経営者の規律付け）上は、プラスの効果があるものとみられています。

　実際に、敵対的な買収を仕掛けられたことをきっかけに、経営が著しく改善され、それによって利益や配当、株価などが大幅に上昇した事例もみられています（村上ファンドから敵対的なTOBを仕掛けられた昭栄のケースなど）。

本章のまとめ

- M&Aのために用いられる株式の公開買い付けのことを英語の略語で（ ① ）といいます。
- 買収先企業の資産を担保として資金を調達したうえで行う買収のことを（ ② ）と呼びます。また、経営陣が参加して行う買収のことを（ ③ ）といいます。
- 企業買収ファンドは、未公開企業を買収対象とする場合には（ ④ ）と呼ばれ、経営不振の企業を再生させることを目的とする場合には（ ⑤ ）といわれますが、儲かることなら何でもやるというイメージで（ ⑥ ）と呼ばれることもあります。
- 株式を買い占めたうえで、高値で買い戻しを迫る買収者のことを（ ⑦ ）と呼びます。
- 特定の株主に特定事項の拒否権を与える株式のことを（ ⑧ ）といいます。
- 買収後に役員が解任された場合には、多額の退職金を支払う仕組みとすることにより、買収を防衛する仕組みのことを（ ⑨ ）といいます。
- 買収を仕掛けられた企業が、買収者に対して逆買収を仕掛けることを（ ⑩ ）といいます。

本章のキーワード

M&A、企業の合併・買収、水平統合、垂直統合、存続会社、救済合併、友好的なM&A、敵対的なM&A、デュー・ディリジェンス、合併、吸収合併、新設合併、買収、株式譲渡、株式交換、株式交換比率、TOB、TOB価格、友好的なTOB、敵対的なTOB、LBO、MBO、株式の非公開化、敵対的買収、企業買収ファンド、バイアウト・ファンド、プライベート・エクイティ・ファンド、企業再生ファンド、ハゲタカ・ファンド、グリーンメーラー、ライツプラン、ポイズンピル、黄金株、ゴールデ

ンパラシュート、チェンジ・オブ・コントロール条項、ホワイトナイト、第三者割当増資、カウンターTOB、クラウンジュエル、パックマン・ディフェンス、株式の持合い、浮動株、敵対的買収のガバナンス効果

第14章

アセット・ファイナンス

　本書ではこれまで、銀行借入、株式の発行、社債の発行などの企業の資金調達方法についてみてきました。これらは企業のバランスシートでは、いずれも「負債・資本サイド」(バランスシートの右側)を増加させることによって資金を調達する方法です。これに加えて、「企業が保有している資産を活用して資金調達する方法」があります。これは、バランスシートの「資産サイド」(左側)の項目を早期に現金化することによって資金を調達する方法であり、「アセット・ファイナンス」といわれます。アセット・ファイナンスにも、いろいろな手法がありますが、最近では、なかでも「資産の流動化・証券化」が活発に行われるようになっており、金融危機につながったサブプライムローン問題に関係していたこともあって、注目されています。

　本章では、アセット・ファイナンスの内容についてみていきます。

1 アセット・ファイナンスとは

　企業の保有する資産を活用して資金を調達する方法のことを**アセット・ファイナンス**といいます。すなわち、バランスシート（B/S）の資産サイド（左側）に計上されている「流動資産」（受取手形、売掛金など）や「固定資産」（土地、建物など）のなかの項目を、早期に現金化することを指します。

　借入金や社債の発行が「デット・ファイナンス」（負債による調達）といわれ、株式の発行による調達が「エクイティ・ファイナンス」（資本による調達）と呼ばれるに対して、アセット・ファイナンスは、これらに次ぐ「第3のファイナンス」とされます。デット・ファイナンスやエクイティ・ファイナンスが、B/Sの右側に計上される「負債」や「資本」を増やすことにより資金を調達するのに対して、アセット・ファイナンスでは、B/Sの左側に計上される「資産」のなかの項目を早期に資金化することによって、現預金を増やします（図表14-1）。

　アセット・ファイナンスには、①「経営資源の効率化」という伝統的な手法と、②「資産の流動化・証券化」という比較的新しい手法の2つがあります。以下では、これらの手法についてみていきます。

2 経営資源の効率化

　経営資源の効率化は、無駄な経営資源となっている資産を圧縮して現預金に換えることであり、従来から企業が伝統的に行ってきた手法です。①売掛債権の圧縮、②在庫の処分・圧縮、③保有資産の売却、などの方法があります。

(1) 売掛債権の圧縮

　これは、流動資産のうち、売掛金や受取手形など、販売先に商品等を販売したが、その売上げがまだ現預金になっていない（代金が回収できていない）状態の**売掛債権**を圧縮して、早期に現金化することです。

図表14-1 アセット・ファイナンスの概念

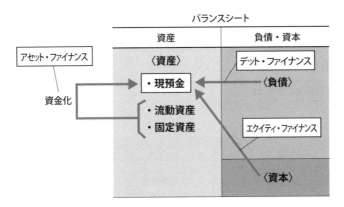

①売掛期間の短縮

売掛金を圧縮するうえでは、**売掛期間**を短縮することが有効な方法です。たとえば、取引先と交渉して売掛期間を2カ月から1カ月に短縮すれば、その取引先に対する売掛金は1カ月早く資金化でき、売掛金を削減できます。

②手形サイトの短縮

販売先から受け取った受取手形の「振出日から支払期日までの期間」のことを**手形サイト**といいますが、このサイトを短縮化することによっても、早期の資金化が可能となります。手形サイトは、その期間だけ「取引先に支払を猶予していること」を意味していますので、これを短縮すれば、その分、早く現金を受け取ることができます。6カ月の手形サイトを交渉によって3カ月にすれば、3カ月分の必要資金が圧縮できることになります。これは、資金繰り上は、3カ月分の運転資金を調達したのと同じ効果があります。

③ファクタリングの利用

ファクタリングとは、企業の保有する売掛債権（売掛金、受取手形）をファクタリング会社が買い取ることによって、支払期日の前に企業に資金を提供する仕組みです。売掛債権は、通常であれば、支払期日が到来するまで回収することができませんが、ファクタリングを利用することにより、ファクタリング

図表14-2　ファクタリングの仕組み

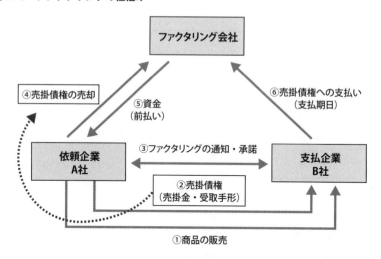

会社から前払いを受け、支払期日よりも前に、売掛債権を回収することが可能となります。

　債権買取りの依頼企業では、売掛債権をファクタリング会社に売却することについて支払企業に通知し、その承諾を得たうえで、ファクタリング会社に売掛債権を売却します。ファクタリング会社では、支払期日になった時点で、支払企業からの回収を行います（図表14-2）。依頼企業では、ファクタリング会社に対して、支払期日までの金利や手数料を支払います。

　ファクタリングには、①ファクタリング会社が買い取った売掛債権が回収困難（支払企業の債務不履行）となった場合に、依頼企業に支払いを求める「リコース型」（償還請求権あり）のファクタリングと、②売掛債権が回収困難になっても依頼企業に支払いを求めない「ノンリコース型」（償還請求権なし）のファクタリングの2種類があります。ノンリコース型では、ファクタリング会社が債務不履行のリスクを負担する分、手数料が割高となります。

　企業にとって、ファクタリングの利用は、自社の資金ニーズに応じて売掛債権を売却し、早期に資金を調達することが可能であり、資金の効率化・迅速化のメリットがあります。一方で、ファクタリング会社への金利・手数料の支払いというコストが必要となるほか、売掛債権を売却することを取引先に通知す

図表14-3　在庫と見合いの資金

バランスシート	
資産	負債・資本
〈資産〉	〈負債〉
在庫	見合いの資金
	〈資本〉

ると、自社の資金繰りについて相手に懸念を抱かせるおそれがあるといったデメリットも指摘されています。

(2) 在庫の処分・圧縮

「在庫はお金が寝ている姿である」とよく言われます。これは、バランスシートで考えるとよくわかります。資産サイドに在庫（棚卸資産）が計上されているとき、負債・資本サイドには同額の資金が見合っているのです（図表14-3）。つまり、在庫に見合った資金を調達した状態となっているのです。したがって、できるだけ在庫を圧縮することによって、在庫にかかっている資金を減らすことができます。すなわち、在庫を処分して資金化することによって、その分、資金繰りは楽になります。

①不良在庫の処分

まず在庫圧縮の対象となるのは、すぐに売れる見込みのない不良在庫です。新製品が出てしまったために陳腐化してしまった旧製品の在庫、季節商品の売れ残り在庫、流行に乗り遅れた売れ筋でない在庫などが対象となります。決算セールや在庫セールなどのかたちで現金化すれば、その分、棚卸資産が減って現預金が増加します。

②**在庫管理の効率化**

また、在庫管理を効率化することにより、在庫を圧縮することも考えられます。たとえば、在庫管理システムなどの導入によって、在庫管理をきめ細かく行い、原材料在庫、仕掛品在庫、製品在庫、流通在庫などの各段階でなるべく在庫を持たないようにすることがあります。また、見込み生産から注文生産に変えて「在庫を持たないビジネスモデル」に移行することも、在庫圧縮の1つの手段です（BOX 14-1参照）。

BOX 14-1　デル社のダイレクト・モデル

在庫を持たないビジネスモデルとしては、米国のパソコン・メーカーであるデル社の「ダイレクト・モデル」が有名です。一般のパソコン・メーカーでは、需要期ごとに自社の標準モデルを設定し、販売予測に基づいてそのモデルを大量に見込み生産します。そして、家電量販店などを通じてそれを顧客に販売します。このため、製品投入前に大量の作りだめを行う必要があるほか、卸売りや販売店段階でも多くの在庫が必要となっていました。

これに対して、デル社では、インターネットなどを通じて顧客の要望を聞き、顧客の仕様の要望に合わせて1台1台カスタマイズしたパソコンを短期間で組み立て、顧客に宅急便で届けるというモデルを確立しました。こうした受注生産によるダイレクト・モデルによって、在庫を持たない経営ができたほか、顧客への直接販売により流通コストを低く抑えることができました。これにより、競合メーカーに比べて製品価格を安く設定することができ、世界でもトップレベルのシェアを獲得しました。

（3）保有資産の売却

固定資産に含まれるもののうち、株式や債券など投資目的の有価証券や、工場・土地などの不動産などを売却することも、アセット・ファイナンスに含まれます。また、本社などをいったん売却してリースにより利用を続けるリー

図表14-4　リースバックの事例

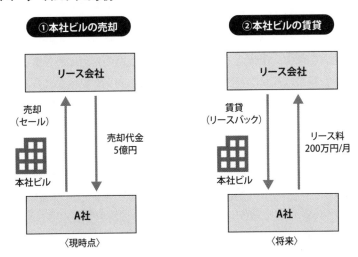

バックの手法も使われることがあります。

①株式・債券などの売却

　運用目的などで保有している株式や債券を売却することも、アセット・ファイナンスによる資金調達の一手法となります。ただし、持合い株式の場合には、売却前に相手に相談することが必要となります。また、未上場株式の場合には、流通市場がないため、売却が困難な場合もあります。

②工場・土地などの売却

　企業が経営の再構築を進めるなかで、不採算となっている工場や事業を売却することもあります。ただし、売却により、今後の経営に支障を来さないかなど、経営資源としての価値をよく検討することが必要となります。最近では、こうした不動産売却の一環として、社員寮や保養所の売却などがみられます。

③リースバック

　自社で保有していた本社ビルなどの固定資産をいったん、リース会社に売却し、そのリース会社からリースを受ける形で利用を続ける方法を**リースバック**

(または「セール・アンド・リースバック取引」)といいます。

　固定資産の売却により、現時点でまとまった資金を調達し、それをリース期間(10～20年など)にわたって、リース料として分割して返済していくことになります。これは、現時点では、赤字補てんなどのためにまとまった資金が必要ですが、将来は経営改善などにより、収益の向上が見込まれるといった場合に有効な手段となります。売却企業の財務内容が改善された時点で、売却した資産の買戻しを行うこともあります。

　ここまで述べたような方法が、伝統的な手法である経営資源の効率化によるアセット・ファイナンスです。これに対して、近年導入されるようになり、注目が高まっているのが「資産の流動化・証券化」といわれる手法です。

BOX 14-2　リースの仕組み

　「リース」とは、企業がリース会社から機械・設備を長期間賃貸してもらい、その対価をリース料として支払うものです。リースは、特定の者に特定の物件を長期間賃貸するという点で、「レンタル」(不特定多数の者に汎用性の高い物件を短期で賃貸する)とは区別されます。

　リースは、物件価格に諸経費を加えたリース総額を、リース期間中にリース料として分割して支払っていきます。リース料の長期の支払いは、企業が銀行から借入れを行って設備を購入したうえで、銀行に元利金を長期に返済していくのとほぼ同様な形です。このため、企業が設備投資を行う際に、銀行借入に代替する手段となっており、広義の金融とされています(図表14-5)。リースを利用すると、①設備の導入にあたって、一度に多額の資金を必要としない、②リース料は全額経費として認められる、などのメリットがあります。ただし、リース料の水準は、銀行からの借入金利より割高になるケースが少なくありません。リースには大きく分けて、「ファイナンスリース」と「オペレーティングリース」があります。

図表14-5　銀行借入とリースの比較

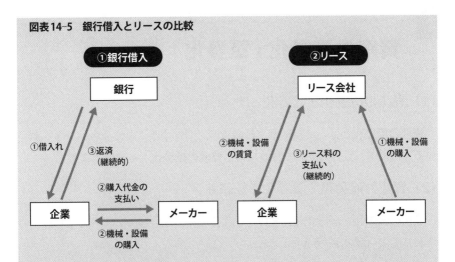

(1) ファイナンスリース

「ファイナンスリース」は、企業が希望する設備・機械をリース会社が購入して、企業の利用期間に合わせて賃貸するというものです。リース期間の途中で解約が認められないという「ノン・キャンセラブル」と、リース総額にはリース物件の取得費用と諸費用がすべて含まれており、それをリース期間ですべて回収するという「フル・ペイアウト」の2点が特徴となっています。

(2) オペレーティングリース

「オペレーティングリース」は、リース期間が終了したあとで物件を売却することを前提としたリースであり、リース料は、あらかじめ物件の残存価値を見込んで設定されます。リース物件の取得価格から、物件の残存価値を差し引いてリース料を設定するため、リース料総額がリース物件価格より低くなります。ただし、中古物件を売却することが前提となっているため、中古市場があるなど、第三者への売却が可能な物件に限られます。

3 資産の流動化・証券化

（1）資産の流動化・証券化とは

資産の流動化とは、売掛債権などの資産を売却することにより、資金を調達する方法です。証券の発行を伴うため、**資産の証券化**とも呼ばれます。

（2）資産の流動化・証券化の仕組み

資産の流動化・証券化の仕組みを、売掛債権の場合についてみると、以下のとおりです（図表14-6参照）。

①債権譲渡

まず、企業が保有する売掛債権（キャッシュフローを受け取る権利）を、証券化を行うために設立された会社である**特別目的会社**（**SPC**：Special Purpose Company）に譲渡（売却）します。これを**債権譲渡**といい、もともと売掛債権を保有していた企業のことを**オリジネーター**（originator）といいます。

SPCは、より一般的に**SPV**（特別目的事業体：Special Purpose Vehicle）と呼ばれる場合もあります（この場合には、会社形態をとらない、信託や組合などの形式を含みます）。SPCは、資産をオリジネーターから分離するために設けられた一種のペーパーカンパニーであり、会社としての実体はありません。

②証券の発行

SPCでは、譲り受けた売掛債権を裏づけとした証券を発行し、投資家から資金を調達します。この際、売掛債権、住宅ローン債権など対象となる資産を多数集めた「プール」を作成し、このプールから得られるキャッシュフローを裏づけとして証券が発行されます。多数の債権を集めることにより、個別債権のデフォルトの影響が小さくなるというリスク分散の効果が得られます。

この証券化商品を組成する過程では、証券会社などが**アレンジャー**として、証券化の設計・販売に大きな役割を果たします。

図表14-6　資産の流動化・証券化の仕組み

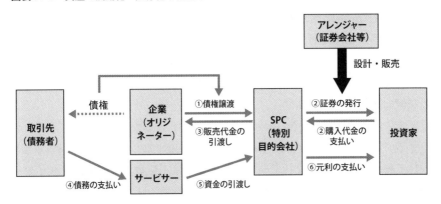

③販売代金の引渡し

SPCでは、投資家から受け取った証券の販売代金をオリジネーターに引き渡します。これによって、オリジネーターは、元となった売掛債権の期日よりも前に、資金を調達することができます。

④債務の支払い

元となっていた売掛債権の支払期日が到来すると、債務者は、債権回収業務を行う**サービサー**に対して、債務の支払いを行います（多くの場合、オリジネーターがサービサーとしての役割を果たします）。

⑤資金の引渡し

サービサーは、債務者から受け取った資金をSPCに引き渡します。

⑥元利の支払い

SPCでは、受け取った資金により、投資家に対して証券の元利払いを行います。

(3) 流動化と証券化の違い

資産の流動化・証券化の基本的なスキームは上記のとおりです。流動化と証

券化は、基本的にはほぼ同義で使われますが、**流動化**という場合には、「流動性のないものに流動性を付与する」という側面に力点が置かれており、対象が企業の売掛債権や銀行の不良債権の場合には、こちらが使われることが多くなっています。これらの債権は、そのままでは売買が困難（流動性が低い）ですが、証券のかたちにすることによって、投資家に幅広く売却することが可能（流動性が高い）になります。

一方、**証券化**という場合には、流動化された資産を裏づけにして「証券を発行する」という側面に力点が置かれており、最近では、むしろこの用語のほうが広く使われるようになっています。証券化は、英語では**セキュリタイゼーション**（Securitization）と言います。また、複雑な仕組みが用いられていることから、**ストラクチャード・ファイナンス**（仕組み金融：Structured Finance）と呼ばれる場合もあります。

（4）資産の流動化・証券化の特徴

流動化・証券化の特徴としては、以下のような点が挙げられます。

①対象資産の幅が広い

流動化・証券化は、将来、キャッシュフローが見込まれる資産であれば、何でも対象とすることができます。具体的には、企業の売掛債権、銀行の企業への貸付債権、住宅ローン債権、自動車ローン債権、カードローン債権、商業用不動産（賃貸ビルなど）、知的所有権（著作権など）等です。

②資産の信用力に基づく

負債や資本により資金調達を行う場合には、調達を行う企業自身の信用力（財務力、収益性など）が問題となりますが、資産の流動化・証券化では、「対象となる資産」の信用力・収益力が問題となります。

流動化・証券化の過程で、原保有者（オリジネーター）がいったんSPCに資産を売却するのは、オリジネーターの経営悪化が資産に影響を与える**オリジネーター・リスク**を切り離すためです。このことを、企業が倒産した場合でも、その企業が所有していた資産には影響が及ばないようにするという意味で**倒産**

隔離と呼びます。倒産隔離を確保するためには、この売買が形式的なものではなく、法的にみて真正かつ有効な譲渡として行われることが必要であり、これを**真正売買**（true sale）といいます。倒産隔離は、オリジネーターが経営悪化や倒産しても、それによる影響を受けずに、対象資産の生み出す資金により投資家への元利払いを確実に行うための工夫です。

③低金利での資金調達の可能性

流動化・証券化では、特定の資産を企業（オリジネーター）から切り離すことにより、切り離された資産の信用度に応じたコストで資金を調達することが可能となります。たとえば、自社（B社）の格付けがBBB格であり、AAA格の格付けである取引先（A社）に対する売掛債権を持っていたとします。この売掛債権を証券化して資金調達を行うものとすると、投資家にとって問題となるのは、売掛債権の債務者であるA社が支払いを行う確実性です。このため、証券化商品の金利は、A社の信用力であるAAA格をもとに決まります。つまり、B社は、A社に対する売掛債権の証券化を行うことにより、AAA格の信用力によって資金調達ができることになります。このためB社は、自社の信用力（BBB格）によって資金調達を行うより、低金利で調達ができるのです。

(5) 証券化により発行される証券

①資産担保証券

上述したようなプロセスによって、証券化によって発行される証券の全般を**資産担保証券**（ABS：Asset Backed Securities）といいます。

②資産担保証券の種類

ABSは、その裏づけとなった資産が何であるかによって、さまざまな呼び名があります。住宅ローン債権を裏づけとした証券は**MBS**、商業用不動産等を担保とした証券は**CMBS**、資産を担保としたCP（コマーシャル・ペーパー）は**ABCP**、企業への貸付債権（ローン債権）を多数集めたものを裏づけとした証券は**CLO**、多数の社債を裏づけとした証券は**CBO**、多数のローン債権や社債などを裏づけにした証券は**CDO**、CDOの売れ残りを集めて組成した証券

図表14-7　資産担保証券の種類

ABSの種類	英　語	内　容
MBS	Mortgage Backed Securities	住宅ローン債権を裏づけとした証券
CMBS	Commercial Mortgage Backed Securities	商業用不動産、または商業用不動産向けの融資を裏づけとした証券
ABCP	Asset Backed Commercial Paper	資産担保コマーシャルペーパー
CLO	Collateralized Loan Obligation	多数のローン債権を裏づけとして証券化したもの
CBO	Collateralized Bond Obligation	多数の社債を裏づけとして証券化したもの
CDO	Collateralized Debt Obligation	多数のローン債権、社債、MBSなどを組み合わせた資産を裏づけに発行される証券
CDO^2	CDO Squared	CDOの売れ残りを集めて組成したCDO

は「CDO^2」、といった名称で呼ばれます（図表14-7）。

(6) 証券化のメリット

　米国では、証券化によって発行された証券（証券化商品）の市場規模は、社債市場を上回る規模にまで発達しています。証券化市場は、なぜ、こんなに拡大したのでしょうか。

①オリジネーターにとってのメリット

　まず、債権の原保有者であったオリジネーターにとって、証券化は、以下のようなメリットがあります。

（a）新たな資金調達方法

　従来であれば、銀行からの借入金などに依存せざるをえなかったオリジネーターにとって、証券化は、新たな資金調達の手段となります。銀行の貸し渋りや自社の業績悪化により、銀行借入に制約が出てきた場合には、この点は大きなメリットとなります。

（b）早期の資金化とリスク移転

　売掛債権などを譲渡することによって、早期に資金化を行うことができ、効率的な資金調達が可能となります。また、これと同時に、リスクを投資家に移

転することもできます。すなわち、売掛債権の債務者が不払いになった場合には、その損失は資産担保証券を購入した投資家が負うことになります。とくに返済期間の長い売掛債権や住宅ローンの場合には、こうした点が大きなメリットとなります。

(c) 低利での資金調達

前述のように、オリジネーターの信用力が低く、有利な資金調達が困難な場合でも、証券化の対象となっている資産の信用力が高ければ、有利な資金調達が可能となります。

(d) 資産のオフバランス化

売却する資産をバランスシートから切り離すこと（**オフバランス化**）によって、自己資本比率、ROA（総資産利益率）などの財務指標を改善することができます。

②投資家サイドのメリット

一方、投資家サイドにとっても、以下のようなメリットがあります。

(a) 投資機会の拡大

証券化商品は、伝統的な手法では投資ができなかった分野にも投資を行うことを可能にします。たとえば、これまで機関投資家が、1件ごとの小口の住宅ローンに投資を行うことは容易ではありませんでした。しかし、多くの住宅ローンを集めて証券化を行うことにより、投資に適した商品に組み替えることができ、投資家がポートフォリオに組み込むことが可能となりました。

(b) リスク分散とリスクの限定

証券化では、多くの資産（住宅ローンなど）をプールすることにより、リスクをデフォルト確率などで統計的に評価し、また個別のデフォルトの影響が限定的になる「リスクの分散化」を図ることが可能となります。また、証券化の特徴的な仕組みである「資産の特定化」と「倒産隔離」により、投資家は負担するリスクを限定化することができます。

社債や株式の場合には、投資家の得るリターンは、発行企業の企業業績の変化や合併・買収、不祥事の発生など、さまざまなリスクの影響を受けます。

これに対して、証券化商品については、オリジネーターの経営には関係がな

図表14-8　証券化における優先劣後構造

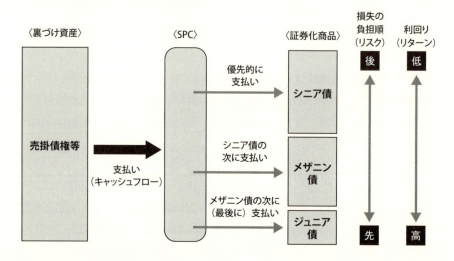

く、対象資産が収益を生み出していれば、元利金の支払いを受けることができます。したがって投資家は、オリジネーターが抱える多くのリスク要因を包括的に負担する必要はなく、証券化の対象資産に関連するリスクに限定して取引を行うことができます。

(c) リスクとリターンの選択

　証券化では、1つの証券化のなかで、リスクや金利の異なるいくつかの階層（**トランシェ**）に分けて証券が発行されるのが一般的です。こうした返済の優先順位の異なる複数のトランシェに分けた証券の発行方式のことを**優先劣後構造**といいます。具体的には、「シニア債」「メザニン債」「ジュニア債」の3つに分けて発行されるのが一般的です（図表14-8）。**シニア債**は、元利金の支払いが優先的に受けられる優先部分であり、リスクが低い分、リターンは低くなっています。一方、元利金の支払い順位が最も低い劣後部分が**ジュニア債**です。ジュニア債は、原資産全体のリスクが凝縮された部分であり、「エクイティ」と呼ばれることもあります。ジュニア債は、リスクが高い分、リターンが高く設定されており、ハイリスク・ハイリターン型の投資となります。メザニンとはもともと建物の中二階を意味する言葉であり、**メザニン債**は、シニア債とジュニア債の中間に位置するミドルリスク・ミドルリターンの性格を持ちます。

なお、シニアやメザニンの部分を、さらに返済順序などが異なる複数の部分に分けるといった細分化も可能です。

このように証券化では、資産プールから発生するキャッシュフローを組み替えて、リスクとリターンの異なるさまざまな金融商品をつくることが可能です。この点は、投資家にとってみると、ローリスク・ローリターンからハイリスク・ハイリターンまで複数の証券のなかから、みずからのニーズに応じた商品を選んで投資を行うことができるというメリットがあることになります。

このように、証券化には、オリジネーターおよび投資家サイドにとって、さまざまなメリットがあることから、市場が拡大しているのです。

BOX 14-3 証券化とサブプライムローン問題

証券化は、サブプライムローン問題においても大きな役割を果たしました。**サブプライムローン**とは、米国における信用度の低い借り手向けの住宅ローンです。このローンは、最初の2～3年は低金利ですが、この期間が終了すると金利が急に高くなる仕組みでした。この期間に不動産価格が値上がりしていれば、担保余力の拡大により追加借入や低利ローンへの乗り換えができましたので、住宅価格が上昇している間は、問題は生じませんでした。

これらの住宅ローン債権は、証券化によりMBS、CDOなどの証券化商品に姿を変えて、世界中の投資家に販売されました。格付機関がこれらの証券にAAA格などの高い格付けをつけていたため、各国の機関投資家は積極的に購入を行いました。

2007年夏ごろから米国の住宅価格が下落し始めると、サブプライムローンの延滞率が目立って上昇し、これとともに、同ローンを裏づけにした証券化商品の信用が失墜して価格が暴落しました。この影響から、2008年9月には、米国の大手投資銀行であったリーマン・ブラザーズが破綻に追い込まれ（いわゆる「リーマン・ショック」の発生）、それをきっかけに、世界金融危機が発生しました。このように、サブプライムローンが複雑な証券化商品に姿を変

え、それが世界中の投資家に拡散したことがサブプライムローン問題を深刻化させ、結果的に金融危機が世界的に伝播することになりました。

今回の金融危機については、①サブプライムローンの商品性の問題（金利のジャンプ）、②貸し手であるモーゲージバンクの問題（甘い融資審査でローンを実行）、③格付会社の問題（安易に高い格付けを付与）、④投資家の問題（高いレバレッジをかけて、借金により証券化商品を購入）などが指摘されているほか、証券化についても、（ⅰ）証券化した商品をさらに証券化する「再証券化」によって、リスクの所在が複雑かつ曖昧になったこと、（ⅱ）証券化が万能な金融技術であるとの過信があったこと、（ⅲ）格付けに過度に依存する形での取引、（ⅳ）証券化商品の価格の不透明性、などの問題点が表面化しました。

このように、サブプライムローン問題により、証券化およびそれを取り巻く環境には問題があることが明らかになりました。しかし、証券化には、さまざまなメリットもあり、また金融の一部としてすでに組み込まれているため、「問題があったから、すぐに使うのをやめよう」というわけにはいきません。問題点を克服する努力やリスク管理の強化を行いつつ、利用していくことになるでしょう。

本章のまとめ

- 売掛債権を圧縮するためには、（ ① ）の短縮により売掛金を圧縮することや、（ ② ）の短縮により受取手形の早期資金化を図るなどの方法があります。
- 証券化では、まず、もともと売掛債権などを保有していた（ ③ ）が、証券化のための会社である（ ④ ）に債権を譲渡します。証券化商品の組成には、証券会社などが（ ⑤ ）として関与します。売掛債権の債務者は、支払期日になると、債権回収の専門業者である（ ⑥ ）に対して返済を行います。
- 証券化は、英語では（ ⑦ ）といい、また複雑な仕組みの金融という意味では（ ⑧ ）と呼ばれます。
- 証券化の過程で、原保有者が特別目的会社に債権を売却するのは（ ⑨ ）を切り離すためであり、原保有者の企業が倒産した場合でも影響が出ないようにするという意味で（ ⑩ ）といいます。
- 資産担保証券のうち、住宅ローン債権を裏づけとした証券を（ ⑪ ）、多数のローン債権を裏づけとした証券を（ ⑫ ）、多数の社債やローン債権などを集めた資産をもとに発行される証券を（ ⑬ ）と呼びます。
- 証券化において、リスクや金利の異なるいくつかの（ ⑭ ）に分けて証券を発行する仕組みのことを（ ⑮ ）といいます。このなかで発行される証券のうち、元利金の支払い順位が低いものを（ ⑯ ）、安全性が高い部分を（ ⑰ ）、この中間にあたる部分を（ ⑱ ）といいます。

本章のキーワード

アセット・ファイナンス、売掛債権、売掛期間、手形サイト、ファクタリング、リースバック、資産の流動化、資産の証券化、特別目的会社、

SPC、債権譲渡、オリジネーター、SPV、アレンジャー、サービサー、セキュリタイゼーション、ストラクチャード・ファイナンス、オリジネーター・リスク、倒産隔離、真正売買、資産担保証券、ABS、MBS、CMBS、ABCP、CLO、CBO、CDO、オフバランス化、トランシェ、優先劣後構造、シニア債、メザニン債、ジュニア債、サブプライムローン

第15章

ベンチャー・ファイナンス

　ここまで、企業の資金調達方法として、借入金、社債、株式やアセット・ファイナンスについてみてきました。上場企業やある程度の業歴を有する中堅・中小企業の場合には、これらの手段を組み合わせて資金を調達することができます。しかし、ベンチャー企業を新しく立ち上げたような場合には、担保や信用力が十分でないため、こうした資金調達が難しいことが多く、これらの一般的な資金調達以外の手段を模索する必要があります。

　こうした創業間もないベンチャー企業が行う資金調達のことを「ベンチャー・ファイナンス」といいます。ベンチャー・ファイナンスを提供する先としては、①ベンチャーキャピタル、②投資事業組合、③エンジェル、などがあります。

　本章では、こうしたベンチャー・ファイナンスの仕組みについてみることとします。

1 ベンチャーキャピタル

(1) ベンチャーキャピタルとは

①ベンチャー企業とベンチャーキャピタル

　ベンチャー企業が行う資金調達である**ベンチャー・ファイナンス**において、重要な役割を果たす機関に**ベンチャーキャピタル**（**VC**：Venture Capital）があります。ベンチャーキャピタルとは、ベンチャー企業に対して、成長のための資金を株式への投資というかたちで提供する投資会社のことです。

　ベンチャー企業とは、新しい技術や独創的なアイデアで市場を切り開こうとする「新興企業」のことを指します。一般に、創業間もないベンチャー企業においては、担保や信用が不足しており、事業リスクも高いため、銀行から十分な融資を受けることが困難です。また、上場していないため、社債の発行や公募増資による資金調達も困難です。このため、VCからの資本導入が有効な資金調達の手段となります。

②ベンチャーキャピタルの活動

　ベンチャーキャピタル（VC）では、まず、独自の基準によって多くのベンチャー企業の将来性を審査・評価します。そのうえで、有望と判断したベンチャー企業に対して、株式の取得によって、成長のための資金を提供します（つまり、投資により、ベンチャー企業の株主になります）。その後VCでは、経営のアドバイスなどを行い、投資先のベンチャー企業の事業拡大をサポートします（育成支援）。そして投資先の株式が上場した段階で、株式を売却し、値上がり益を得ることとなります。つまり、上場した段階での株式の売却益によって、投資を回収し、また利益を得るのです（図表15-1）。

③ベンチャーキャピタルの意義

　VCの意義は、ベンチャー企業が成長の初期にある段階で、危険度の高い資金である**リスク・キャピタル**を提供することにあります。この時期の投資は、

図表15-1 ベンチャーキャピタルの仕組み

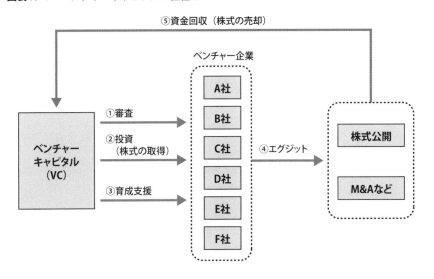

まだ事業の先行きが不透明でリスクが高く、また担保も十分でないことから、必ずしも銀行の融資には適さない面があります。こうした中でVCは、ハイリスク・ハイリターン型の投資を行うことによって、ベンチャー企業に成長資金を供給します。

④エグジットとは

投資先のベンチャー企業が株式を公開した後で、VCが株式の売却により投資を回収することを**エグジット**（出口）といいます。また、VCが投下した資金を、どのような手段で、どのような時期に回収するかという計画のことを**出口戦略**と呼びます。エグジットとしては株式公開が一般的ですが、そのほかにも、M&A（大企業による買収）や他のVCへの売却などがあります。

ベンチャー企業への投資は、前述のようにリスクが大きいのですが、VCは多くのベンチャー企業に分散投資を行っており、そのうち何社かが事業に失敗しても、一部の投資先が上場に成功すれば、その出口における多額のキャピタル・ゲインによって利益をあげることを目指すビジネスモデルとなっています。

図表15-2　ベンチャー企業の発展段階

発展段階	内容
シード期	会社の設立準備中。事業コンセプト、試作品などがある時期。
スタートアップ期	会社の設立段階。事業開始の時期。
アーリーステージ	売上げを立て始め、不安定な時期。
ミドルステージ	企業の急成長期。事業や販売ルートが確立し、売上げ・利益が拡大しつつある段階。
レイターステージ	成長・拡大が継続し、さらなる発展段階。公開（上場）の直前の段階。

図表15-3　ベンチャー企業の発展段階と企業規模

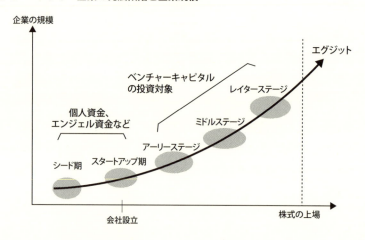

⑤ベンチャー企業の発展段階

　ベンチャー企業は、その発展段階や事業規模に応じて、大きく①「シード期」、②「スタートアップ期」、③「アーリーステージ」、④「ミドルステージ」、⑤「レイターステージ」の5つの段階に分類されます（図表15-2）。このうち、シード期やスタートアップ期の資金調達は、創業者の自己資金、家族の出資、個人投資家（後述するエンジェル）からの資金などが中心となります。そして、アーリーステージからレイターステージにかけてが、VCの主たる投資対象となります（図表15-3）。

　VCの守備範囲は、株式公開までであり、未公開企業のみが投資の対象となります。また、株式を公開する意図がない企業については、VCにとっての出

口が確保されないため、投資の対象とはなりません。

⑥ベンチャーキャピタリスト

VCにおいて、ベンチャー企業への投資や投資先企業への育成支援を行う専門家のことを**ベンチャーキャピタリスト**と呼びます。ベンチャーキャピタリストには、経営支援能力のほか、業界知識や金融知識など、幅広い専門能力が必要とされます。

(2) ベンチャーキャピタルの資本系列

わが国のVCの資本系列をみると、大きく、①金融機関系、②事業会社系、③政府系、④独立系の4つに分かれます。このうち金融機関系は、銀行、証券会社、生損保などが子会社としてVCを設立して業務を行っているものです。事業会社系には、IT系、通信系、バイオ系などがあり、その業界の動向に詳しいことを武器に、本業とのシナジーをねらって投資を行っています。また、政府系のVCとしては、「中小企業投資育成会社」（東京・大阪・名古屋）があります。独立系は、こうした資本系列のないVCです。これらのうち、わが国では、金融機関系のVCが多いのが特徴となっています。

(3) ベンチャーキャピタルの投資判断基準

VCでは、投資対象の企業に投資を行うかどうかを判断するうえで、以下のような判断基準を用いています。

①事業の成長性・収益性

利益を継続的に維持し、大きな成長の可能性を秘めているか、将来一定以上の売上ボリュームと高い収益性が期待できるか、などを判断します。

②差別化・競争優位性と予想される競争状況

これまでにない新たな付加価値を創造し、従来型の製品・サービスと差別化されているか、当該マーケットにおける競争状況はどうか、大手企業による参入の脅威がないか、などが判断されます。

③経営者の能力・実行力・姿勢
　ベンチャー企業において、経営者の資質は重要な要素となります。明確なビジョン、決断力、リーダーシップ、強い信念、先見性、バランス感覚などを持っているかどうかが評価されます。

④事業計画・キャッシュフロー・必要資金量
　今後5年程度の売り上げ・利益・キャッシュフローとその過程で必要となる資金量などを評価します。

⑤投資採算性・エグジットの実現可能性
　3～5年以内に上場してエグジットし、最低でも投資額の3～5倍の投資採算が見込めることが必要とされます。

(4) ハンズオン型VCとハンズオフ型VC

①ハンズオン型VCとは
　VCは、ベンチャー企業に資金の提供を行うだけではなく、事業の発展に向けた各種の支援活動を行います。こうした「育成型」あるいは「経営支援型」のVCのことを**ハンズオン型VC**といいます。ハンズオンとは、「直接手に触れる」「一緒に参加する」といった意味です。ハンズオン型VCでは、投資先のベンチャー企業の経営に深く関与することによって、投資先の企業価値を高めることを目指します。

　これに対して、ベンチャー企業への資金提供は行いますが、投資を行った後は、投資先の経営にはあまり関与しないタイプのVCのことを**ハンズオフ型VC**といいます。投資に特化しているという意味で「純投資型VC」、経営に口を出さないという意味で「サイレントVC」などと呼ばれることもあります。

②サポートの内容
　ハンズオン型VCの具体的な育成支援の内容としては、①経営に関するアドバイス、②経営陣の一角を担うような人材の紹介、③営業戦略・財務面のアドバイスなどがあります。そのために、VCの投資担当者が社外取締役に就任し

たり、取締役会に参加したりして、投資先の経営に関与します。つまり、資金を提供するのみではなく、経営指導、人材調達、財務面などを含め、総合的な支援を行います。

③日本のVCの特徴

わが国のVCは、経営に関与しないハンズオフ型VCが多いのが特徴となっています。これには、VC内に経営指導ができるだけの人材が不足していることも、大きな要因となっています。しかし最近では、ハンズオン型のほうが企業価値の向上に成果が出やすいことが明らかになってきたことや、他業界からノウハウを持った新規参入が増えていることなどから、徐々にハンズオン型に向かっています。

(5) VCを利用する際の留意事項

VCを利用するにあたっては、以下のような点に留意することが必要です。

①VCの選択

資金を出してくれるVCであればどこでもよいというわけではなく、どのVCから投資を受けるかは大事な選択になります。とくに、最も大きな資金を投資してくれる「リード・インベスター」の選定は重要です。自社の事業に関する理解は十分か、長期的なパートナーとして信頼関係を築けるか、経営面での有益なサポートが期待できるか、追加的な資金が必要な場合に応じてくれるか、などが重要なポイントとなります。

②VCへの過度の依存の回避

VCは、投資先の株式が上場した時点で、株式を売却して投資資金を回収することを目的としています。このため、VCの持株比率が過度のウエイトを占め、「ベンチャーキャピタル漬け」といわれるような状態になってしまうと、株式公開後に株価が急落してしまう可能性があります。上場後は安定株主ではなくなることを意識しつつ、資金調達全体のなかでのVCの位置づけを考えて利用することが必要です。

③VCを1社に集中させない

VCを1社に集中させてしまうと、そのVCが大株主となってしまうため、強い影響力や発言力を持つことになります。これにより経営の自由度がなくなり、経営陣が当初考えていたような事業展開や戦略がとれなくなる可能性もあります。したがって、経営の自由度を確保しておくためには、複数のVCから分散して出資を受けることが望ましいものとされています。

(6) 米国のVCの特徴

米国のVCには、長い歴史があり、またシリコンバレーを中心に数多くのVCが存在しており、ベンチャー企業を育成する仕組みとしてのVCが発達しています。マイクロソフト、アップル、インテルなど今や錚々たる企業が、設立間もない時期に、VCからの資金提供を受けて飛躍的な成長を遂げたことはよく知られています。こうした米国のVCの特徴を、日本と比較してみると、以下のとおりです。

①独立系のVCが多い

米国では、金融機関などの系列には属さない、独立系のVCが多いのが特徴です。これらのVCでは、経営コンサルティング、IT企業、金融機関などの出身者が専門的な知識をもとに投資を行っています。

②アーリーステージからの投資

米国のVCは、企業が立ち上がったばかりのアーリーステージから投資を行うことが多いのも特徴です。まだ利益が出ていない段階のため、リスクが大きい投資ですが、うまくエグジットに到達した場合には、その分、投資の利益率は大きくなります。

③経営へのコミット

経営にコミットし、業績のチェックや経営のアドバイスなどを積極的に行うことも米国のVCの特徴です。前述したハンズオン型VCであり、「カネも出すが、口も出す」という存在になって、ベンチャー企業の経営をサポートします。

これらの3点が、①金融系のVCが多い、②株式公開が間近なレイターステージからの投資が多い、③経営にコミットしないハンズオフ型の投資が多い、といったわが国のVCに比べた場合の特徴となります。つまり、本当のプロが投資を行い、本物の目利きがプロのノウハウで企業を育てていくという性格が強く、その代わりに利益は厳しく求めるというのが米国のVCであるといえるでしょう。今後、わが国においても、本当のプロフェッショナルであるベンチャーキャピタリストが育ってくれば、徐々に米国の姿に近づいていくものとみられます。

2 投資事業組合

(1) 投資事業組合とは

　投資事業組合とは、名前のとおり「投資を行うための組合」であり、未公開企業、ベンチャー企業などに投資することを目的として、投資家から資金を集めて投資を行う組織のことです。資金力のないベンチャー企業を、リスクを分散しつつサポートするという点では、上述したベンチャーキャピタルと同様な役割を果たしますが、投資家が出資を行う「投資ファンド」である点が特徴です。

(2) 投資事業組合の運営者

　投資事業組合では、投資家から資金を集めたあとの管理・運営は、通常、ベンチャーキャピタルが行います。つまり、ノウハウを有するベンチャーキャピタルが運営者となって、ベンチャー企業への投資・回収を行います。ベンチャーキャピタルでは、その対価として管理手数料と成功報酬（投資リターンの一定割合）を受け取ります（図表15-4）。投資家は、投資のリターンから手数料等を差し引いたものを配当として受け取ります。
　投資事業組合の資金による投資を「組合投資」というのに対して、ベンチャーキャピタルの自己資金による投資は「本体投資」（または「プロパー資

図表15-4　投資事業組合の仕組み

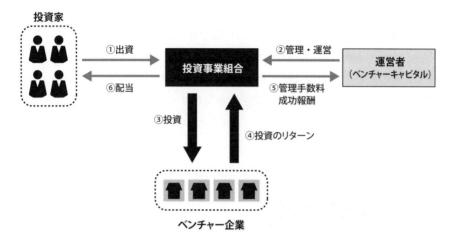

金による投資」）と呼ばれます。

(3) 投資事業組合の法的な性格

　投資事業組合は、このように投資を行うためのファンドですが、「組合」として位置付けられており、法人格を持たないのが特徴です。このため、投資内容などについてディスクローズの義務がなく、誰が出資者となっているか、どのベンチャー企業にいくら投資しているか、などについては外部からは不透明となっており、匿名性が高い仕組みとなっています。

(4) 投資事業組合の問題点

　投資事業組合は、前述のように匿名性が高い仕組みであり、この点は投資家にとってメリットでもありますが、一方で、ライブドア事件のように、高い匿名性が悪用される可能性もあり、不正の温床となりやすいことが問題点として指摘されています（BOX 15-1）。なお、グリーンメーラーのところ（第13章）で登場した村上ファンドも、投資家から資金を集めて投資を行う投資事業組合でした。

BOX 15-1 ライブドア事件と投資事業組合

2000年代半ばに、わが国の証券市場を揺るがした事件として、**ライブドア事件**があります。この事件は、有価証券報告書への虚偽記載など証券取引法違反の罪で、ライブドア社の堀江貴文前社長など当時の経営陣が逮捕された事件です。ライブドア事件には、複数の不正行為が含まれていましたが、そのなかに投資事業組合のスキームを使った事例があったため、この仕組みが一躍脚光を浴びることになりました。

具体的にみると、ライブドア社では、投資事業組合（VLMA2号）を設立・出資し、これを運営していました。この実質的に支配している投資事業組合が、2004年にマネーライフ社（金融分野の出版社）の全株式を現金で取得し、買収を完了しました。しかし2005年になって、子会社であるライブドアマーケティング社（以下、LM社）が、マネーライフ社を株式交換によって買収することを新たに発表しました。このことは、すでにマネーライフ社がライブドア社の支配下にあるにもかかわらず、それをあたかも初めてグループ入りするかのように公表しており、誤った情報を市場に与えたもの（偽計の流布）とされました。この公表は、LM社の株価の維持・上昇を図る目的で行われたものとされており、これと同時に、LM社の粉飾決算、株式交換比率の不正な決定

図表15-5　ライブドアと投資事業組合

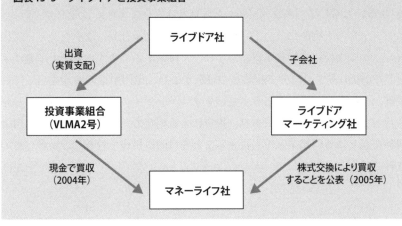

なども行われていたため、証券市場の信頼を揺るがす大事件に発展しました。

3 エンジェル

(1) エンジェルとは

　エンジェルとは、創業間もないベンチャー企業に対して、資金の提供と事業の支援を行う「個人投資家」のことです。ベンチャー企業が資本を募るときに、親兄弟などの身内やベンチャーキャピタル以外で、出資に応じてくれる個人投資家のことを指します。ベンチャーキャピタルが「企業」であり、投資事業組合が「投資ファンド」であるのに対して、エンジェルは「個人投資家」である点が大きな違いとなります。

(2) エンジェルの属性

①エンジェルの由来と人物像

　もともと、米国でミュージカルを制作する際に、資金を提供してくれる資産家のことを「エンジェル」（天使）と呼んだのが始まりで、ベンチャー企業の支援を行う個人投資家についても「ビジネスエンジェル」や「エンジェル投資家」、あるいは略して「エンジェル」と呼ばれるようになりました。

　エンジェルの人物像には、①富裕な資産家、②創業社長、③ベンチャー支援を好む、④株式投資の知識が豊富、といった特徴があります。米国の調査によると、「50歳前後で、自分で起業した経験があり、億円単位の資産を有している男性」というのが平均像となっています。エンジェルの多くは、みずから起業を行って成功した経験者であり、投資による利益のためだけではなく、自分の経験をもとに若い起業家を支援することを目的に投資を行うことが多いものとされています。

図表15-6　エンジェルの資金が必要な時期

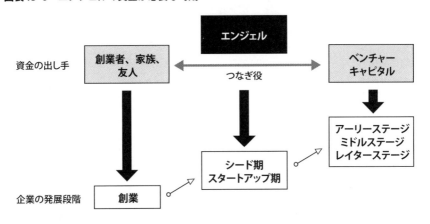

②エンジェルの出番

　エンジェルの資金が求められるのは、ベンチャー企業の発展段階でみると、シード期やスタートアップ期の企業です（図表15-3参照）。この時期の企業は、担保や信用の不足から、銀行の融資が受けにくいほか、まだベンチャーキャピタルから投資が受けられる規模にも達していません。こうした時期の資金の不足である「ファイナンス・ギャップ」を埋めるのがエンジェルの役割とされています。

　ベンチャー企業では、通常まず、創業者自身や、家族・親戚、友人などからの資金によってビジネスをスタートさせます。こうした初期の出資者を「3F」（Founder、Family、Friend）と呼びます。3Fから集めた資金が残り少なくなってくると、さらにビジネスを軌道に乗せるための資金が必要となりますが、まだベンチャーキャピタルに出資してもらえる規模や発展段階には達していません。こうした時期の資金需要の谷間を埋めるのがエンジェルの役割であり、ベンチャーキャピタルからの投資が受けられるようになるまでのつなぎ役と位置づけられています（図表15-6）。

(3) 米国におけるエンジェル

　エンジェルは、米国では、創業間もないベンチャー企業の資金調達において、

図表15-7　エンジェル投資の日米比較

	日本（A）	米国（B）	米/日（B/A）
投資家数	1万人	23万4000人	23.4倍
平均投資額/件	100万〜300万円	5000万円	16〜50倍
年間投資総額	200億円	2.5兆円	125倍

(出所)「エンジェルネットワークの形成促進に関する調査報告書」(2009年)。

比較的大きな役割を果たしています。毎年、23万人以上の投資家が、5万件以上の案件に対して、平均5000万円程度の資金を提供し、合計で年間250億ドル（≒2.5兆円）超の資金を提供しています。そのボリュームを日本と比較すると、投資家数で20倍以上、平均投資額で20〜50倍、年間の投資総額で120倍以上となっています（図表15-7）。また、特定の業種における製品・サービス・技術などについて、深い知識と経験を持っているケースが多く、ベンチャー企業に貴重なアドバイスを与えているものとされています。

(4) 日本におけるエンジェル

①限定的な役割

わが国におけるエンジェルは、現在までのところ、ベンチャー企業への資金提供や育成支援において、米国のように大きな役割を果たすには至っていません。しかし、徐々に環境が整備されてきており、今後は活動の拡大が期待されます。

②環境整備の動き

(a) エンジェル税制

こうした環境整備の1つとして、ベンチャー企業への投資を促進するために、ベンチャー企業へ投資を行った個人投資家に対して税制上の優遇を行う**エンジェル税制**が導入されています。これは、個人が設立3年未満のベンチャー企業に出資する場合には、「出資額－2000円」を寄付金扱いとして、課税所得から差し引くことができる制度です。たとえば、課税所得が2000万円の個人がベンチャー企業に500万円の出資を行った場合には、課税所得を約1500万円

に圧縮することができ、節税効果が得られます。

(b) エンジェルのネットワーク化の動き

また、ベンチャー企業と個人投資家の交流会を定期的に開催し、出会いの場をつくる**エンジェルのネットワーク化**の動きも出てきています。これは、多くの個人投資家を集めた会場で、いくつかのベンチャー企業が事業計画のプレゼンテーションを行い、投資家が気に入れば投資を行うことができるといった仕組みです。「日本エンジェルズ・フォーラム」など、いくつかの団体が活動を行っています。

本章のまとめ

- ベンチャーキャピタル（VC）の意義は、危険度の高い資金である（ ① ）を提供することにあります。投資先の新興企業が株式を公開したあとで、VCが株式を売却して投資を回収することを（ ② ）と呼びます。
- VCのうち、投資先に各種の支援活動を行う育成型のVCのことを（ ③ ）といい、これに対して、投資先の経営にはほとんどタッチしないタイプを（ ④ ）と呼びます。
- VCと同様な機能を果たす投資ファンドのことを（ ⑤ ）といいます。このファンドの運営・管理は、ノウハウを有する（ ⑥ ）が行います。
- ベンチャー企業に対して資金を提供する個人投資家のことを（ ⑦ ）といいます。こうした個人投資家の投資に対して税制上の優遇を行う（ ⑧ ）が導入されています。

本章のキーワード

ベンチャー・ファイナンス、ベンチャーキャピタル、VC、ベンチャー企業、リスク・キャピタル、エグジット、出口戦略、ベンチャーキャピタリスト、ハンズオン型VC、ハンズオフ型VC、投資事業組合、ライブドア事件、エンジェル、エンジェル税制、エンジェルのネットワーク化

索　引

A～Z

ABCP　　183, 293
ABL　　154
ABS　　293
B/S　　46
CB　　183
CBO　　293
CDO　　293
CF　　70
CLO　　293
CMBS　　293
CP　　182
D/Eレシオ　　57
DES　　132
FA債　　208
IPO　　242
LBO　　264
LIBOR　　124
M&A　　258
MBO　　266
MBS　　293
P/L　　46, 58
ROA　　253
ROE　　253
SB　　181
SPC　　290
SPV　　290
TIBOR　　124
TOB　　264
TOB価格　　264
VC　　302

ア　行

アウトルック　　227
赤字補填資金　　27
アセット・ファイナンス　　282
粗利益　　60
アレンジャー　　107, 290
アンダー・パー発行　　208
1円起業　　12
1円ストックオプション　　249
1年基準　　50
一般当座借越　　102
依頼格付け　　223
受取サイト　　38
受取条件　　21, 51, 78
受取手形　　20
売上原価　　60
売上高　　60
売掛期間　　283
売掛金　　20, 51, 78
売掛債権　　38, 78, 282
運転資金　　17
運転資本　　77, 79
営業外収益　　62
営業外費用　　62
営業キャッシュフロー　　73
営業費用　　60
営業利益　　60, 61
エクイティ・ファイナンス　　40
エグジット　　303
エクスワラント　　186
エージェント　　107
エンジェル　　312
エンジェル税制　　314
エンジェルのネットワーク化　　315
円建て債　　189
黄金株　　271
オーバードラフト　　101
オーバー・パー発行　　207
オフバランス化　　295
オリジネーター　　290
オリジネーター・リスク　　292

カ　行

買入債務　　38, 54, 78
買掛金　　23, 54, 78

317

外貨建て債　189
会計上の利益　74
外債　192
回収条件　80
回収日数　80
カウンターTOB　275
カウンターパーティ格付け　225
書合手形　97
格付け　210, 214
格付機関　215
格付け記号　216
格付けの見直し　226
掛け目　146, 153
片端入れ　110
勝手格付け　223
合併　260
株式　8, 37, 232
株式会社　7
株式公開　242
株式交換　262
株式交換比率　263
株式消却　251
株式譲渡　262
株式の希薄化　242
株式の非公開化　267, 274
株式の持合い　277
株主　8, 41, 233
株主資本　232
株主総会　235
株主の有限責任　10, 232
株主割当　240
借入金　35
仮条件　207
元金一括返済　112
元金均等返済　113
間接金融　41
間接法　74
元利一括返済　112
元利均等返済　115
企業間信用　38
企業再生ファンド　269
企業の合併・買収　258
企業買収ファンド　268

議決権　236
キャッシュフロー　70
キャッシュフロー経営　71
キャッシュフロー計算書　46, 70
救済合併　259
吸収合併　260
共益権　236
協調融資　107
極度額　101, 102, 150
銀行取引停止処分　101
銀行引受私募債　199, 202
金庫株　252
金融仲介機関　41
金利減免　131
クーポン　36, 181
クラウンジュエル　276
グリーンメーラー　270
クレジット・スコアリング融資　136
黒字倒産　12
経営参加権　236
経常運転資金　18
経常利益　62, 63
競売　145
決算資金　26
月商　18
決賞資金　26
減価償却　32, 75
原価法　152
現金決済比率　80
検索の抗弁権　167
限定根保証　165
現預金　51
合資会社　7
拘束預金　124
合同会社　7
合名会社　7
公募　241
公募債　198
固定金利借入　120
固定資産　50, 52
固定負債　54
コベナンツ　105, 211
コーポレート・ファイナンス　3, 11, 132

コマーシャル・ペーパー　182
コミットメント・フィー　103
コミットメント・ライン　102
ゴールデンパラシュート　272

サ 行

再売出し　252
債券格付け　222
債権者　41, 162
債権譲渡　290
催告の抗弁権　266
在庫資金　19
財務キャッシュフロー　85
財務諸表　46
財務代理人　208
債務超過　234
債務の株式化　132
債務免除　131
サービサー　291
サブプライムローン　297
サムライ債　192
残額引受け　206
残余財産分配請求権　234
自益権　236
時価総額　242
時価発行　241
資金需要　16
シグナリング効果　251
自己資本　37, 54, 232
自己資本比率　57
資産サイド　47
資産担保CP　183
資産担保証券　293
資産の証券化　290
資産の流動化　290
自社株買い　249
質権　143
実効金利　125
シニア債　296
支払サイト　38, 80
支払条件　23, 80
支払手形　23, 54, 78
私募債　198

資本金　54
資本準備金　55
資本と経営の分離　10
資本による調達　40
社外流出分　31
社債　36, 180
社債管理会社　208
ジャスダック　245
ジャンク・ボンド　221
収益還元法　152
主幹事証券会社　206
需資　16
主たる債務　162
主たる債務者　162
ジュニア債　296
種類株式　236
純資産　54, 232
純資産の部　54
準メイン　129
償還期限　180
償却年限　32
商業手形　97
証券化　292
証券取引所　244
上場会社　8
上場基準　245
証書借入　94
譲渡担保　157
少人数私募債　198
情報の非対称性　11
賞与資金　26
ショーグン債　193
新規株式公開　242
新規発行　37
新興企業向け市場　245
シンジケート団　107
シンジケート方式　104
シンジケート・ローン　107
真正売買　293
新設合併　260
人的担保　140
信用保証協会　171
信用保証制度　171

索引　319

信用保証料　173
信用リスク　214
垂直統合　258
水平統合　258
スタンダード・アンド・プアーズ社　215
スタンドバイ方式　104
ストックオプション　246
ストラクチャード・ファイナンス　292
スプレッド借入　123
正常営業循環基準　50
税引後当期利益　64
税引前当期利益　63, 64
責任共有制度　176
セキュリタイゼーション　292
設備資金　25
専用当座借越　102
増加運転資金　18
増資　37, 239
総配分性向　250
その他の資金需要　26
ソブリン格付け　224
ソブリン・シーリング　224
損益計算書　46, 58
存続会社　260

タ 行

代位弁済　162, 173
第三者割当　240
第三者割当増資　274
貸借対照表　46
ダイミョー債　193
ダイリューション　241
棚卸資産　52, 78
短期借入金　54
短期借入金利　120
短期社債　182
短期プライムレート　121
単純保証　166
短プラ　35, 121
担保　36, 140
担保至上主義　142
担保物権　143

チェンジ・オブ・コントロール条項　273
知的財産権担保　157
長期借入金利　120
長期プライムレート　121
長プラ　35, 121
直接金融　42
直接法　74
つなぎ資金　17
定額法　33
ディスクロージャー　209
抵当権　144
定率法　33
手形　20
手形借入　94
手形交換所　99
手形ころがし　95
手形サイト　21, 51, 283
手形割引　95
適格機関投資家　198, 202
適債基準　206, 228
敵対的なM&A　259
敵対的なTOB　264
敵対的買収　267
敵対的買収のガバナンス効果　278
出口戦略　303
デット・ファイナンス　40
デフォルト　208
デュアル・カレンシー債　189
デュー・ディリジェンス　259
転換価格　183
転換社債　183
登記　145
投機的格付け　221
当座借越　101
動産・売掛金担保　154
倒産隔離　292
投資家支払モデル　219
投資キャッシュフロー　82
投資事業組合　309
投資適格格付け　221
投資適格債　221
特定債務保証　164

特別損失　64
特別目的会社　290
特別利益　63
トラッキング・ストック　238
トランザクションバンキング　135
トランシェ　296
取立て　95
取引事例比較法　152

ナ 行

内部留保　30, 55
二重通貨建て債　189
ネット・キャッシュフロー　87
根抵当　150
根保証　164
ノンキャッシュ費用　76

ハ 行

バイアウト・ファンド　268
ハイ・イールド債　221
買収　261
配当　8, 233
配当性向　31, 250
バイラテラル方式　104
ハゲタカ・ファンド　269
バックアップ・ライン　104, 183
パックマン・ディフェンス　277
発行者支払モデル　218
発行体格付け　222
パー発行　207
バランスシート　46, 49
販管費　61
ハンズオフ型VC　306
ハンズオン型VC　306
販売費および一般管理費　60
東インド会社　8
引当金　56
引受シンジケート団　206
非上場会社　8
1株当たり利益　241, 249
非分離型ワラント債　186
表面金利　125
ファクタリング　283

フォースマジュール　106
複数議決権株式　238
負債・資本サイド　47
負債資本倍率　57
負債による調達　40
普通株式　236
普通社債　181
普通抵当　149
ブックビルディング方式　207
物的担保　140
歩積み預金　125
浮動株　278
不動産　147
プライベート・エクイティ・ファンド　269
プライムレート　35, 121
ぶら下がり先　129
フリー・キャッシュフロー　83
プリンシパル・エージェント問題　11
プロ私募債　198
プロパー融資　177
不渡り　96, 101
不渡り手形　101
分別の利益　167
分離型ワラント債　186
並行メイン　134
返済繰り延べ　131
ベンチャー企業　302
ベンチャーキャピタリスト　305
ベンチャーキャピタル　302
ベンチャー・ファイナンス　302
変動金利借入　120
ポイズンピル　271
包括根保証　165
法人税等　64
保証　36, 140, 162
保証債務　162
保証人　162
保証の随伴性　163
保証の付従性　163
保証の補充性　163
ホワイトナイト　274
ポンカス債　186

マ 行

マザーズ　245
マル保　171
マル保融資　177
満期一括償還　36, 181
マンデート　107
みなし利息　106
無額面株式　241
無議決権株式　238
無形固定資産　53
無限責任社員　7, 10
無担保社債　210
ムーディーズ社　215
メインバンク　128
メインバンクによるガバナンス　133
メザニン債　296
目論見書　209
持分会社　7

ヤ 行

約定金利　122
ヤミ金融　111
有価証券担保　153
有価証券届出書　209
有価証券報告書　210
有形固定資産　52
有限会社　7
有限責任社員　7
友好的なM&A　259
友好的なTOB　264

優先株式　237
優先劣後構造　296
融通手形　97
有利子負債　56
預金担保　154

ラ行・ワ行

ライツ・イシュー　240
ライツプラン　271
ライブドア事件　311
利益剰余金　55
利益配当請求権　234
リスク・キャピタル　302
リスケジューリング　131
リース　288
リースバック　287
リバース・デュアル・カレンシー債　190
リボルビング方式　105
流動化　292
流動資産　50
流動負債　54
両建て預金　125
両端入れ　110
リレーションシップバンキング　135
累積デフォルト率　220
劣後株式　237
連帯保証　166
ワラント債　186
割引料　95

【著者紹介】
中島真志（なかじま　まさし）
1958 年　高知県に生まれる。
　81 年　一橋大学法学部卒業。
　　　　同年日本銀行入行（調査統計局、金融研究所、国際局、金融機構局等に勤務）、国際決済銀行（BIS）などを経て、
現　在　麗澤大学経済学部教授。早稲田大学非常勤講師。博士（経済学）。
単　著　『外為決済とCLS銀行』、『SWIFTのすべて』（以上、東洋経済新報社）、『アフター・ビットコイン』、『アフター・ビットコイン2　仮想通貨 vs. 中央銀行』（以上、新潮社）、Payment System Technologies and Functions, IGI Global。
共　著　『決済システムのすべて（第3版）』、『証券決済システムのすべて（第2版）』、『金融読本（第32版）』（以上、東洋経済新報社）、『金融システム論の新展開』、『金融リスクマネジメントバイブル』、『デジタル化する証券市場』（以上、金融財政事情研究会）。

ウェブサイト　http://nakajipark.net/
連絡先　　　nakajipark@k6.dion.ne.jp

入門　企業金融論
2015 年 3 月 5 日　第 1 刷発行
2024 年 2 月 21 日　第 6 刷発行

著　　者──中島真志
発行者──田北浩章
発行所──東洋経済新報社
　　　　〒103-8345　東京都中央区日本橋本石町1-2-1
　　　　電話＝東洋経済コールセンター　03(6386)1040
　　　　　　https://toyokeizai.net/

ＤＴＰ･･････････････アイランドコレクション
装　丁･･････････････吉住郷司
装　画･･････････････飯田哲夫
印刷・製本･･･････丸井工文社
編集担当･･････････中山英貴
©2015 Nakajima Masashi　　Printed in Japan　　ISBN 978-4-492-65468-2

　本書のコピー、スキャン、デジタル化等の無断複製は、著作権法上での例外である私的利用を除き禁じられています。本書を代行業者等の第三者に依頼してコピー、スキャンやデジタル化することは、たとえ個人や家庭内での利用であっても一切認められておりません。

落丁・乱丁本はお取替えいたします。